TONI POLSTER DOPPELPACK

PUMA
Ford

Toni Polster
DOPPELPACK

Fußball mit Herz und Schmäh

Redaktion:
Josef Metzger

PICHLER
SACHBUCH

ISBN 3-85431-146-X

Statistiken und Recherchen: Peter Klöbl
Lektorat:
Jürgen Ehrmann, Johannes Sachslehner,
Maria Tutschek-Landauer
Buchgestaltung: Bruno Wegscheider
Umschlagfoto: Kernmayer, Wien

Reproduktion:Eurografik, Wien
Druck: Inovamedia, Wien
Bindung: Frauenberger, Neudörfl

Inhalt

Die „Fußballer des Jahres 1982“: Hans Krankl und Toni Polster

Vorwort

Was, der Krankl schreibt ein Vorwort zum Polster-Buch? Ja, warum denn nicht? Der Toni ist ein g'rader Michel, ehrlich, anständig und so natürlich geblieben, wie er war. Das schätze ich genauso an ihm, wie ich Toni Polster als Fußballer und Torjäger respektiere. Nicht nur, weil er meinen Torrekord gebrochen hat – er hat ja auch viel öfter als ich im Nationalteam gespielt. Aber dafür hat er es vielleicht noch schwerer gehabt, sich durchzubeißen. Er hat es geschafft, weil er lange im Ausland geblieben ist, viel dazugelernt und sich sehr gut entwickelt hat. Wie viele können von sich behaupten, daß sie international Spitze sind? Toni kann es, er hat sich einen Namen gemacht wie Franz Hasil als Weltcupsieger, wie Bruno Pezzey als UEFA-Cup-Sieger, wie Herbert Prohaska als italienischer Meister und Pokalsieger, wie meine Wenigkeit bei Barcelona mit dem spanischen Torrekord und dem Europapokal der Cupsieger.

Ich war *El Goleador,* er der *Golster,* in Deutschland dann der *Toni Doppelpack.* Auch Toni Polster ist ein Beweis dafür, daß sich Österreicher überall durchsetzen, wenn zum angeborenen Talent Ehrgeiz, Selbstvertrauen, Fleiß und Konsequenz hinzukommen. Denn eines ist klar: Die Wiege steht in der Heimat. Wie bei Toni Polster, meinem Nachfolger als Torjäger. Ich kann ihm nur viel Erfolg wünschen. Mit dem Buch. Mit Köln. Und als Kapitän der österreichischen Nationalelf, die er zur Endrunde der Fußball-WM 98 in Frankreich führt.

Hans Krankl

Einleitung

Toni Polster schreibt ein Buch. Was ist das: Memoiren? Eine Biographie? Beides umschreibt es wohl nicht zutreffend. Ein Vierteljahrhundert Polster, das ist mehr als Tore, Siege, Transfers, Pfiffe und Jubelstürme. Mehr als 25 Jahre Toni Polster reflektieren in allen Facetten auch das ständige Auf und Ab des österreichischen Fußballs, der sich nicht zuletzt in solchen Reizfiguren personifiziert, die hochgejubelt werden, um sie dann im Handumdrehen niederzumachen. Ein Mann, der als Spiegelbild des typischen Österreichers, was heißt: des echten Wieners, gegolten hatte, dem manche sogar sehnlichst das Ausland wünschten, damit es ihm die Augen öffne, wie gut, schön und einfach er es daheim hat. Er wurde in allerlei Klischees gepreßt, bis sich Toni Polster als ganz anderes Kaliber erwies, als man glaubte. Von einem Kabarettisten wurde er einst als Witzfigur karikiert, um dort, wo man ihm den endgültigen Untergang prophezeite, in Deutschland nämlich, als Fernseh- und Publikumsliebling einen Ruf zu erwerben, der jedem Kabarettisten alle Ehre machte, auch in Österreich.

Die Hartnäckigkeit, mit der er jahrelang als unvollendete Größe hingestellt wurde, bekämpfte Toni mit viel mehr Witz, Schlauheit und Intellekt, als man es ihm je zugetraut hätte. Und der Sündenbock, der stets geprügelt wurde, wann immer es Blamagen, Enttäuschungen und Rückschläge gab, trieb seinen Dickschädel mit neuen Siegen, neuen Rekorden, vielen Auszeichnungen, treffenden Kosenamen und sportlichen Qualifikationen ein ums andere Mal wieder aus. Aus der Reizfigur ist die Kultfigur Polster geworden, die Österreich(er) von sich und seinen lange unterschätzten Qualitäten aber erst so richtig überzeugen konnte, als Polster Woche für Woche in deutschen Fernsehsendern präsent war.

„Der rennt ja nicht, der steht ja nur" – dieses geflügelte Wort läßt sich bei Toni Polster auch ganz anders auslegen. Er ist, was die Beharrlichkeit betrifft, mit der er Tiefen mit Höhen, Ladehemmungen mit Voll-Treffern beantwortete, sicher ein Steher. Diese Leistungen riefen nach Schlagwörtern, die ihn zum Inbegriff machten: *Toni Polster Doppelpack,* bis er noch den *Triplepack* draufsetzte. Nicht nur beim 1. FC Köln, sondern zur rechten Zeit auch im Nationalteam, als es um das Ticket für Frankreich ging. Da verwandelte sich der Prophet, der im eigenen Land zu oft mit Schelte bedacht wurde, in das große Idol, das auch jene Fans, die ihn oft genug verspottet hatten, in Fußball-Euphorie versetzte. Vom Helden zum Buhmann und wieder zurück. Eine Rolle, die nicht nur den Sportler fordert, sondern den Menschen formt.

Aus Toni Polster lacht, gluckst und dröhnt eine Frohnatur voll Lebenslust und Menschlichkeit, als wolle er Gott und die Welt umarmen. Ein unverbesserlicher Optimist, der ans Gute und den Erfolg so lange glaubt, bis beides tatsächlich eintrifft. Als man auf ihn und das Team keinen Pfennig oder Groschen mehr gewettet hätte, verwirklichte er im reifen Alter noch Träume. Unbeschreiblich? Nein! Aber unsereins kann nur aufzeichnen, wie ein Toni Polster die Welt bewegt hat. Und was ihn selbst bewegt. Wirklich beschreiben kann es nur er selbst. Als Mensch, der das Herz hat, den „Schmäh rennen zu lassen". Am besten rennt er, wenn man einen Fußball-Himmel auf Erden erlebt. Wie Österreichs Nationalelf am 11. Oktober 1997. Mit Toni Polster als Mittelstürmer, Spiel- und Schmähführer der Nation.

Josef Metzger
Sportchef „Die Presse"

Im letzten Qualifikationsspiel des Jahres 1996 gegen Lettland (2:1) erzielte Toni Polster das erlösende 1:0.

Frankreich, wir kommen!

Wien, 11. Oktober 1997, Ernst-Happel-Stadion. *Immer wieder Österreich.* Rot-weiß-rote Fahnen. Dazu die Welle. Ein Stadion, das wogt und jubelt. Wenn man das sieht und hört, rinnt es einem kalt den Buckel runter. *Frankreich, wir kommen!* Jubelstürme. Toni-Rufe. Das ist ein tolles Erlebnis. So etwas reißt mit. Da kriegt man Gänsehaut. Ich hatte das ja schon einmal erlebt, damals beim 3:0 gegen die DDR, bei der WM-Qualifikation für Italien im November 1989. Aber dieses Mal war alles anders. Ganz anders. Auch die Ausgangsposition.

Aber damals, 1989, vor dem Schicksalsmatch gegen die DDR, bin ich der Buhmann gewesen. Sogar im Fernsehen beim Sigi Bergmann in *Sport am Montag* hat man darüber diskutiert. Um was ist es eigentlich gegangen? Um mich! Ja, was will er denn mit dem Polster, der Hickersberger, unser Teamchef? Aber dann habe ich alle drei Tore geschossen. Ich war der Meinung, ich hätte damit alle eines Besseren belehrt, aber es gab nicht nur Zustimmung Unverbesserliche haben trotzdem gelästert: „Na, welche drei Tore hat er schon geschossen, der Polster? Das erste mit dem Knöchel, das zweite aus einem Elfer, beim dritten ist er reingestolpert.“ Geistige Nichtschwimmer, was soll ich mehr dazu sagen? So war's gegen die Ostdeutschen. Damals.

Diesmal war alles anders. Rechnerisch waren wir praktisch schon bei der WM. Sogar eine Niederlage hätten wir uns leisten können. Aber verlieren war verboten. Alles, nur das nicht. Wir wollten die Qualifikation mit einem Sieg krönen, einen glanzvollen Schlußpunkt setzen, ein Happy-End feiern. Es sollte gegen die Weißrussen im Ernst-Happel-Stadion unbedingt ein Fest werden. Das waren wir nicht nur uns , nicht nur dem „Schneck", unserem Teamchef Prohaska, sondern allen Österreichern schuldig.

Plötzlich waren wir ganz oben. Bei den Fans. Bei den Medien. In der Öffentlichkeit. Wann war ein österreichisches Team schon so beliebt gewesen? Die Helden von Argentinien 1978! Zuletzt Casino Salzburg und Rapid Wien im Europacup. Und warum? Weil uns das niemand zugetraut hätte. Und weil wir uns zusammgerauft haben. Die Qualifikation hat uns zusammengeschweißt. Wir waren ein Team. Jeder war für den anderen da. Einer für alle, alle für einen. Wir sind eine verschworene Einheit geworden. Endlich.

Einen Faden, den Beppo Mauhart, der Präsident des Österreichischen Fußballbundes, gerne aufnimmt. Toni Polster sei für ihn eine ganz wichtige Integrationsfigur gewesen: „Und zwar in einer der kritischsten Krisen-Situationen." Nicht in der WM-Qualifikation, die ernüchternd begonnen und triumphal geendet hatte –, noch in der verpatzten EM-Qualifikation, vor dem Spiel gegen Liechtenstein. Da waren mit Teamchef Prohaska auch die Stars à la Polster ins Kreuzfeuer geraten. Da stand alles auf der Kippe. „Und da hat sich der Toni Polster mit der Mannschaft zusammengesetzt, da haben sie sich geschworen, es allen zu zeigen."

Der Kapitän machte das Schiff wieder flott, als es zu stranden drohte. Und führte auch wichtige Gespräche mit dem Teamchef. Als verlängerter Arm der Mannschaft. Ein Leithammel, der auch in ernsten Stunden ein heiteres Gemüt bewahrte. Und sich so nebenbei Gedanken machte, wie man das Potential besser ausschöpfen könnte.

Ich habe auch mein Scherflein dazu beigetragen. Glaube ich wenigstens. Ich möchte eine Episode erzählen, die ich noch keinem verraten habe. Es blieb bisher unter uns, zwischen Ivo Vastic und mir. Ivo, der in der Österreichischen Bundesliga für Sturm Graz spielt, war frustriert, weil er in Minsk gegen die Weißrussen ausgetauscht worden war. Ich habe das verstanden, so etwas nagt an einem. Da ist man bei Sturm Graz der große Star, im Team aber klappt es einfach nicht richtig. Vielleicht hat sich Ivo, ein eingebürgerter Kroate, doch fremd und als Außenseiter gefühlt, sicher nicht ganz so wohl in seiner Haut wie bei Sturm. Als Spieler braucht man einfach Nestwärme, damit man seine beste Leistungen bringen kann, sonst geht gar nichts. Ich weiß das, ich hab's ja selbst oft genug erlebt und am eigenen Leib verspürt. Also habe ich mir gesagt: Wir brauchen im Team einen Vastic in Topform, einen Ivo, der seine Klasse ausspielt, er ist ja ein Superspieler. Das hilft ihm, das nützt uns, das hebt auch die Klasse im Team.

Aber wie? Wie legen wir es an, Toni, habe ich mich gefragt? Wie geben wir dem Ivo im Team das Selbstvertrauen, das er bei Sturm Graz hat? Da habe ich mir gedacht: Gib ihm meine Rückennummer, das baut ihn sicher auf. Ich bin zu ihm und habe gesagt: „Ivo, wenn wir wirklich in Frankreich dabei sind, dann versprech' ich dir, daß du von mir die Nummer 9 bekommst, die hast du auch bei Sturm. Ich nehme mir irgendeine andere, egal welche." Da hat mich der Ivo groß angeschaut, ungläubig den Kopf geschüttelt und zu mir gesagt: „Nein, Toni, das geht nicht, das kann ich doch nicht machen ..."

Und ob! Versprochen ist versprochen. Ehrensache. Der Ivo hat's verdient. Er braucht das, damit er Spitze ist. Und wir brauchen ihn, damit wir noch besser sind. Vor allem spielerisch.

Spielerisch auftrumpfen, das war unsere Devise. *Hollywood* hat es Ernst Happel immer genannt. Warum nicht? Der größte Druck war ja weg. Wir konnten frisch von der Leber weg spielen. Die Qualifikation selbst gegen die Schotten und Schweden, immerhin WM-Dritter von 1994, war schon sensationell.

Aber wir wollten mehr. Wir wollten den Gruppensieg, wollten allen zeigen, was in uns steckt. Wann sonst wäre das möglich gewesen, wenn nicht bei einem solcherart inszenierten Grande Finale?

Es war eine super Choreographie, die Gigi Ludwig und Heinz Palme, die Presse- und Marketingverantwortlichen des ÖFB, inszenierten. Trotzdem haben wir gewußt, daß es nicht leicht wird. So schwach sind die Weißrussen nicht. Und nichts ist so schwer wie auf Knopfdruck aufgeigen. Oft genug haben wir dafür ja Lehrgeld bezahlt. Aber wir haben daraus viel gelernt. Vor allem eines: Nur keine Hektik. Geduld ist der Schlüssel zum Erfolg, wie schon die Spiele gegen die Letten und Schweden in Wien sowie das Match in Minsk gezeigt haben. Wir haben in der zweiten Hälfte viele Tore gemacht. Also haben wir uns geschworen: Wenn es nicht gleich klappt, verlieren wir nicht den Kopf, sondern warten auf unsere Chance.

Aber die Wirklichkeit hat alles übertroffen. So etwas passiert nicht oft. Nach zwei Minuten ist es schon 1:0 gestanden. Mein Kopftor war wie eine Erlösung. Als hätte der liebe Gott zu uns runterg'schaut. Wie sagen denn die Skifahrer? Wenn's lauft, dann lauft's. Punktum. Die ersten 45 Minuten waren ein einziger Spielrausch. Vor dem zweiten Tor habe ich einen Ball an die Latte geknallt, Peter Stöger hat dann eingeschossen. Das dritte habe wieder ich gemacht: Elfmeter nach einem Supersolo von Andi Herzog. Nummer 4 ging wieder auf das Konto von Stöger – 4:0 zur Pause, Fußball-Herz, was willst du mehr? Am besten wäre es gewesen, der Schiedsrichter hätte zu diesem Zeitpunkt abgepfiffen.

Die Luft war draußen, wir waren am Ziel. Da fiel dann die ganze Anspannung von uns Spielern ab. Die zweite Hälfte hat nicht mehr gezählt, das war nur noch eine einzige Feier. Wir hätten ein, zwei Tore kriegen können. Aber wir haben keines bekommen. Was will man mehr als Endstation Sehnsucht? Es

Österreichischer Fußball-Bund

Rundschreiben

an die nominierten Spieler, deren Vereine,
die dem ÖFB angeschlossenen Landesverbände,
deren Jugendreferenten sowie die Bundesliga

Wien, 1983-05-24
Pa/Si

Betrifft: Junioren-Weltmeisterschaft, Mexiko
2. - 19. Juni 1983

Sehr geehrte Herren,

die österreichische WM-Juniorennationalmannschaft (1.8.1963) nimmt in der Zeit vom 2. bis 19. Juni 1983 an der in Mexiko stattfindenden Junioren-Weltmeisterschaft teil.

Folgende Spieler werden nominiert

1 WOHLFAHRT Franz (Austria-Memphis)
2 CVETKO Andreas (Austria Klagenfurt)
3 FRIND Robert (Austria-Memphis)
4 KLEINBICHLER Josef (SSW Innsbruck)
5 STUMPFL Alfred (Austria Klagenfurt)
6 TATAR Alfred (Wr. Sportklub)
7 OGRIS Andreas (Austria-Memphis)
8 WEINRICH Alois (Admira-Wacker)
9 POLSTER Anton (Austria-Memphis)
10 HAIZINGER Günter (SK Vöest Linz)
11 MARKO Rupert (Sturm Graz)
12 GORT Hannes (I.G. Bregenz/Dornbirn)
13 RIEDER Gerald (Casino Salzburg)
14 HRSTIC Josef (Austria Klagenfurt)
15 STROBL Michael (Sturm Graz)
16 GABRIEL Michael (Eintracht Frankfurt)
17 OBEXER Walter (SSW Innsbruck)
18 WALCHER Bernd (SC Mittersill)

Die angeführten Nummern entsprechen den Rückennummern der Spieler bei den WM-Spielen.

Auf Abruf halten sich folgende Spieler bereit

FLATZ Frank (I.G.Dornbirn/Bregenz) SCHIMMEL Peter (SK Vöest Linz)
PEISCHL Heinz (SC Eisenstadt) STRIEDER Martin (I.G. Dornbirn/Br.)

Die Junioren-WM 1983 in Mexiko wurde zur ersten internationalen Bewährungsprobe.

ist so, als hätte man zwei Jahre für eine schwere Prüfung in der Schule gebüffelt – und dann besteht man sie mit Auszeichnung. Ja, wer hätte uns nach den Niederlagen gegen die Färöer, gegen Lettland in Riga und der verpatzten EM-Qualifikation das noch zugetraut? Ehrlich gesagt kein Mensch.

In einer solchen Situation schießt einem alles mögliche durch den Kopf. Komisch – sogar Worte von Otto Rehhagel. Als Trainer von Werder Bremen hat er einmal bei einem Hallenturnier zum Herzog gesagt: „Andi, Sie müssen als Führungspersönlichkeit zur WM fahren. Wenn Sie das schaffen, dann werden Sie ein ganz Großer." Ich habe das in dem Moment auch auf mich bezogen. Warum? Alle großen Österreicher waren zweimal bei einer WM. Das wollte auch ich schaffen. Und jetzt gehöre ich zum Kreis dieser „Erlauchten" – wie ein Ernst Happel und ein Gerhard Hanappi früher. Wie Hans Krankl, Herbert Prohaska, Bruno Pezzey, Kurt Jara. Das ehrt mich. Eine echte Auszeichnung. Wenn ich mir denke, daß ich oft nahe dran war, alles hinzuwerfen, bin ich dafür dankbar, daß sich alles gewendet hat.

Gott sei Dank habe ich den Schwanz nicht eingezogen. Gott sei Dank habe ich mit den richtigen Leuten geredet – wie etwa mit meinem Anwalt Dr. Skender Fani. Ich war ganz unten. Jetzt bin ich ganz oben und weiß: Der Prophet gilt auch was im eigenen Land. Auch wenn es mich betrifft.

Ich muß an dieser Stelle unbedingt etwas über den Andi Herzog sagen, das liegt mir am Herzen. Er war oft ein Sorgenkind. Andi ist wie Ivo. Der braucht ein gutes Umfeld, damit er sich wohl fühlt. Wäre dieses Umfeld bei Bayern München vorhanden gewesen, wäre alles anders gekommen. Der Andi muß spüren, daß er wichtig ist. An einem guten Andi Herzog kommt Österreich nicht vorbei. Das habe ich immer gesagt. Wenn keiner mehr weiß, wohin mit dem Ball, gibt man ihn dem Andi, der findet sicher einen Ausweg, und wenn es ein Solo ist. Wie Prohaska seinerzeit bei AS Roma. Wenn man Andi Herzog diese Freiheit läßt, wächst er mit der Aufgabe.

Für mich war es schwer, ich bin zwischen zwei Stühlen gesessen. Mit dem „Schneck" habe ich zusammen in einer Mannschaft gespielt, Andi war vor mir Team-Kapitän. Der eine will seine Freiheit als Spielmacher, der andere fordert Disziplin. Nach dem 0:0 gegen die Schotten in Wien, dem Auftakt zur WM-Qualifikation, habe ich mich eingemischt. Da bin ich

PUMA
9

Oben: Auch wenn sich Toni Polster noch so mühte, die Schotten ließen sich zum Auftakt der WM-Qualifikation in Wien weder rasieren noch skalpieren.
Unten: Die Trendwende festigte sich beim 2:0 gegen Estland in Wien mit folgender Elf: Obere Reihe (v. l.): Herzog, Pfeffer, Schöttel, Polster, Feiersinger, Vastic; Untere Reihe: Kühbauer, Heraf, Konsel, Cerny, Wetl.

Oben: Die Letten machten Toni und Co. auch in Wien das Leben schwer, ehe es im entscheidenden Moment doch noch „raschelte".
Unten: Schwedens Abwehrrecken verstrickten Polster beim Wiener Rückspiel in beinharte Zweikämpfe, aber gegen den Tausendguldenschuß von Andi Herzog waren die Skandinavier letztlich machtlos. Und Österreich der WM einen vorentscheidenden Schritt näher.

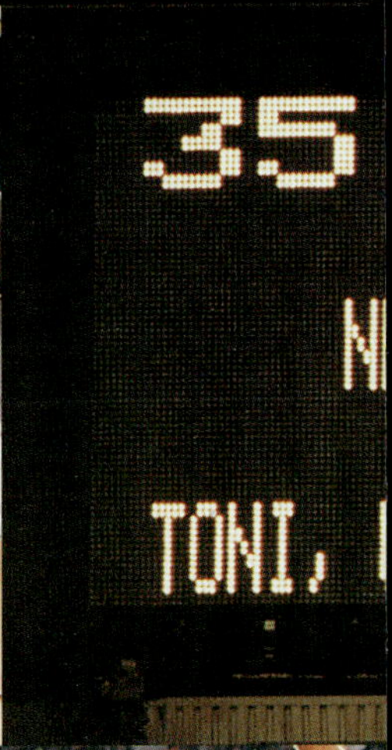
35
TONI,

Toni in allen Lagen und Launen – einfach zum Schießen! Kaum einer versteht es so, die Feste zu feiern, wie und wenn sie fallen. Wie beim Torrekord, bei witzigen Werbefotos mit den Legionärskollegen Konsel, Herzog und Feiersinger, beim „Schmähführen" mit Teamchef Prohaska – oder beim „Striptease" auf offener Stadionbühne. Beim Finale furioso knallten dann die Sektkorken (nächste Seite).

AUSTRIA

vehement gegen Didi Kühbauer vorgegangen, der Kritik geübt hat, ohne Namen zu nennen. Ich sagte, daß er dazu kein Recht hat. Wer auf welcher Position spielt, ist Sache des Teamchefs. Und der Erfolg führt nur über die Mannschaft. Er hat's kapiert. Vielleicht war es gut, daß so früh reiner Tisch gemacht worden ist. Vielleicht hätte es sonst nie den historischen Sieg in Stockholm gegeben, der Meilenstein nach Frankreich – wer weiß? Es war ein reinigendes Gewitter zur rechten Zeit.

Auch Didi, operiert nach einem Schlüsselbeinbruch und deshalb in Zivil, ist nach dem Weißrußland-Spiel mit allen anderen Kaderspielern und den Trainern im Ernst-Happel-Stadion aufs Podium geholt und gefeiert worden. Auch er hat es verdient. Auch er hat ja viel dazu beigetragen. All das ist mir in den Sinn gekommen, als im Stadion nur noch gejubelt und gesungen wurde – *We are the Champions* oder *Life is life.*

Wir waren Weltklasse im Tanzen. Logisch, denn in der Schlange kannst du nicht umfallen. Nur eines hat die Feier getrübt? Der Franz Wohlfahrt hat so falsch gesungen, daß es mir fast die Pock* ausgezogen hätte.

Daß ich singe, war nicht geplant. Ich wollte es eigentlich nicht, die *Fabulösen Thekenschlampen* waren ja nicht da. Aber gegen die Mannschaft bist du machtlos. Also haben wir es richtig polstern lassen. Ausgelassen. Glücklich. *So ein Tag, so wunderschön wie heute.*

Die Inszenierung war zwar minutiös geplant, aber erst in letzter Minute. Wie das? Alfred Ludwig, Generalsekretär des Österreichischen Fußballbundes, verrät nämlich, „daß wir nach dem schrecklichen 1:0 in Minsk gegen Weißrußland noch im Bus einen Schock gehabt haben –und im Hinblick auf das Rückspiel in Wien auf alles gefaßt waren." Als aber keine Zweifel mehr bestanden, daß Österreich so gut wie sicher bester Gruppenzweiter und praktisch fix in Frankreich ist, wurde in kürzester

Zeit eine Gala auf die Beine gestellt, alles inklusive – nur nicht der Polster-Song mit den Thekenschlampen. Aber in der Euphorie der Siegesfete fragte Platzsprecher Marek spontan: „Toni, willst du es nicht polstern lassen?" „Na, warum nicht?" Und so sang er aus voller Brust und machte, wie Ludwig sarkastisch bemerkt, „den Andi Herzog zur Thekenschlampe!"

Die Publikumsresonanz war unglaublich. Nicht nur im Stadion. Bei Durchsicht der TV-Unterlagen konstatierte Ludwig beim Fest nach dem Fußballfest bis dahin ungeahnte Einschaltziffern. „Beim Match waren es weit mehr als eine Million. Beim anschließenden Fest noch ca. 900.000 Zuschauer!"

In solch einer Stimmung ist man natürlich zu jedem Schabernack bereit und denkt sich irgendwelche Streiche aus. Einer war abgemacht: Zwei müssen unter die Dusche – in voller Montur, eh klar. Einer davon war der Fernsehjournalist Andi Felber, der für uns der 19. Kaderspieler ist. Er ist bei jedem Match dabei. So schnell hat er gar nicht schauen können, schon ist er unter der Brause gestanden. Er hat gewußt, daß wehren zwecklos ist. Danach ist es dem Teamchef an den Anzugskragen gegangen. Ob's Armani war, weiß ich nicht, vielleicht, er ist ja ein glühender Italien-Fan. Auf jeden Fall war alles waschelnaß*.

Wenn ich es nur hätte verhindern können. Mit aller Kraft habe ich mich gegen die Rädelsführer gestemmt, den Andi Herzog und den Doktor Ernst Schopp, unseren Teamarzt. Vergeblich. Da war nichts zu machen. Auch die anderen sind über ihn hergefallen. Und im Handumdrehen war der Teamchef eine gebadete Maus. „Trainer", habe ich gesagt, „ich kann nix dafür, ich habe mich ja für Sie reing'haut!" Meine Version glaubt er mir bis heute nicht. Ich verstehe das nicht. Na, Schwamm drüber. Feste muß man feiern, wie sie fallen, noch dazu historische.

Fast alles, was in Österreich Rang und Namen hat, von Bundeskanzler Viktor Klima abwärts, war gekommen und von der

Euphorie mitgerissen worden. Der Weg zum VIP-Zelt – ein einziger Spießrutenlauf. Da Schulterklopfer, dort Autogrammjäger, ich habe mich förmlich durchkämpfen müssen. *So ein Tag, so wunderschön wie heute.* Phantastisch. Man schwebt wie auf einer Welle. Rot-weiß-rot, wohin du schaust. Ich

Der estnische Tormann Poom klärt im letzten Moment vor Toni Polster.

würde mir wünschen, daß Fans nicht nur kommen, wenn es um alles geht und sich nicht nur dann die Wangen rot-weiß-rot bemalen. Ich träume davon, daß sie im Teamdreß auf der Tribüne sitzen und daß jedes Länderspiel ein Volksfest ist, egal gegen wen.

Das macht Energien frei, die man sonst nicht hat. Der Ehrgeiz packt einen, man ist einfach stolz, Österreicher zu sein. Vor allem in jenen Augenblicken, in denen die Hymne erklingt: *Heimat bist du großer Söhne.* Schon als Bub habe ich davon geträumt, daß ich einmal unten stehe, die Hymne singe und im Nationalteam Tore schieße. Mit dem unvergeßlichen Fest gegen Weißrußland hat sich mein Bubentraum erfüllt.

„Tore waren für mich wie Muttermilch" – bei Simmering erhielt Toni Polster seine erste große Chance.

Nummer 9, was sonst?

Wien. Kaiser-Franz-Josef-Spital. 10. März 1964, 3 Uhr 10. Die Polsters haben einen Sohn bekommen, 51 cm lang, 3,90 kg schwer. Und was machte das Prachtstück, als es das Licht der Welt erblickte. Es begrüßte die Krankenschwestern mit einem fröhlichen Strahl. Hoppla, da bin ich! So etwas wie ein Vorschuß auf seinen Schmäh. Welch Mutterglück für Waltraud, welch Vaterstolz für Anton. Und ein Bruderherz und Spielgefährte für Schwesterchen Karin.

Klar war's, daß der stramme Junge im Namen des Vaters getauft wird. Anton, offiziell. In realiter selbstverständlich Toni. Und natürlich wurde der erste Bub auch Mamas Liebling, Hahn im Korb. Baby Toni spürte das, noch ehe er ahnte, was das ist.

„Er wurde ein bißchen verwöhnt, aber nie verzärtelt", betont Mama Waltraud. „Wir sind ja nicht im Geld geschwommen. Hätten's aber Hunger g'habt, wär' ich auch um Mitternacht aufgestanden und hätte den Kindern Palatschinken gemacht!" Dicke Brieftaschen sind gut. Weiche Herzen sind besser. Toni hat das eine geerbt und sich das andere verdient.*

Wenn Waltraud über den kleinen Toni spricht, der allen über den Kopf wuchs, sieht man die Augen glänzen. Natürlich war er, wie die Mama zugibt, „ein Mutterkind" – zwangsweise, weil es in der Ehe zweimal krachte, was bekanntlich auch in besten Familien vorkommt. Aber pflegeleicht sei er gewesen, auch als Baby. Schon (vor)laut, aber kein Schreihals. Ein echter Bub und kein Duckmäuser.

Am liebsten wäre Waltraud Polster nur Hausfrau und Mutter geblieben, aber das Leben spielte kein Wunschkonzert. Mama mußte sich einen Job suchen. „Drum habe ich den Toni mit ein-

einhalb Jahren in den Kindergarten geben müssen. Mir hätte es fast das Herz herausgerissen, als ich ihn zum erstenmal dort hingebracht habe. Ihm hat es nichts ausgemacht, ganz im Gegenteil. Ich hab's noch vor Augen, als wäre es gestern. Könnte ich zeichnen, würde ich das Bild malen. Der Toni ist versonnen dag'sessen, die Füße hat er über Kreuz g'habt und dazwischen – na, was wird er schon g'habt ham – einen Ball!" Früh übt sich, wer ein Meister wird.

Woran ich mich in meiner Bubenzeit erinnern kann? An einen Ball, sonst nichts! Einen Fußball, egal, wie klein. Für mich hat es nichts anderes gegeben. Ich weiß nicht mehr, wie alt ich war, jedenfalls ein Knirps, zwei, drei Jahre vielleicht, da hatte ich zwar noch keinen echten Ball, aber einen Flummi aus Hartgummi. Damit kann man zwar nichts demolieren, aber das Schießen fällt auch schwer. Der Flummi war mein liebstes Spielzeug. Mit ihm habe ich in der Wohnung gespielt. In der Not frißt der Teufel ja Fliegen. Der Schreibtisch hat als Tor herhalten müssen, da hab' ich hingepfeffert. Passieren konnte ja nichts. Das muß ich von Papa gelernt haben. Er war der Anton, ich der Toni – wie jetzt der Toni von mir. Mein Vater war ein super Fußballer, der bei Rapid Wien, Admira Wacker und dem SVS Linz gespielt hat. Er hat es bis zum B-Team gebracht, das war schon was. Darum rinnt sicher Fußballblut in meinen Adern. Vielleicht bin ich als Stürmer auf die Welt gekommen. Tore waren für mich wie Muttermilch.

Jedenfalls bin ich schon als Dreikäsehoch ballverrückt gewesen. Irgendwann hab' ich dann einen echten bekommen. Einen ledernen, keinen aus Plastik. Plastik ist ganz schlecht für die Schußtechnik. Es ist zu leicht, da kriegt man nie das wahre Gefühl zum Schießen. Und ich habe für mein Leben gern geschossen. Sonntags immer. Ja, vor allem sonntags. Zum Entsetzen aller Hausbewohner zu nachtschlafender Zeit: Um sieben Uhr früh bin ich runter in den Hof und habe die Mauern „betoniert". Am liebsten habe ich, der Polster Toni, den Hansi Krankl gespielt, mein Idol. Klatsch. Klatsch. Klatsch. Dazu habe ich, zwar ohne Mikrophon, dafür aber umso lauter, einen Reporter imitiert. Das ging dann ungefähr so: „Prohaska zu Krankl, der macht einen Haken, ist frei, Schuß – Tooooor!" Dann sind die Fenster aufgegangen, nein, aufgerissen haben sie die anderen Bewohner: „Bist wahnsinnig Bua, schrei' nicht so. Jetzt ist aber Schluß!" Aber mein Ziel war es ja, daß ich die Freunde im Bau aufwecke. Ich habe nach ihnen gerufen: „Kommt's endlich 'runter, es ist höchste Eisenbahn für ein Match!" Dann ist es losgegangen, vier gegen vier. Oder fünf gegen fünf. Richtige Positionen hat es keine gegeben. Jeder hat alles spielen müssen. Aber bei mir hat nur eines gezählt: Tore. Das war schon immer so.

Mit der Haus- und Hofkickerei hat meine Karriere begonnen. Das war eine fixe Idee. Ich habe mir eingebleut: Toni, du wirst Kicker, was sonst? Ich wollte das unbedingt. Aber eine Ahnung von dem, was da auf mich zukommt, habe ich zu diesem Zeitpunkt noch nicht gehabt. Mein Daheim, das waren der Hof und der „Käfig". Richtige Dressen, richtige Schiedsrichter waren mir fremd. Wie hätte ich damit auch was anfangen sollen? Aber ein Traum war es, nur das wollte ich – für mein Leben gern, um jeden Preis.

Zwei Monate vor meinem neunten Geburtstag war es so weit. „Willst' es wirklich, Toni?", hat der Vater gefragt. „Ja, Papa", habe ich geantwortet. Er hat genickt: „Okay, gehen wir zum Gießer Karl!" Im Januar war's – und saukalt. Minus drei Grad, ich erinnere mich, als wäre es gestern gewesen. Wir gingen in den Prater, zu den Trainingsplätzen beim Stadion. Während wir warteten, habe ich gefroren wie ein Schneider – aber eher vor Aufregung als vor Kälte.

Papa hat mich dem Gießer Karl, einem legendären Rapid-

Spieler, vorgestellt. Erzählt hat er mir schon vorher alles über ihn. Mir hat das Herz gepumpert*. Aufgeschaut habe ich zu dem Gießer. Dabei war ich recht groß für mein Alter, aber dünn, eine Bohnenstange. „Gib ihm die Hand, Toni!" hat mein Vater gesagt. So etwas vergißt man nie. Wie auch die ersten Worte von Karl Gießer: „Kann er überhaupt was, dei Bua?"

Da war der Ehrgeiz beim kleinen Toni geweckt. In einem Vorspiel wurde er getestet – gewogen und für gut befunden. Eine Sternchen-Stunde, die dem Neunjährigen schlug. Ein Teil von Austria Wien zu sein, das war für den Knirps so, als würde ein Großer den Sprung ins Team schaffen. Welch eine Umgebung! Fußball-Prominenz, zu der er aufschauen konnte – aus nächster Nähe, zum Anfassen.

Trainer der Austria-Jugend war Norbert Schilling, einst Europameister mit dem österreichischen Juniorenteam. Toni und den anderen Knirpsen schaute Robert Kopetko als erster Betreuer auf die Füße. B-Knaben, so hieß damals, was heutzutage die „Minis" sind. Spätere Klub- und Teamkollegen wie Robert Frind und Andreas Ogris gesellten sich dazu. Zweimal die Woche war Training, Motto: Jugendliche Spieler darf man nicht überfordern! Dazu gab's ein Match, so war das Programm. Und welche Nummer nahm sich der Toni? Erraten – den Neuner! Warum? Erraten – weil er werden wollte wie Hans Krankl, der klassische Neuner.

Wo und gegen wen habe ich das erstemal im Austria-Dreß gespielt? Just auf der legendären Pfarrwiese in Wien-Hütteldorf, der Heimat der Kanoniere – just gegen Rapid! Also just in einem Derby, auch für die Knaben. Im nachhinein sag ich heute: „Wenn das nicht höhere Gewalt war, was dann?"

Wenn ich heute an dieses erste Spiel von mir denke, muß ich darüber lachen, tatsächlich aber war's für mich damals ein

Alptraum – zunächst. Warum, werden Sie fragen? Weil ich allein vor der Pause 76mal ins Abseits gerannt bin. Abseits? Hatte ich nie gehört. Mir hatte das ja niemand erklärt. Jeder hatte wohl gedacht: Wer kickt, muß das können wie das ABC. Ich war schon verzweifelt, am Boden zerstört. Mein Vater und Robert Kopetko haben mich in der Halbzeit getröstet und mir beizubringen versucht, was ich falsch mache. Geändert hat sich nichts. Wieder ist jeder Austriaangriff abgepfiffen worden, wenn ich vorne war. Warum, habe ich gerätselt, rennen denn die anderen immer zurück? Wenn die so blöd sind, hol' ich mir halt hinten den Ball. Und so war's.

Alles, was mir im Weg war, habe ich überspielt und dann eingeschossen. Einfach so. Alle sind sich in die Arme gefallen. Ich bin ganz unten gelegen und habe es kaum glauben können. Das erste Match – und gleich das erste Tor. Gleich im ersten Derby. 1:1 ist es übrigens ausgegangen. Und ausgetauscht wurde ich auch. Damals wußte ich warum. Ich bin ja den anderen nur im Weg gestanden. Heute verstehe ich nicht immer, warum mich ein Trainer vom Feld holt. Aber das ist ein anderes Kapitel.

WALTER HOYER

FUSSBALL KULISSE

Toni Polsters Karriere (2. Teil)

Die Erinnerungen des Herrn Papa

TONI POLSTER SENIOR – das ist auf diesem Bild der Mann ganz links im Teamdreß (B-Team). Polsters Gegner vor 20 Jahren: Die Steirer Kölly und Keeper Gernot Fraydl (heute Sturm-Trainer)

Wenn Fußballfreunde dem 46jährigen ANTON („MAX") POLSTER zur steilen Karriere seines Sohnes gratulieren, verbirgt er geschickt seinen Vaterstolz. „Gott sei Dank ist der Bua ein besserer Kikker als ich."

Und Toni Polster senior bleibt auch bescheiden.

wurde, wechselte er zur Austria – zur Nachwuchsbetreuung zu den „Kleinsten", zu den Knaben.

Gießer: „Bring mir den Buam. Ich schau ihn mir genau an."

Im ersten (Knaben-)Spiel seines Lebens im violetten Dreß erzielte Toni Polster, im April 1973, sein erstes Tor für die Austria – es war das Derby Rapid gegen Austria.

Vater Polster: „Ich bin damals an der Outlinie gestanden und hab den Buam dirigieren müssen. Er ist näm-

Das Talent zum Fußball erbte Toni von seinem Vater, der es bis zum B-Teamspieler brachte.

Hinterhof und „Käfig", wie vergitterte Spielplätze im Park heißen, waren Tonis erste Fußballfelder. Nicht nur vor, auch in der Schule, wo natürlich ebenfalls gekickt wurde. Statt Hausaufgaben zu machen, hätte er am liebsten Tag und Nacht gespielt. So sind eben fußballbegeisterte Kinder. Und das macht allen Eltern Sorgen, die zum Lernen drängen. Wie heißt es so schön: Ohne Fleiß kein Preis. „Aber schon als kleiner Bub", erinnert sich Waltraud Polster, „hat er einmal zu mir gesagt: ‚Du Mama, ich brauch' nix lernen – ich werd' eh einmal Profi. Und einmal im eigenen, großen Haus wohnen!'" Aber davon war damals noch keine Rede.

Vor dem Fußballdreß trug Toni Polster noch ein anderes Trikot – eine Uniform! Das ist so, wenn man bei den Piaristen in Wien in die private (Volks)schule geht. „Lieb hat er ausg'schaut, der Toni", hat seine Mutter das Bild noch vor Augen. „Und lieb war er auch!" Lieb und dankbar. Eine kleine Episode, an die sich Waltraud Polster erinnert beweist dies.

Eine Begebenheit, die typisch für ihn ist. „Ich will den Toni abholen, steh' vor der Schule, alle kommen raus, nur er nicht. Da hat mich die Nervosität gepackt: Ja, wo ist denn mein Kind? Ich bin hinein in die Schul', hin zu einem Pater, ganz aufgeregt war ich schon, aber der hat mich beruhigt: ‚Wo der Toni ist? Der hat gesagt, er holt nur Flieder für die Mutter!' Tatsächlich, im Hof steht der Bub oben auf der Leiter und knickt den Flieder. Er wollte ihn mir unbedingt schenken. Und ich habe den Flieder gekriegt. Ich war schon so aufgeregt – dabei wollte er mir nur ein Freude machen. Ein Stein ist mir da vom Herzen gefallen. Ich war ganz gerührt."

Meine erste Schulzeit ist ja schon lange her. Aber ich weiß noch genau, daß ich jeden Tag sehr zeitig auf war. Wir haben damals in Wien-Favoriten, also ziemlich weit draußen gewohnt. Die Piaristen sind aber in der Josefstadt, mitten in

Wien. Meine Eltern waren berufstätig und haben mich schon in aller Früh hingebracht. Um sieben Uhr bin ich immer schon dort gewesen, eine Stunde vor Schulbeginn. Nach dem Unterricht und dem Mittagessen mußten die Aufgaben gemacht werden. Aber keiner hat es erwarten können, bis wir endlich kicken durften.

Also raus in den riesengroßen Hof hinter der Kirche. Da hat es dann nur eines gegeben: Match, Match und noch einmal Match – bis mich mein Vater meistens abgeholt hat. Am Anfang fuhr er mich nach Hause, später zum Training bei der Austria. So über den Daumen gepeilt, bin ich damals gut drei Stunden am Tag hinter einem Ball hergerannt. Wer im Hof mitspielen wollte, hat bei den Piaristen mitgespielt. Ich war immer dabei. Und um mich haben die anderen nie streiten können. Ich habe mir immer selbst ausgesucht, in welcher Mannschaft ich spiele. Was, das war eh klar: Stürmer, was sonst! Tore waren schon immer mein Leben.

Thomas Janeschitz, der später beim Wiener Sportklub, beim FC Tirol in Innsbruck, bei der Austria und auch im Nationalteam gespielt und Tore geschossen hat, war ein Schulkollege von mir. Wir haben ihn zum Training immer bei uns im Auto mitgenommen. Wenn wir nach der Schule ein wenig auf meinen Vater warten mußten, haben wir uns halt ein bisserl die Füße vertreten. Gleich vis-à-vis gibt es auch heute noch das Café Josefstadt. Da habe ich sie dann sitzen gesehen, den Karl Farkas und den Ernst Waldbrunn, die zwei legendären Figuren des Wiener Kabaretts. Natürlich habe ich sie vom Fernsehen her gekannt. Die waren lustig, die haben einen Riesenschmäh gehabt, richtige Spaßvögel waren sie, die in ihren Sendungen immer Witze gerissen haben. Neugierig, wie wir Stöpseln waren, haben wir uns die Nasen an den Fensterscheiben plattgedrückt. Aber reingehen ins Café hätten wir uns nicht getraut. Oder gar Autogramme holen! Gott bewahre! Stolz waren wir schon, wenn wir sie aus nächster Nähe und nicht nur im Fernsehen gesehen haben. Vielleicht habe ich damals schon ein bisserl was von ihrem Wiener Schmäh gelernt. Instinktiv, nicht bewußt. Vielleicht habe ich mir insgeheim gedacht: So prominent will ich auch einmal sein – als Fußballer.

Zu Prominenten, die man als Kind sieht, baut man ja unwillkürlich eine andere Beziehung auf als zu Stars, die man nicht aus der Nähe, sondern nur vom Fernsehen her kennt. Daran hat sich bis heute nichts geändert – auch wenn ich dann mit Zehn aus der Josefstadt und von den Piaristen mit dem Fußball im Hof hinter der Kirche weg bin. Die Volksschulzeit war vorüber, ich bin ins Gymnasium gekommen. Wieder eine Privatschule.

Natürlich hat der Toni immer davon geträumt, daß er im Fußball ein großer Star wird – so wie der Papa oder noch besser. Aber Anton und Waltraud Polster wollten, daß der Bub auch was Ordentliches lernt, man weiß ja nie. „Also hab' ich ihn in der Neulandschule eingeschrieben", erinnert sich Mama Polster. „Die hatte ja damals einen sehr guten Ruf. Aber es war trotzdem falsch. Ich würde kein Kind mehr dorthin schicken, ich habe schlechte Erfahrungen gemacht. Toni hat schon bei der Austria gespielt, da war das Training, dort die Schule. Für Fußball haben die nicht viel übrig gehabt.

Und mit einigen Lehrern hat er sich auch nicht verstanden. Einer war überhaupt scharf auf ihn. Ausgerechnet ein früherer Sportler, eine gewisse Ironie, nicht wahr. Aber der Professor Günther Anderl ist ja nicht vom Fußball gekommen, der war Eiskunstläufer, meistens Zweiter oder Dritter hinter den Stars, später dann auch Meister. Unterrichtet hat er nicht Turnen, auch nicht Mathematik oder sonst etwas, sondern Zeichnen. Und wie Buben so sind, wenn sie einen Lehrer nicht leiden können oder umgekehrt, denken sie sich halt allerlei Dummheiten aus.

Na, was haben's gemacht? Sie haben den Anderl so gezeichnet, daß er auf einem Podest steht. Und dann haben sie natürlich getuschelt und gelacht. Da ist der Anderl hin und hat gefragt: ‚Na, Buben, was haben wir denn da Schönes, was gibt's denn zum Lachen?' ‚Sie, Herr Professor', hat der Toni gesagt – und vorlaut hinzugefügt: ‚Damit Sie auch einmal auf dem Stockerl stehen!" Da gab es natürlich einen Wirbel, der Professor Anderl hat sich maßlos aufgeregt und gedroht, daß er Toni rauswerfen würde. Da habe ich ihn lieber gleich aus der Schule genommen."

Das Gymnasium war etwas ganz anderes. Irrsinnig schwer, viel mehr Lernstoff. Das war Gift für mich. Ich meine, ich habe schon gelernt, aber nicht soviel, wie ich eigentlich sollte. Nicht, daß ich nicht gewollt hätte. Aber die Zeit, die Zeit. Da war die Schule, dort die Austria. Als der Fritz Fellner als Trainer kam, wurde viermal die Woche richtig trainiert. Ich bin immer direkt von der Schule hin. Wo hätte ich da viel lernen sollen? Ich habe keinen Fünfer bekommen, aber vier – oder waren's sieben? – Vierer. Durchgekommen bin ich schon, ökonomisch halt. Ich habe mir gedacht, nur das Notwendigste. Irgendwie hat sich abgezeichnet, daß ich dort nicht alt werde, obwohl wir mit der Neulandschule in der Schülerliga immerhin Dritter geworden sind.

Daheim war das Faß aber schon aus einem ganz anderen Grunde voll. Meine Mutter hat ja für die Privatschule viel Geld bezahlt. Und dann wollten die mir plötzlich kein Zeugnis geben. Mit einer merkwürdigen Begründung: „Der Toni", haben sie gesagt, „hat so ein motorisches Gemüt, der hat durch sein ständiges Schaukeln einen Sessel zerschaukelt!" Das war natürlich ein aufgelegter Blödsinn! Nie und nimmer hab' ich das getan!

Egal – die Mama hat noch einen Tausender gezahlt, damit ich das Zeugnis bekomme. Dann war der Ofen aus. „Okay Toni, dann gehst du eben in die Sporthauptschule!", hat sie zu mir gesagt. Mir kann es nur recht sein, habe ich mir gedacht. Das Gymnasium war mir eh egal, ich wollte ja Fußballer werden.

Die Sporthauptschule Wendstattgasse war ideal. Mehr Turnstunden, mehr Zeit zum Kicken, wenig Aufwand beim Lernen, sportbegeisterte Lehrer. Einer war für die Schülerliga-Truppe zuständig, der war sehr engagiert, aber uns hat er nicht viel erklären müssen. Fast alle haben bei einem Verein gespielt, ein paar bei Rapid Wien, ein paar bei Rapid Oberlaa und Wienerfeld, da war es nicht schwer, eine gute Mannschaft zu bilden. Zum Beispiel mit dem Poldi Rotter, der später bei Rapid Wien, St. Pölten und sogar im Nationalteam gespielt hat, mit dem Angerschmid und anderen. Mit denen ich habe ich in der Schülerliga gewonnen – mittlere Altersklasse. Nebenbei habe ich die Schule fertig gemacht. Dann hat sich die Frage gestellt: Toni, was machst du im neunten Schuljahr? Ich habe mich zunächst für eine HTL (Höhere Technische Lehranstalt) entschieden, Fachschule für Elektrotechnik. Gemacht habe ich, abgesehen vom Fußball, nach dem neunten Schuljahr aber ganz was anderes.

Ich wurde bei den Wiener Verkehrsbetrieben angemeldet und habe eine Lehre als Industriekaufmann begonnen. Dort habe ich alle möglichen Büroarbeiten gelernt: Steno, Schreibmaschine, Buchhaltung. Neben der Praxis habe ich drei Jahre lang die Berufsschule in der Wiener Castelligasse besucht. Industriekaufmann klingt ja gut. Aber eigentlich ist der Toni Polster eine ausgelernte Sekretärin ...

Wichtig für jedes Talent ist ja, in welche Hände es kommt. Toni Polster hat es gut gehabt – er hatte den Papa, den Anton Polster, der selbst ein Vollblutstürmer war. Und später sein Trainer. „Toni, habe ich gesagt", erzählt der Papa, „Toni, wir gehen ins Gitter, dort machen wir Schußtraining – nicht nur mit dem

Linken, auch rechts. Beidbeinig ist wichtig!" Josef Glaser, der Toni als Austria-Trainer unter seine Fittiche nahm, „als er zehn Jahre war", wußte dieses Können zu schätzen. Glaser hatte Toni gesehen und auf den ersten Blick gewußt: „Der ist ein Riesentalent, den muß man fördern. Toni war nur als Spitze, sonst weniger geeignet. Und ehrgeizig, verlieren konnte er nicht. Wenn er die blaue Karte – Zeitausschluß bei Schülermannschaften – bekommen hat, war er ganz bös!" Sonst aber, so Glaser, ein liebes Wesen, ein wunderbarer Mensch, „über den ich nichts Schlechtes sagen könnte!"

Und ein Vollblutkicker, für den er auf die Barrikaden stieg. „Denn Toni hat immer Neider gehabt!" Was in der Natur der Sache, sprich Tore lag. Manchmal auch fünf und sechs in einem Match. Er war torhungrig und schlagfertig. Glaser: „Wenn es 0:0 gestanden ist und alle schon nervös waren, hat der Toni gesagt: ‚Trainer, tun's Ihnen nichts an, wir gewinnen schon noch!' – Ich habe dann hineingerufen: ‚Na, Toni, dann beweg' dich mehr!' Kaum hatte ich es gesagt, schon hat es getuscht wie beim Radetzky – 1:0. Toni, wer sonst? Dann ist er zu mir gerannt: ‚Na, Trainer, was hab' ich Ihnen gesagt?'"

Glaser erinnert sich noch gut an die Elf, mit der er damals Meister wurde: Steinböck, Schlosser, Seidl, Pospischill und Friesenegg; Anderl, Jenisch, Stary, Schadauer, Hojsa und Polster. Schon damals war Glaser sicher: „Der Toni wird ein Großer!" Und ein ganz Großer hat ihn darin bestärkt: Karl Decker, der Altinternationale und ehemalige Teamchef. „Der hat ihn gesehen und mich gefragt: ‚Du, wer ist der? Da habt ihr einen Superkicker!'"

Weder Decker noch Glaser haben sich in Toni Polster, dem Torjäger, Leithammel, Chef und Kapitän getäuscht.

Zum Stürmer wird man geboren. Aber zum Kapitän einer Mannschaft muß man sich selbst machen, das geht nicht automatisch. Wie hätte es bei mir auch gehen sollen? Am Anfang, im „Käfig“ und so, da war ich ja der Kleinste. Da habe ich oft betteln müssen: Geht's, laßt's mich mitspielen. Das ist wie David gegen Goliath. Da braucht man mehr Schmäh als die anderen, sonst spielen sie mit dir Fitschigogerl*. Also entwickelte ich eine spezielle Technik, mit der ich Tore machen konnte. Jetzt bin ich groß, 1,88 m – damals war ich ein Zwergerl, aber wendig: Ich war an den Großen vorbei, so schnell haben die gar nicht schauen können. Nicht nur einfach so – ich benutzte auch die Bande, damit haben viele nichts anfangen können, das war den meisten fremd, mir aber nicht. Manchmal habe ich alle ganz deppert gespielt. Ich habe noch im Ohr, wie sich die Großen da geärgert haben: „A Wahnsinn, der Kleine. Der kräult* dir ja zwischen di Fiaß* durch!“ Das war Instinkt. Trümpfe mußt du immer ausspielen. Und gefallen ließ ich mir schon damals nichts. Wenn man sich als Fußballer durchsetzen will, braucht man auch eine gewisse Ellbogentechnik, nicht nur als Stürmer. Auch im Zurückreden war ich immer Spitze. Ich bin ja nicht auf den Mund gefallen. Ein Goscherter* eben. Und meistens der Rädelsführer.

Wie hätte ich also das große Wort führen sollen, wenn ich nicht einmal wußte, was Abseits ist? Aber ich habe schnell gelernt. Kaum hatte ich es kapiert, habe ich meine Rolle übernommen. Ich war der Goalgetter, kein anderer. In jeder Mannschaft war das so, ich habe überall die meisten Tore geschossen – von der B-Jugend bis zum Team, bei der Austria, bei Simmering, in Italien, Spanien und in Deutschland. Wer die meisten Tore macht, ist der Mittelpunkt. In der Regel ist das so im Fußball. Schon als Bub war ich gierig nach Fußball und Toren. Und da habe ich, wer weiß, vielleicht sogar zuviel gespielt. Beim Klub und im „Käfig“. Wenn ein Match vorbei war, habe ich mich umgezogen und bei den Freunden gleich weitergespielt, wie es halt so ist. Das war super damals, aber nicht ideal. Vielleicht des Guten zuviel.

ANTON POLSTER
10. MÄRZ 1964

Oben: Als die Karriere noch in den Windeln lag. Toni mit Schwesternherz Karin (l.) und an den Lippen von Fußball-Papa Anton (r.). *Unten:* Erstkommunion bei den Piaristen in Wien, bei denen er nicht nur durch die Volksschule ging, sondern im weiträumigen Hinterhof auch die ersten Schritte und Schüsse als künftiger Torjäger macht.

Vom Teenager Toni zum Torjäger, der seinen Mann steht. *Oben:* Pack die Badehose aus (l.), putz dich heraus fürs Ringelspiel im Wr. Prater (r.). *Unten:* Strahlend mit Mama Waltraud im ersten Teamdreß unter dem Christbaum (l.). Und erstmals auch nachdenklich, was die Zukunft bringt. Auch wenn er Tore „austeilte", mußte er so manche Kritik einstecken.

AUR

Mit Torjäger Toni wuchsen Österreichs Junioren zu Riesentötern, die für Furore sorgten. Auf dem Weg zur Nachwuchs-EM wurden in Francavilla zuerst die italienischen Jungprofis eliminiert, bei der Endrunde in Finnland wurden die Deutschen mit Raimond Aumann im Tor mit 4:1 besiegt.
Den ersten Schlagzeilen folgten am „Nebengleis" Simmering (nächste Seite) erste Autogrammkarten.

SIMMERING

Als ich mit 13 oder 14 einen Wachstumsschub bekam und in die Höhe geschossen bin, sind plötzlich Knieprobleme aufgetreten. Da hat es dann geheißen: 20 Minuten warmlaufen vor dem Aufwärmen, damit die Knie warm werden! Wenn man soviel spielt, gewöhnt man sich einen ökonomischen Stil an. Man macht drei, vier Tore, was ja bei Knaben und Schülern oft vorkommt, und da schießt es dir dann ein: Halt dich zurück, spar dir die Kräfte!

Kann sein, daß mich das als Spieler geformt hat. Manchmal war ich auch Mittelfeldspieler, einmal – in einer Wiener Jugendauswahl – sogar Libero. Mich hat es aber immer in den Sturm gezogen. Hinten, das war nichts für mich. Hinten kann man ja keine Tore schießen. Und wer zuviel auf dem Feld herumkurvt, dem geht dann vor dem Tor die Kraft aus. Ich bin lieber Ökonom gewesen. Und Torjäger. Das hat mich und meine Karriere von Anfang an geprägt.

Wenn Buben miteinander aufwachsen, dann entstehen oft Blutsbrüderschaften. Wie mit dem Andreas Ogris, der auch so etwas wie „Austria-Urgestein" ist – auch wenn er wieder einmal bei Admira Wacker gelandet ist. Ogris, Frind und Polster – das war ein Trio, mit (Team-)Tormann Franz Wohlfahrt später ein Quartett, das den Weg nach oben machte, jeder auf seine Art, der eine mehr, der andere weniger. „Der Toni", bringt es Austrianer und Teamkollege Andi Ogris, mit dem Polster oft unter einer Decke steckte, auf den Punkt, „war ja nie auf den Mund gefallen, der hatte immer einen g'sunden Egoismus besessen, den du als Spitze brauchst – aber nicht extrem, da gibt es Schlimmeres. Und wenn er eine Meinung gehabt hat, hat er sie gesagt. Damit hat er sich nicht nur Freunde gemacht. Und Wickel mit Trainern gehabt!"

Für Andi, den alten Kumpel, der nach der ersten und vor der zweiten Polster-Ära als Teamkapitän ebenfalls die Schleife trug, war der Toni schon im Nachwuchs unersetzlich, „weil man jemanden braucht, der Tore macht. Und er hat sie immer gemacht!"

Aber nicht nur darum hat ihn Andi immer respektiert, er bewundert auch, wie Toni in Köln zur Persönlichkeit gereift ist. „Man kann ja nicht sagen, daß er von Anfang an der Führungsspieler war. Aber Toni hat sich super weiterentwickelt, zu seinem Vorteil. Der hat im Ausland viel gelernt!" In jeder Hinsicht, nicht nur als Fußballer. Auch als Schmähbruder. „Wir unter uns, die Haberer, haben ja immer a Hetz* und Blödheiten im Schädel gehabt. Einmal haben wir aus dem Hemdsärmel eines Spielers einen Knopf gemacht. Und einem Austrianer, der mit einem grünweißen Hemd gekommen ist, haben wir die Ärmeln abgeschnitten. Und Fransen daraus gemacht!" Eher harte Bandagen, wie Ogris zugibt. Und meint, daß der Schmäh, den der Toni heute hat, diesen Reifeprozeß spiegle. „Der Toni ist noch viel besser als früher, das merkst du, wenn er im deutschen Fernsehen auftritt. Die Pointen sind treffsicher!" Jetzt ist er der große Chef. Mit oder ohne Kapitänsschleife. Nicht nur im Fußball. Auch abseits vom grünen Rasen.*

Wer die meisten Tore macht, auf den bauen und schauen alle. Gemäß der Devise: Wer zahlt, schafft an! Für uns Jugendspieler mit 13 oder 14 Jahren galt das auch schon: Ich war überall Schützenkönig, daher haben sie mich bei der Wiener Austria zum Kapitän gemacht. Da war ich ganz oben auf der Leiter, aber wenn man größer und älter wird, muß man wieder von vorn anfangen, sich unterordnen und hinaufdienen. So ist die normale Hackordnung im Fußball. Da genügt es nicht, wenn man den Mund aufreißt. Nur wenn man Tore macht, die anderen antreibt, wird man zur Leitfigur. Was zählt, sind Leistung und Tore. Wichtige Tore ganz besonders.

Zum Beispiel Elfmeter. Ich habe mich nie gedrückt, sondern

aufgedrängt. Auch schon, als ich 16 und 17 war, bei Simmering, der Jüngste in der Zweiten Division der Bundesliga, war ich nicht zu feig, um die Verantwortung zu übernehmen. Der Drang, ein „leichteres" Tor zu machen, um in der Schützenliste weiter vorn zu sein, hängt nicht nur mit deinem Ego zusammen. Manchmal gibt es ja Elfmeter in heiklen Momenten. Keine Elferfrage, sondern Nervensache. Die schieße ich am liebsten selbst. Und warum? Ich beantworte für mich diese Frage so: Würde ich mich drücken und ein anderer den Elfer verschießen, würde ich mir Vorwürfe machen. Toni, du bist schuld, du Feigling. Wenn es mir passiert, dann ist es allein mein Fehler, dann habe ich versagt. Aber das nehme ich auf meine Kappe, dieses Herz habe ich. Das war schon von kleinauf so!

Natürlich steht man manchmal unter Druck, da kann man den Handke-Buchtitel umdrehen und sagen: *Die Angst des Schützen vor dem Tormann.* Aber alles ist in erster Linie eine Sache der Konzentration. Man darf auch nicht vergessen, was ein Elfmeter für einen Stürmer bedeutet. Vor allem, wenn er in einem Tief steckt, kein Erfolgserlebnis hat, sich wochenlang um sich selbst kümmern muß. Da gibt dir der Elfmeter die Chance, daß du dich aus eigener (Schuß-)Kraft aus dem Tief schießt und einen Negativlauf unterbrichst. Aber manchmal ist es auch umgekehrt. Da gibt es eine wichtige Faustregel unter uns Fußballern: Hast du einen Elfmeter verschossen, schieße auch den nächsten. Wenn es wie verhext zugeht, muß man den Teufel austreiben.

... und wieder ein Treffer des Jungstars!

Simmering-
brutal wichtig für die Austria

Jeder junge Fußballer hat seine Wünsche und Träume. Toni Polster, ein Wiener Nachwuchsstürmer anfangs der achtziger Jahre, träumt von einer Krankl-Karriere, von einem Superklub. Von Millionen-Gagen und fetten Schlagzeilen. Solange es noch nicht soweit ist, sammelt er erste Erfolgserlebnisse und klebt sie ins Familien-Album – man kann ja nie wissen? Jede Zeitungsnotiz wird von ihm fein säuberlich dokumentiert – eine Art Selbstbestätigung. Wer meint, Toni hätte nur Positives registriert, der irrt. Er „verewigte" auch alle „Prügel", die er bezog. Daraus läßt sich schließen, daß Toni nie Scheuklappen trug, auch wenn man ihm gerade dies oft vorgeworfen hat, sondern der Realität stets ins Auge blickte. Träume werden eben nur dann wahr, wenn dahinter auch ein gewisser Realitätssinn steckt – und Ehrgeiz. Und ein Trotzkopf hilft nur, wenn er sich nicht ins „Winkerl stellt", sondern schwört: „Jetzt erst recht – justament!" Wer austeilt, muß auch einstecken können. Auf großem Fuß kann nur leben, wer Maß an den Großen nimmt. Und Schritt für Schritt oder Schuß für Schuß versucht, ihnen zu folgen. Im Falle Tonis hieß das Idol Hans Krankl, der elf Jahre älter war. Er war das Ziel – der Weg war jedoch noch weit.*

Mir war egal, daß der Hans Krankl eine Rapid-Legende war und ich bei Austria Wien spielte. Er war mein Idol, ich wollte sein wie er. Und ich habe fest daran geglaubt, das auch zu schaffen. Logisch, wenn man immer die meisten Tore macht. Schon mit 16 Jahren gegen die Großen von der U-21-Mannschaft der

Wiener Austria war das so. Als ich zweimal Schützenkönig wurde, sind die Trainer auf mich aufmerksam geworden. Viele Fans haben gefragt: Warum probiert ihr den Polster nicht aus? Aber da hätte ich mich auf den Kopf stellen können – Erich Hof, damals Austria-Trainer, hätte mich nie genommen! Ich weiß, man soll über Tote nichts Schlechtes sagen, aber mir war es immer ein Rätsel, warum er mich nie leiden konnte. Erich Hof und Joschi Walter, der große Austria-Boß, waren dicke Freunde, die haben immer miteinander Karten gespielt. Und dem Walter hat Hof auch eingeredet: „Was wollt ihr denn mit dem Polster, aus dem wird doch nie etwas!"

Alles passierte hinter meinem Rücken. So etwas trifft einen als Spieler mehr, als wenn man es einem ins Gesicht sagt. Mich hat dieses Verhalten verletzt. Ich war unglücklich und sprach mit meinem Vater darüber. Der hat zu mir gesagt: „Bevor du in der U 21 versumperst*, geh lieber ein halbes Jahr zur Admira!" Aber das haute nicht hin.

Dann hat Ernst Dokupil angerufen, heute der große Rapid-Zampano, damals Trainer bei Simmering in der Zweiten Division. Eingefädelt hat den Wechsel Hans Mayerhofer, Boß bei Simmering und Chef der Ziel-Werbung, die viel mit der Wiener Stadthalle zu tun gehabt hat. „Wir brauchen eh einen Goalgetter, für den Toni ist es eine Chance", hat Ernst Dokupil gesagt, „wir wollen ja aufsteigen!"

Super, habe ich mir gedacht – aber warum holen die mich, wenn sie bereits drei Stürmer haben und mit dem Polen Szostakowski auch eine Spitze? Na gut, überlegte ich mir, irgendeinen Grund dafür werden sie schon haben. Und irgendwie werde ich mich schon durchsetzen – und tatsächlich, ich fühlte mich dann bei Simmering wohl. Super Kameradschaft. Nette Kollegen. Zum Auswärtsmatch sind wir im Trainingsanzug gefahren, die coolen Klamotten haben wir in der Kabine gelassen. Nach dem Spiel haben wir sie gleich angezogen und sind in die Disco.

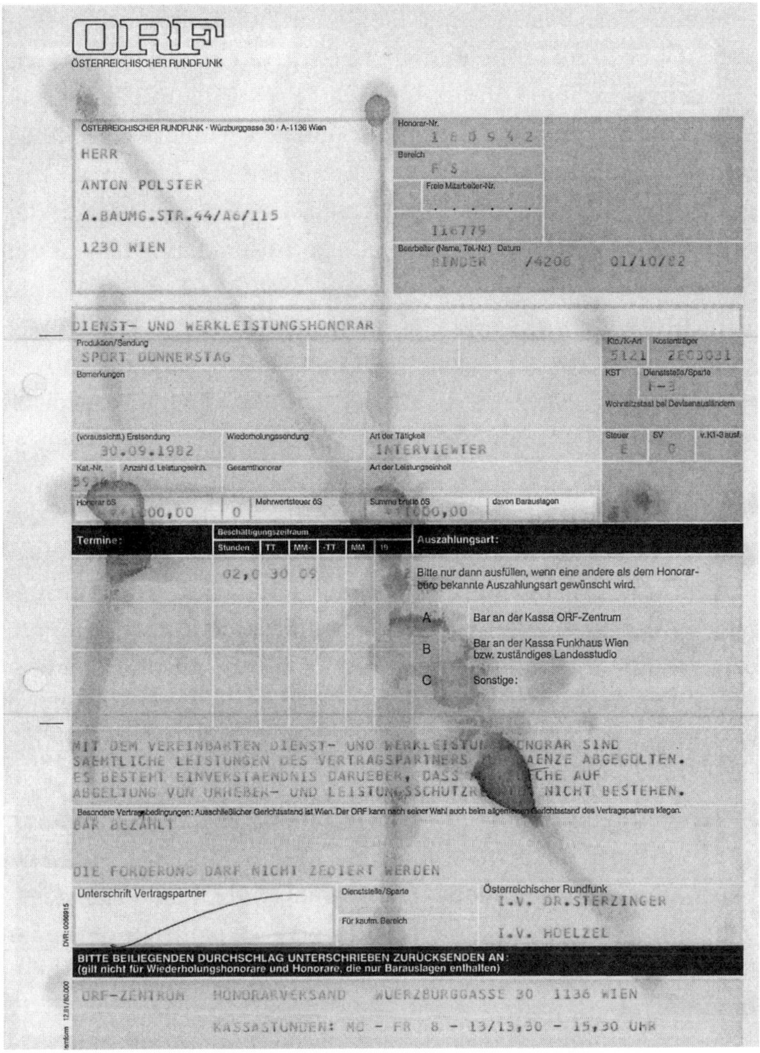

ORF
ÖSTERREICHISCHER RUNDFUNK

ÖSTERREICHISCHER RUNDFUNK · Würzburggasse 30 · A-1136 Wien

HERR
ANTON POLSTER
A.BAUMG.STR.44/A6/115
1230 WIEN

Honorar-Nr. 180942
Bereich F S
Freie Mitarbeiter-Nr. . . . .
116779
Bearbeiter (Name, Tel.-Nr.) Datum BINDER /4206 01/10/82

DIENST- UND WERKLEISTUNGSHONORAR

Produktion/Sendung SPORT DONNERSTAG
Kto./K-Art 5121 Kostenträger 2E03031
Bemerkungen
KST Dienststelle/Sparte F-3
Wohnsitzstaat bei Devisenausländern
(voraussichtl.) Erstsendung 30.09.1982
Wiederholungssendung
Art der Tätigkeit INTERVIEWTER
Steuer E SV C v.K1-3 ausf.
Kat.-Nr. Anzahl d. Leistungseinh. Gesamthonorar Art der Leistungseinheit
Honorar öS [illegible]00,00 0 Mehrwertsteuer öS Summe brutto öS [illegible]000,00 davon Barauslagen

Termine: Beschäftigungszeitraum Stunden TT MM- -TT MM 19
02,0 30 09

Auszahlungsart:
Bitte nur dann ausfüllen, wenn eine andere als dem Honorarbüro bekannte Auszahlungsart gewünscht wird.
A Bar an der Kassa ORF-Zentrum
B Bar an der Kassa Funkhaus Wien bzw. zuständiges Landesstudio
C Sonstige:

MIT DEM VEREINBARTEN DIENST- UND WERKLEISTUNGSHONORAR SIND SAEMTLICHE LEISTUNGEN DES VERTRAGSPARTNERS [illegible]AENZE ABGEGOLTEN. ES BESTEHT EINVERSTAENDNIS DARUEBER, DASS [illegible]CHE AUF ABGELTUNG VON URHEBER- UND LEISTUNGSSCHUTZR[illegible] NICHT BESTEHEN.

Besondere Vertragsbedingungen: Ausschließlicher Gerichtsstand ist Wien. Der ORF kann nach seiner Wahl auch beim allgemeinen Gerichtsstand des Vertragspartners klagen.

BAR BEZAHLT

DIE FORDERUNG DARF NICHT ZEDIERT WERDEN

Unterschrift Vertragspartner
Dienststelle/Sparte
Für kaufm. Bereich
Österreichischer Rundfunk
I.V. DR.STERZINGER
I.V. HOELZEL

DVR: 0068915

BITTE BEILIEGENDEN DURCHSCHLAG UNTERSCHRIEBEN ZURÜCKSENDEN AN:
(gilt nicht für Wiederholungshonorare und Honorare, die nur Barauslagen enthalten)

ORF-ZENTRUM HONORARVERSAND WUERZBURGGASSE 30 1136 WIEN
KASSASTUNDEN: MO - FR 8 - 13/13,30 - 15,30 UHR

[illegible]form 12.81/80.000

Allmählich werden auch die Medien auf den Austria-Goalgetter aufmerksam ...

Zum ersten Match mußten wir damals nach Klagenfurt. Es war wie ein Ausflug, fast ein Abenteuer. Abends hat uns der Trainer kaserniert. Rollo runter. Also machten wir uns im Zimmer eine Hetz. Der Schmäh ist g'rennt, wir haben uns zerkugelt*. Doch beim Frühstück ist uns dann der Bissen fast im Hals steckengeblieben. Kommt doch glatt Ernst Dokupil daher und sagt: „500 Schilling Geldstrafe für jeden von euch – weil ihr so laut gelacht und keine Ruh gegeben habt!" Da haben wir uns gedacht: „ Na,spinnt der? Das ist ein Hammer!" Es war nur der erste. Schon hat mich der nächste getroffen. Der *Doc* – so der Spitzname von Ernst Dokupil – machte die Mannschaftsbesprechung, nahm die Aufstellung raus – kein Polster. Ich war plötzlich nur Ersatz. Da habe ich mir gesagt: Nein, das gibt es doch nicht, das darf nicht wahr sein, und bin gleich zum nächsten Telefon-Hüttl, habe einen Zehner eingeworfen und meinen Vater angerufen: „Du Papa, ich bleibe keine Minute länger, ich gehe zurück zur Austria!" „Warum, was ist los, Bua?"hat er gefragt. „Der Doc stellt mich nicht auf, der hat ja nicht alle Tassen im Schrank. Ruf sofort an, sag denen: Das Kapitel Simmering ist für mich erledigt." Vor Zorn hätte ich heulen können, doch mein Vater hat mich beruhigt. „Du Toni, jetzt hör mir einmal gut zu: Jetzt gehst zurück, setzt dich auf die Bank, und wenn du eingetauscht wirst, machst ein Tor. Das ist die beste Antwort, besser als ein Wirbel!"

Ich befolgte seinen Rat, habe mich umgezogen, hingesetzt, aber den Dokupil nicht einmal angeschaut. Mir hat er eins auswischen wollen, aber er hat sich damals ein Eigentor geschossen! Simmering hat nämlich verloren – es sollte in den paar Monaten, die ich dort gespielt habe die einzige Niederlage bleiben.

„Rotz und Wasser hat er geheult, umziehen wollte er sich nicht, aber gleich den Vater anrufen", erinnert sich Rapid-Trainer Ernst Dokupil an Toni, das Zornbinkerl, das damals in Klagenfurt über die Klinge springen mußte – der Grund: Toni war „bewegungsfaul und hüftsteif". Und deshalb, weil Simmering in*

Abwesenheit Polsters, der einer Verpflichtung im österreichischen Juniorenteam nachkommen mußte, in Villach 0:0 gespielt hatte und Dokupil die Elf nicht ändern wollte. „Getrotzt hat er, da habe ich zu ihm gesagt: ‚Wennst deppert bist, kannst beim Nachwuchs anfangen!' Na, da war er dann erst recht beleidigt auf mich!"

Einige Zeit herrschte Funkstille zwischen Dokupil und Polster, aber „später hat er wieder gespielt und seine Tore geschossen. Zehn oder zwölf waren es, glaube ich!" Fast rechtfertigend klingt es heute noch, wenn Dokupil sagt: „Auch bei der Austria hat es gedauert, bis ihm der Knoten geplatzt ist!" Aber da wäre er längst wieder auf gutem Fuß mit Toni, dem Trotzkopf, gestanden. Aber vergessen habe es ihm Polster bis heute nicht, auch wenn die „Affäre" von Klagenfurt nur als Scherz durchkomme. „Er pflanzt mich heute noch, wenn er mich sieht. ‚Trainer, hätten Sie mich damals aufgestellt, so hätten wir das Spiel nicht verloren!' Verschiedene Gesichtspunkte, aber gleiche Erinnerungen."*

Als Polster am Ende der Saison 1996/97 mit Köln noch über eine Vertragsverlängerung feilschte, zeigte der einstige Erzrivale, betreut von Ernst Dokupil, Interesse an Toni Polster. Günther Kaltenbrunner, der Rapid-Boß, verrät, warum die Sensation damals schon im Keim erstickt wurde: „Der Trainer hat abgelehnt: ‚Polster ist für uns kein Thema! Der paßt nicht zu uns, der ist zu alt mit seinen 32 Jahren, da haben wir keine Perspektiven, da gibt es kein Weiterkommen!'" Kaltenbrunner grübelt heute noch, ob diese Entscheidung richtig war, „weil der Toni eine Jahrhundert-Erscheinung ist. So witzig, so natürlich, so ehrlich in seinen Aussagen. Wie der alles auf einen Nenner bringt, Familie, Religion, Fußball – so etwas wird's lange nicht mehr geben!" Nachweinen hilft nichts. Der Mann ohne Perspektiven wäre fast Schützenkönig geworden – in Köln. In der Deutschen Bundesliga!

Wie gut Ernst Dokupil heute als Trainer bei Rapid ist, das weiß ich nicht, da steht mir kein Urteil zu. Vor zwei Jahren war ich selbst als Spieler bei Rapid im Gespräch, aber da hat Doc sich angeblich gegen mich ausgesprochen. Ob das stimmt, weiß ich nicht, ich kenne die Geschichte nur vom Hörensagen. Jedenfalls ist daraus nichts geworden. Ich hätte ihm gern das Gegenteil bewiesen. Wie damals bei Simmering. Da habe ich mich nämlich gefragt: Warum hat mich der überhaupt geholt? Vielleicht will er mich gar nicht, sondern nur der Mayerhofer, was weiß ich?

Die Simmeringer Spieler feiern mit Trainer Ernst Dokupil den Aufstieg.

Einen jungen Spieler baut es sicher nicht auf, wenn man ihn immer auf die Bank setzt. Irgendwie habe ich damals das Gefühl gehabt, daß mir Dokupil beweisen wollte: U 21, das ist Mickey Mouse gegen Zweite Division, die Jungen sind ja noch grün hinter den Ohren. Da hat er sich in mir aber getäuscht.

Ich war und bin ehrgeizig. Vor allem, wenn jemand an mir zweifelt. Das habe ich oft genug bewiesen.

In der U 21 spielen Talente, in der Zweiten Division mehr „gestandene“ Kicker. Das ist alles. Zwei-, dreimal habe ich noch die Bank gedrückt, aber wenn ich eingetauscht wurde, habe ich auch Tore gemacht. Sieben in ein paar Spielen. Da hat mich auch Doc nicht mehr übersehen können. Ich habe meinen Stammplatz gehabt – und war der Liebling von Simmering. Bei den Fans. Und bei den Mitspielern. Die haben mich großgezogen, ich habe viel gelernt. Nicht nur im Fußball. Wir hatten Erfolg und spielten damals um den Aufstieg in die Erste Division. Da ist ein echter Boom ausgebrochen. Im Spiel gegen DSV Alpine ist es dann um die Wurscht gegangen. Daheim. Geregnet hat es wie mit Schaffeln*, aber 4.000 oder 5.000 Leute sind trotzdem gekommen, die Stimmung war riesig – das erstemal, daß ich auch emotional gepackt wurde. Toni, sagte ich mir, ein Wahnsinn! Die Zuschauer haben uns nach vorn gepeitscht, und wir haben gewonnen. Simmering war wieder in der Ersten Liga.

Unglaublich, wie die Fans reagiert haben! Den Jubel um mich hätte ich mir nie träumen lassen. Ich war nicht mehr der Toni, sondern der „Herr Polster“ – mit 17! Ob Pensionisten, ob Kinder, sie haben alle gebettelt: Herr Polster, Sie dürfen nimmer zurück zur Austria, wir brauchen Sie in der Ersten Division. Das war natürlich Balsam für meine Seele. Und dem Doc habe ich gezeigt, daß man als U-21-Spieler in der Zweiten Division seinen Mann stehen kann. Versöhnt war ich längst mit ihm, wir haben uns wieder verstanden.

Aber auch Dokupil ist sicher nicht verborgen geblieben, daß mich Václav Halama, der Nachfolger meines „Intimfeindes“ Erich Hof als Austria-Trainer, damals höchstpersönlich beobachtet hat. Ich habe das auch bemerkt und mich gefragt: Holt mich Halama zurück? Will ich überhaupt zurück – das halbe

Jahr bei Simmering war ja super? Lauter Erfolge: Den Lehrabschluß zum Industriekaufmann habe ich gemacht, den Führerschein fürs Auto und fürs Motorrad. Und aufgestiegen bin ich mit Simmering auch. Wenn das nichts ist? Simmering, die Fans, die Spieler, alle waren mir ans Herz gewachsen. Aber die Austria – das war halt etwas anderes. Das eine war eher familiär, vom anderen habe ich geträumt – die Karriere. Ich wollte unbedingt Karriere machen – wie der Krankl, mein Vorbild

Und dann ist die Entscheidung gefallen: zurück zur Austria. Weg von Ernst Dokupil und hin zu Václav Halama. Und damit auch zu Joschi Walter. Vertragsverhandlungen mit dem Austria-Boß. Erich Hof war zwar nicht mehr Trainer bei der Austria, wer weiß aber, was er Joschi Walter beim gemeinsamen Kartenspielen beim WAC alles einflüsterte?

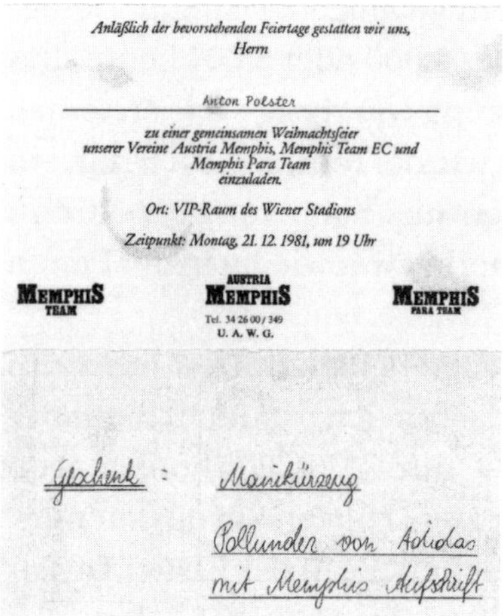
Anläßlich der bevorstehenden Feiertage gestatten wir uns,
Herrn

Anton Polster

zu einer gemeinsamen Weihnachtsfeier
unserer Vereine Austria Memphis, Memphis Team EC und
Memphis Para Team
einzuladen.

Ort: VIP-Raum des Wiener Stadions

Zeitpunkt: Montag, 21. 12. 1981, um 19 Uhr

MEMPHIS TEAM — AUSTRIA MEMPHIS — MEMPHIS PARA TEAM

Tel. 34 26 00 / 349
U. A. W. G.

Geschenk : Maniküreszeug
Pollunder von Adidas
mit Memphis Aufschrift

Erinnerungen an die U-21-Zeit bei der Austria

Vielleicht intrigierte er gegen mich? Er hatte mich ja nie leiden können. Er hatte mir sogar verboten, daß ich nach einem Tor so juble, wie ich es will: „Daß du mir das nimmer machst!" Ausgerechnet mir sagte er das, für den nichts so schön war wie ein ausgelassener Torjubel. Ja, wo kommen wir denn da hin? Mit dem Dokupil war's anders. Wir haben uns bei Simmering letztlich zusammengerauft. So gut, daß ich im Album notiert habe: „Ich habe ihm viel zu verdanken!" Und höchstpersönlich hat er mich vor dem Team-Debüt sogar angerufen, um zu gratulieren. Das Debüt war ganz nah – aber damals, als ich zu Joschi bin, wäre die Rückkehr zu den Violetten fast geplatzt.

Josef „Joschi“ Walter, legendärer Mr. Austria über ein Vierteljahrhundert lang, ist inzwischen leider tot – Herzinfarkt, mitten im Büro. Der Joschi könnte einige Schnurren über Toni Polster, den Teenager, dem er „die Wadln fürerichten werde“ erzählen. Wie er dem Toni, der bei den Vertragsverhandlungen feilschen wollte, den Herrn gezeigt hat, schildert Norbert Lopper, einst als Austria-Sekretär ein treuer Walter-Diener, heute Pensionist: „Ja, Polster ist von Simmering zurückgekommen, 18 war er – und kleinlaut, wie er da vorm Joschi gesessen ist. Verständlich, der Joschi war beinhart, wenn es ums Geld gegangen ist, vor allem bei den Jungen, da hat er immer gesagt: ‚Sei froh, daß du einen Vertrag bei uns kriegst, mußt eh noch viel lernen – und daß du es gleich weißt: Häuser kannst jetzt noch keine verdienen, wir haben eh kein Geld bei der Austria.‘ Auch der Toni hat gemurrt, wollte zuerst nicht unterschreiben, aber der Walter hat es verstanden, die Menschen zu überzeugen. Und junge Leute erst recht. Also hat es schließlich auch bei Toni geklappt.“*

Klassement der besten Jungen Löwen 1981

1. Manfred Kern (Admira-Wacker, 17 Jahre)
2. Hermann Stadler (Casino Salzburg, 20 Jahre)
3. Walter Hörmann (Sturm-Graz, 20 Jahre)

4. Gerald Messlender (Admira-Wacker, 20 Jahre)
5. Alfred Tatar (Wiener Sportklub, 18 Jahre)
6. Manfred Linzmaier (SSW-Innsbruck, 19 Jahre)
7. Rudolf Weinhofer (Rapid, 19 Jahre)
8. Franz Wohlfahrt (Austria, 17 Jahre)
9. Paul Perstling (Raika Wels, 20 Jahre)
10. Richard Niederbacher (Sturm-Graz, 20 Jahre)
11. Rupert Lehermayer (LASK, 19 Jahre)
12. Günther Koschak (GAK, 19 Jahre)
13. Helmut Hofmann (Rapid, 20 Jahre)
14. Anton Polster (Austria, 18 Jahre)
15. Wolfgang Hupfauf (SSW-Innsbruck, 19 Jahre)
16. Peter Werner (Simmering, 20 Jahre)
17. Alois Weinrich (Austria, 17 Jahre)
18. Mario Mohapp (GAK, 20 Jahre)
19. Peter Huberts (Sturm-Graz, 20 Jahre)
20. Raimund Radakowits (Eisenstadt, 19 Jahre)
21. Erhard Nuart (SV St. Veit, 19 Jahre)
22. Alfred Stumpfl (Austria Klagenfurt, 18 Jahre)
23. Franz Pfleger (Sturm-Graz, 20 Jahre)
24. Peter Hrstic (Austria Klagenfurt, 20 Jahre)
25. Helmut Kriegler (Favoritner AC, 20 Jahre)
26. Mario Wohlfahrt (Austria, 20 Jahre)
27. Gerhard Winkler (Rapid, 19 Jahre)
28. Fritz Tobin (SAK, 19 Jahre)
29. Peter Sallmayer (Rapid, 20 Jahre)
30. Peter Webora (Vienna, 19 Jahre)

Der Sprung an die Spitze stand schon knapp bevor ...

Joschi Walter, der alle Jungprofis in seine Firma zitiert hat, die „Peugeot-Klinik“ in Wien-Brigittenau, hat mir einen lächerlichen Vertrag angeboten: „10.000 Schilling im Monat, mehr gibt’s nicht!“ Ich war wie vor den Kopf gestoßen. Zehn Tausender pro Monat – ein Witz. Da habe ich mir gesagt: Toni, das darf's ja net geben, mit den Prämien hast du ja bei Simmering mehr verdient, das kannst du nicht machen. Jetzt bist du in der Ersten Liga, sollst aber weniger verdienen als in der Zweiten Division? Also habe auch ich nicht gleich unterschrieben, lieber die Lehrabschlußprüfung gemacht, da habe ich was in der Hand gehabt, bevor ich – am nächsten Tag war's – wieder einen Termin beim Joschi gehabt habe. Der Halama hat mich auch unter Druck gesetzt: „Geh, Toni, es ist eine Chance, mach's!"

Polster machte im Hexenkessel von Athen alles klar

Klagenfurt, ein Trainingsspiel gegen Kapfenberg in Favoriten (13.30) bestreiten.

SPORT

Siegestor zum 20. Geburtstag

Zuerst machte Austria-Trainer Wenzel Halama dem Toni Polster ein Geburtstagsgeschenk. Er ließ den 20jährigen von Beginn an stürmen.

Die ersten Chancen fand der neue Salzburger Jugoslawe Bonio vor. Ein von der körperlichen Voraussetzung her untauglicher Mann für die Bun-

falschen Fuß hab' ich auch noch dazu geschossen", meinte Polster lachend.

Bester Austrianer war Au-

Unterschrieben habe ich schließlich nur, weil mir der Walter in die Hand versprochen hat: „Wenn du Stammspieler wirst, dann kriegst du einen neuen, besseren Vertrag!" Das war entscheidend, auf das Wort von Joschi Walter konnte man sich hundert Prozent verlassen. Im Juli 1982 hab' ich unter Halama angefangen – im September war ich Stammspieler. Aber einfach war's nicht. Ich war ja erst achtzehn, da hat es ja auch andere junge Stürmer gegeben, die schon im Team gespielt haben: Gerd Steinkogler, der damals von Werder Bremen zurückgekommen ist. Oder Alfred Drabits, ein Hof-Liebling, den er beim Wiener Sportklub großgezogen hat, dazu die bulgarischen Nationalspieler Tschavdar Zvetkov und Petko Petkov.

Gegen diese Konkurrenz habe ich mich durchsetzen müssen, und ich habe mich dafür so richtig „hineingekniet", auch deshalb, weil ich mir gesagt habe: Schau, alle reden von den jungen Löwen bei der Admira, aber wie alt sind die? Schon 23 oder 24 Jahre, der Drabits, von dem es geheißen hat: „Der ist überhaupt das größte Talent!", war auch schon 23. Da habe ich mir gesagt: Toni, das mußt du früher packen, das muß zu schaffen sein! Es hat nicht nur Polster-Fans gegeben. Auch andere, die mir nichts zutrauten. Aber ich habe sie widerlegt. Zuerst war ich Wechselspieler, aber ich habe Verantwortung übernommen. Und Tore geschossen. So habe ich mir meinen Stammplatz erkämpft.

Den Durchbruch brachten die Europacup-Spiele gegen Panathinaikos Athen. Die Medien waren begeistert: Debüt im Europacup, gleich das erste Tor! Eine Zeitung hat geschrieben: „Der neue Krankl heißt Polster!" So etwas tut gut. Und war auch gut.

Joschi hat Wort gehalten, ich habe einen neuen, besseren Vertrag bekommen. Natürlich wurde gefeilscht. Geld wollte er ja nicht sehr viel herausrücken, der Walter, also haben wir – das war ja für ihn als Importeur nicht schwer – über ein Auto verhandelt. Nicht für mich, ich habe ja einen VW Golf gehabt, ein Geschenk von den Eltern. Zusätzlich – für die Lisi. Ein Peugeot 205 war's, damals ganz was Schickes. Ich habe sie überraschen wollen, auf einen Anlaß gewartet, aber es nach zwei Monaten nicht mehr ausgehalten. Da habe ich ihr einfach den Schlüssel geben müssen: „Lisi, der gehört jetzt dir." Ich glaube, die Überraschung ist damals gelungen. Die nächste war keine – die habe ich selbst erzwungen. Auch über die Medien. Für mich – und gegen Hof. Der war nämlich jetzt Teamchef.

29. Oktober 1986: Jubel nach dem zweiten verwandelten Elfmeter gegen Deutschland.

Toni ins Team – ja oder nein?

Toni und das Team, Polster und seine Karriere in der österreichischen Nationalmanschaft: Das sind fast zwei Jahrzehnte, vollgepackt mit fast 90 Länderspielen, Hunderten von Toren, zwei WM-Qualifikationen, einer verpatzten Endrunde in Italien '90, einigen verpaßten EM-Ausscheidungen mit historischen Blamagen, aber auch epochalen Erfolgen. Kurzum, da gab es jede Menge Höhen und Tiefen. Da gibt es so viele Facetten, so viele Reaktionen, das würde nicht nur ein langes Kapitel füllen, da müßte man einige Bücher schreiben, um alles zu erzählen, was Toni mit Österreich – und Österreich mit Polster – alles erlebt hat. Beschränken wir uns auf die Highlights, die auch Tiefpunkte sein können: so als wär's die Schilderung einer Fahrt auf der Hochschaubahn. Da wird gejohlt vor Freude, dann aufgeheult, als hätte einem jemand auf die Zehen getreten. Trotzdem: Wenn Toni noch so tief rasselte, am Ende ging es mit Toni immer bergauf. Und zwar konstant. Das ist die Quintessenz.

Ich habe schon sehr früh Teamluft geschnuppert – und Tore für Österreich geschossen. Schon in Jugendauswahlen. Auch dort werden bei offiziellen Länderspielen vorher die Hymnen gespielt. Ein erhebender Augenblick, wenn man es das erstemal erlebt. Da packt einen zum erstenmal der Stolz, da steht man habtacht, wenn *Heimat bist du größer Söhne* intoniert wird. Man atmet ganz tief durch und denkt sich: Jetzt geht's los, Toni, du hast die Chance, einmal ein großer Fußballsohn Österreichs zu werden! Logisch, daß man als Junger davon träumt. Erst recht, wenn man für ein Nachwuchsteam trifft. Aber was soll ich Ihnen sagen? Kaum schießt man die ersten Tore, da folgen die ersten Enttäuschungen auf dem Fuß. Mitten im Aufstieg, als junger Himmelstürmer, bin ich damit konfrontiert worden. Schon mit Sechzehn. Und wo? In Salzburg, Lehener Stadion – als wär's ein Wink mit dem Zaunpfahl, was dort einmal auf mich zukommen würde. Damals war es keine WM-Ausscheidung wie Jahre später gegen Island, aber eine EM-Qualifikation gegen Italien, das mit Jungstars antrat, die zum Teil schon Profiverträge in der Tasche hatten. Ich war damals unumstritten die Nummer eins als Torjäger meiner Generation und habe mich auf dieses Duell sehr gefreut, aber was passiert: Gerhard Hitzel, unser U-16-Teamchef, setzt mich auf die Ersatzbank, anstatt mich aufzustellen! Niederschmetternd! Am liebsten wäre ich aus der Haut gefahren!

„Wie der Toni reagiert hat", erinnert sich Heinz Palme, damals im Jugendreferat des ÖFB, später Presse-Chef, heute Marketing-Manager, „braucht man ja nicht näher zu erklären. Nicht spielen zu dürfen, war für ihn damals wie heute schon immer das Ärgste, das man ihm antun konnte!" Es hätte nicht zum Toni gepaßt, immer der Ehrgeiz in Person, hätte er sich nicht zur Wehr gesetzt – oder zumindest eine Erklärung verlangt. Eine, die ihm Gerhard Hitzel lieferte: „Toni, du kannst nicht nur darauf warten, daß dir die anderen die Bälle schußgerecht auf den Fuß servieren. Gegen die Italiener kann man sich nicht vorne hinstellen, da mußt du mehr tun – und rennen!" Der Nachwuchs-Teamchef weiß heute noch, daß er damit den „Jungstar" bis ins Mark getroffen hatte. Hitzel schildert die Reaktion, die typisch ist für Polster – auch heute noch: „Der Toni hat sich vor mir aufgebaut, Arme in den Hüften, und gemeint: ‚Na Trainer, das hat mir noch keiner gesagt!'" Einen Torjäger zum Laufburschen degradieren, das war etwas, das ihm, quasi die Garantie für Treffer und Siege, total fremd war.

Wenn der junge Toni solche „Schläge" einstecken mußte, hol-

te er sich Trost und Mut von der Mama. Auch Waltraud Polster kann ein Lied davon singen, wie er sich manchmal bei ihr ausgeweint hat, wenn es nicht so lief, wie er es sich gewünscht hätte: „So klagte er etwa, daß ‚Zipflo' Alois Weinrich schon viel weiter sei als er. Der sei schon bei der Austria, er noch bei Simmering. Da habe ich ihn immer getröstet und aufgemuntert, ich hab's immer gespürt und gewußt: Der Toni schafft's!"

Zipflo Weinrich, das große Talent, macht aber später eine ganz andere Karriere – als echter Musiker, nicht als Primgeiger im Fußball, der für ihn zum Hobby wurde. Beim Toni war's umgekehrt. Aus ihm wurde ein Vollprofi, der nebenbei mit musikalischen Einlagen für Furore sorgt. Aber das war damals nicht einmal noch Zukunftsmusik. Vor dem ersten Hit kam der erste Katzenjammer.

Gelaufen sind in Salzburg andere. Ich drückte nur die Bank und schaute zu, wie wir in Lehen am Catenaccio der Azzurri abgeprallt sind. Hinten zumachen, vorn auf Fehler lauern, das lernen die Italiener schon von kleinauf. Auch wenn sie den Ball streicheln können, sind sie Künstler, wenn es ums Mauern geht. Und Kletten, die am Gegner hängen. Vor allem auswärts, das ist ihre Spezialität. Und die haben sie in Salzburg fast professionell ausgespielt. Resultat – 0:1. Wer weiß, ob mir ein Tor gelungen wäre?

Der EM-Zug, so meinten viele, sei damit abgefahren. Für das Rückspiel waren jedenfalls alle aufs Schlimmste gefaßt, aber wir kleinen Österreicher haben den Stars von morgen in Francavilla eine Götterdämmerung bereitet. Diesmal war ich dabei, Hitzel hatte mich nominiert, und ich strotzte vor Ehrgeiz. Und zeigte allen, wozu ich fähig bin – wenn man mich läßt! Österreich gewann 3:1, Italien war eliminiert, und wir waren bei der EM-Endrunde dabei. Ich schoß damals das zweite Tor und notierte für mich: „Mein bis dato schönstes Erlebnis!"

Polster und Österreich machten Furore. Da rauschte es im Blätterwald. Es hieß zum Beispiel: „Die Helden von Francavilla!“ Eine andere Schlagzeile lautete: „Von der Austria verschmäht – jetzt will Bologna Polster kaufen!“ Das gibt einem jungen Spieler natürlich Berge. Dabei war's nur heiße Luft, mehr nicht. Immerhin, Polster war im Gespräch. Und erst recht nach der Europameisterschaft in Finnland …

Aber zuerst hat es gar nicht danach ausgeschaut. Zur Begrüßung haben wir gleich eine auf den Deckel bekommen – 1:4 gegen die UdSSR. Und danach warteten die Deutschen, der nächste schwere Brocken. Erste Reaktion: Na, das kann ja heiter werden. Aber erstens kommt es anders, zweitens als man denkt. In der Rolle des Davids wachsen Österreicher nicht immer, aber immer öfter. Und siehe da, wir haben den Goliath gefällt, siegten mit 4:1. Dieses Ergebnis schlug auch daheim Wellen. Wir haben dann natürlich alles nachgelesen – und bei mir hat dieses Spiel einen Ehrenplatz im Album: „Sensation. Unsere Jugend deklassiert Deutschland! Größter Erfolg im Nachwuchs seit 26 Jahren!“ Auch ich durfte jubeln, ich schoß das zweite Tor, der Raimond Aumann im deutschen Tor, später bei Bayern, auch im Team und Legionär in der Türkei, konnte gegen den Treffer nichts machen …

SPORT AM MONTAG

Fußball-Junioren-EM in Finnland: Österreich siegt 4:1

Sensation! Unsere Jugend deklassierte Deutschland!

Österreichs Fußballjunioren sind erwacht – leider zu spät! Im zweiten Spiel der Europameisterschaftsfinalrunde in Finnland fügten Polster und Co. den hochfavorisierten Deutschen eine vernichtende 4:1- (2:0-) Niederlage zu! Aber der Gruppensieger, der ins Semifinale aufsteigt, wird mit neunundneunzigprozentiger Sicherheit UdSSR heißen …

Die Österreicher, nach dem 3:1-Auswärtssieg über Italien völlig unerwartet für die EM-Endrunde in Finnland qualifiziert, hatten im ersten Match gegen die UdSSR eine schwere 1:4-Niederlage kassiert. Um so verblüffender kam der gestrige Sensationssieg über die klar favorisierten Deutschen in Paralmen.

In den ersten 20 Minuten überstanden unsere Junioren den Sturmangriff des Gegners. Dann ging unsere glänzend organisierte Elf zur Gegenattacke über, beherrschte die Deutschen – und traf noch, neben den vier Volltreffern, dreimal die Stangen! Deutlicher kann eine Überlegenheit nicht ausgedrückt werden.

Die [illegible] senerfolg im laufenden [illegible] ten Weinrich (Austria, 33.), Pol[illegible] (Simmering, 38.), Rieder (Bayern München, 60.) und Tatar (Sport[illegible], 70., Elfer). Überragender Spieler im Mittelfeld war Alfred Tatar.

Morgen, Dienstag, treffen die Österreicher nun im letzten Gruppenspiel in Palmio auf Irland, die einzige Mannschaft, die bisher zweimal verloren hat. Aber die Chancen

Wer hätte damals gedacht, daß dieses 4:1 nur ein „kleines“ Vorspiel zu dem Triumph sein würde, der sich dann 1986 ein-

stellte. Erfolg beflügelt, eine alte Weisheit. Die Jung-Österreicher waren aufgeputscht; auch ohne Polster-Tor schaffte man im nächsten Spiel in Finnland ein 4:2 gegen Irland, die Starlets waren euphorisch und Österreich für die Junioren-WM-Qualifiziert: Mexiko, Mexiko. Vamos! Oft unterschätzte Talente hatten in eher tristen Zeiten der Fußballwelt ein Loch geschossen!

Die Statistik wertete den Erfolg noch auf. Toni Polster und Co. waren die zweiterfolgreichste Nachwuchself Österreichs, nur die UEFA-Junioren-Sieger 1956 mit Nemec und Co. waren erfolgreicher gewesen. Aber der Trumpf dieser Truppe, nämlich Spieler wie Weinrich, Tatar, Polster, die schon im Kader der Erstliga-Kampfmannschaften standen oder wie Toni sogar schon im Team debütiert hatten, erwies sich als Pferdefuß, was den WM-Countdown für Mexiko betraf.

Für uns war es schön, aber schlecht für die Vorbereitung. Ein Schnellsiedeverfahren. Alles fünf vor zwölf – oder, wie man in Wien sagt: zum Kappl-Aufsetzen! Viel zu spät für Mexiko. Die Träume haben sich schnell in Nichts aufgelöst. Wir haben keine Höhenluft geatmet, vielmehr hat uns dort der Klimaschock getroffen. Jeder von uns war k. o. Wir bekamen in jedem Spiel eine über die Rübe. Sportlich. Auch in den Zeitungen sind wir zerzaust worden. Und ich kam bei Hitzel in Teufelsküche. „Am liebsten", hat er einem Reporter anvertraut, „würde ich dem Toni in den Hintern treten. Keine Leistungen, nur dumme Handbewegungen!" Aber so reagiert man halt, wenn einem nichts gelingt und man groggy ist.

Zur Polster-Sperre, die der ÖFB damals überlegt hatte, kam es nicht. Aber dafür gab es mediale Prügel. Wer war der ärgste Sündenbock? Polster, wer sonst! Hochmut, der vor dem Fall kam, so schimmerte es überall durch. Größenwahn, Selbstüberschätzung, Motivationsdefizit. Aber nicht alle hackten auf Toni her-

um. Michael Kuhn, Sportchef der österreichischen „Kronen Zeitung“, redete Polster in seiner täglichen Kolumne ins Gewissen, als er den „Fall P.“ so kommentierte: „... im konkreten Fall muß man dem Mann helfen, wenn er sich helfen läßt. Das muß in erster Linie der Trainer tun, der sich nicht nur als Sportlehrer, sondern auch als Erzieher zu bewähren hat. Die Hauptarbeit muß freilich Toni Polster selbst leisten: Indem er einen Strich unter seine Vergangenheit zieht und mit neunzehn seine zweite Karriere beginnt. Dazu ist er wohl jung genug!“

Natürlich nimmt man sich so manches zu Herzen – auch wenn es weh tut. Aber das habe ich schon früh gelernt. Was mir als Teenager und Jung-Twen passiert ist, war jedoch nur ein Vorgeschmack auf die Ereignisse einer großen Teamkarriere.

Nicht nur ein Trommelfeuer an Toren, auch Schlagzeilen in den Medien und Kommentare von Experten hatten das Teamdebüt des 18jährigen Toni Polster fast erzwungen – als dritt-

erste Tor geschossen – aber von da an ging's bergab. Heute ist Polster Reservist bei der Austria.

Kürzlich, anläßlich einer Diskussion im VIP-Club des Wiener Stadions, warfen Fußballfreunde der Presse vor, Polster hochgejubelt

Sport STOPPLICHT

VON MICHAEL KUHN

Der Fall P.

und damit ruiniert zu haben. Mein Gegenargument war damals folgendes: Sicherlich muß ein Achtzehnjähriger einen festen Charakter haben, um dicke Schlagzeilen zu verdauen. Aber ein Sportler, der an Lob zerbricht, kann so und so nicht weiterkommen. Es gibt genügend Beispiele von Fußballern, die blutjung an die Spitze gelangten, ohne gleich abzustürzen. Siehe Hanappi, Krankl, Prohaska.

Im konkreten Fall Polster muß man dem Mann helfen, wenn er sich helfen läßt. Das muß in erster Linie der Trainer tun, der sich nicht nur als Sportlehrer, sondern auch als Erzieher zu bewähren hat. Die Hauptarbeit freilich muß Toni Polster selbst leisten: Indem er einen Strich unter seine Vergangenheit zieht und mit neunzehn seine zweite Karriere beginnt. Dazu ist er wohl jung genug.

jüngster Spieler der Geschichte nach Hans Buzek und Walter Zeman. Der legendäre Alt-Bundestrainer Leopold Stastny, genannt „Weißer Riese", Gründer der Schülerliga und Anwalt der Jungen, meinte: „Toni soll spielen!" Auch die Zeitungen forderten: „Polster gehört ins Team!" Und Toni selbst registrierte diese Wünsche – und notierte in seinen Aufzeichnungen folgende Worte: „Seit Wochen fordert mich die Presse. Für mich würde sich ein Traum erfüllen!" Sein Wunsch wurde Wirklichkeit – er war Befehl für den Teamchef.

Ich habe bei Austria eingeschlagen, gegen Panathinaikos Athen zwei der drei Tore gemacht, eine Zeitung hat getitelt: „Polster macht im Hexenkessel von Athen alles klar!" Damals erschienen die ersten großen Porträts, die ersten Vergleiche mit Hans Krankl, ich war in aller Munde. Und schon ist die Diskussion losgegangen: „Soll man einen 18jährigen verheizen?" Es gab Pro und Kontra, mein Junioren-Coach Gerhard Hitzel war eher gegen mein Teamdebüt: „Zu früh, Toni fehlt noch die Konstanz!" Das Verwunderliche daran war, daß Erich Hof, der sich mit den Routiniers arrangieren konnte, mit jungen Spielern aber wenig anfing, mich trotz allem in den Kader für das EM-Spiel gegen die Türkei geholt – und dann sogar, auch für mich überraschend, gleich aufgestellt hat. Warum? Mediendruck und Personalnot! Ich wurde als dritte Spitze neben Walter Schachner und Günther Golautschnig, einem anderen Debütanten, nominiert – mit dem Auftrag, auf die Flanken auszuweichen. Die Nummer 11 wollte ich eigentlich nicht, habe sie aber natürlich mit Handkuß genommen. Logisch, wenn man das erstemal im Team stürmen darf!

Zwei Stunden vor dem Anpfiff war die Mannschaft schon im Gerhard-Hanappi-Stadion, ganz anders als beim Klub. Da ist man oft so knapp dran, daß man schon fast zu spät kommt. Die Zeit ist nicht und nicht vergangen. Furchtbar fad war's, ich woll-

Österreichischer Fußball-Bund

R u n d s c h r e i b e n
an die nominierten Spieler, deren
Vereine, sowie zur Information an
Bundesliga und Landesverbände

Wien, 10.November 1982
ba/s

Betrifft: Europameisterschafts-Qualifikation
Österreich/Türkei, 17.11.1982, Wien

Sehr geehrte Herren,

für das obige Spiel, das um 19.00 Uhr im G. Hanappi-Stadion ausgetragen wird, wurden von Teamchef Erich Hof nachstehende Spieler nominiert:

Koncilia F. (Austria Memphis)	Prohaska H. (AS Roma)
Feurer H. (Rapid Wien)	Pichler A. (Raika Sturm Graz)
Krauss B. (Rapid Wien)	Gasselich F. (Austria Memphis)
Lainer L. (Rapid Wien)	Schachner W. (AC Cesena)
Obermayer E. (Austria Memphis)	Polster A. (Austria Memphis)
Pezzey B. (Eintracht Frankfurt)	Jurtin G. (Raika Sturm Graz)
Degeorgi J. (Admira Wacker)	Golautschnig G. (Austria Klagenft.)
Weber H. (Rapid Wien)	Pacult P. (Wr.Sportclub/PSK)

Treffpunkt: Sonntag, den 14. November 1982, 19.00 Uhr, Sportschule Lindabrunn, 2551 Enzesfeld/Triesting, Telefon 02256/8282. Nach dem Spiel am Mittwoch werden die Spieler wieder zu ihren Vereinen entlassen.

Meldung von Verletzungen: Sollten Spieler erkranken oder sich verletzen, ist unbedingt die ÖFB-Geschäftsstelle umgehend zu informieren. Telefon: 0222/571536 (Samstag/Sonntag Journaldienst von 9-12 Uhr).

Spieler auf Abruf: Nachstehende Spieler mögen sich für eine eventuell kurzfristige Einberufung bereithalten:

Fuchsbichler E. (Vöest Linz)	Brauneder K. (Wr.Sportclub/PSK)
Baumeister E. (Austria Memphis)	Drabits A. (Austria Memphis)

BITTE UNBEDINGT DEN REISEPASS MITNEHMEN !!!

PUMA-UTENSILIEN: Spieler, denen Utensilien der Firma Puma zur Verwendung in Auswahlmannschaften übergeben wurden, haben diese unbedingt zum gemeinsamen Treffpunkt mitzubringen.

DAMENKARTEN und VIP-PARKSCHEINE, die vor der Weltmeisterschaft an die Spieler ausgegeben wurden haben Gültigkeit und sind mitzubringen. Zum Eintritt wird jedoch eine Eintrittskarte benötigt.

An die Vereine richten wir das höfliche Ersuchen zu veranlassen, daß sich ihre nominierten Spieler pünktlich, unter Mitnahme der für Spiel und Training notwendigen persönlichen Utensilien, am angegebenen Treffpunkt einfinden.

Mit freundlichen Grüßen
ÖSTERREICHISCHER FUSSBALL-BUND
Der Generalsekretär

Otto Demuth

Ein Meilenstein: die erste Teamberufung

te die Zeit totschlagen und mir – lachen Sie bitte nicht! – die Fingernägel schneiden. Jawohl: die Fingernägel! Einfach so. Der Teamchef sieht es, kommt zu mir und sagt: „Na Toni, machst schon in die Hosen? Weißt eh, lieber tät' ich statt dir spielen!" So schnell hat er gar nicht schauen können, wie ich zu ihm gesagt habe: „Wieso Trainer? Wir wollen ja gewinnen!" Daran erinnere ich mich, als wäre es gestern gewesen. Wie an an die Hymne! Und mein Vater war stolz auf mich und saß auf der Tribüne – im Gegensatz zur Mama. „Toni", hat sie sich bei mir entschuldigt, „ich bin viel zu nervös, ich pack' das einfach nicht!" Ich hab' das verstanden – und mir war eines ganz klar: Es muß gut gehen, das bist du deinen Eltern schuldig!

Und so war es auch. 10. Minute: Weiter Einwurf von Bernd Krauss, damals Rapidler und eingebürgert, ich verlängere per Kopf, der Tormann patzt, aber der Ball ist drinnen – ein Glückstor. Was soll's, meine Freude war riesengroß, am liebsten hätte ich die ganze Welt abgebusselt. Erstes Länderspiel, erstes Tor, mit 4:0 hoch gewonnen, ein Traum!

Dann kamen der Winter, die Pause, das Bundesheer, zwei Monate Grundwehrdienst statt Training – ja, wie soll da einer, der – Zitat Ernst Dokupil – „Training so dringend braucht wie einen Bissen Brot" – in Form sein? Mit Andi Ogris und Reinhard Kienast, den späteren Teamkollegen, machte er sich so manchen Jux, selbst vor dem Vorgesetzten macht ihr Schabernack nicht halt. Sportlich war es weniger lustig. Kein Wunder, wenn die konditionelle Basis fehlt. Austria ging mit Polster in Cesena unter, das war ärgerlich, nicht nur des 1:5 wegen. Die „Gazetta dello Sport" streute eine vernichtende Kritik ein: „Polster war die große Enttäuschung, er ist kein Schachner Nachfolger, er hat nur eine besondere Eigenschaft – er ist groß! Ganz sicher wird der Name Polster von der Liste Cesenas gestrichen!" Was soll Toni heute sagen? Höchstens Gott sei Dank!

Cesena krebst in unteren Klassen herum, aber Polster ist in Deutschland obenauf. Aber damals war so etwas Wasser auf die Mühlen der Skeptiker. Da wurde wieder die alte Platte aufgelegt.

Klar, warum er nicht trifft – alles andere, nur nicht Fußball hat er im Kopf, der Polster. Nichts sitzt so tief wie Vorurteile. Nicht Toni, die anderen ließen es damals polstern. Aber andersrum. Toni aufs Korn zu nehmen, galt lange Zeit fast schon als beliebtes Gesellschaftsspiel. Hochgejubeltes Sternchen ohne Zukunft? Eine vorgefaßte Meinung – selbst vom Trainer. Wolfgang Winheim, „Kurier"-Kolumnist in Wien , erinnert sich eines typischen Vorfalls. „Am Wiener WAC-Platz war's, ich hab' dort mit Austria-Trainer Erich Hof über die Talente geredet. Der hat ihn damals ziemlich abqualifiziert. Kommt ein langer junger Spieler bei der Tür herein, ich schau Hof fragend an, wer denn das sei ... Da sagt er schon: ‚Das ist der Polster. Den Namen brauchst dir sicher nicht merken!'"

Hätte Winheim damals eine Wette abgeschlossen, er hätte reich werden können. Reicher als Toni zu dieser Zeit, keine Frage. Auch wenn's landläufig hieß: Nichts leisten, aber viel Geld nehmen. Die alte Leier.

Dabei war alles ganz anders. Würde er noch leben, könnte Toni Polster den einstigen Mister Austria, Joschi Walter, als Zeugen anrufen. Und Zeitungsberichte, die damals erschienen sind, unterstreichen seine Worte, daß der Lohn auf Leistung aufgebaut war. Punkt vier des Vertrages lautete: „Der Verein verpflichtet sich, dem Spieler eine monatliche Entschädigung von 2.000 Schilling für das Training zu bezahlen." Als Fixum. Verdienen konnte (mußte) er mit Leistung. Pro Sieg gab es 5.000 Schilling, bei vier Spielen also maximal 22.000 S (brutto) im Monat. Andere Klubfunktionäre trauten Walters Angaben nicht. Aber der Austria-Boß hatte ein besonderes Argument bei der Hand: „Wenn ich einen jungen Spieler erziehen will, ist mir egal, ob jemand meine Worte glaubt!" Der „Erziehungsprozeß" trug Früchte. Polster schoß sich mit Toren aus dem Tief. Auch im Europacup.

So leicht kriegt man mich nicht unter. Es ging dann Schlag auf Schlag – samt Rückschlägen. Aber Euphorie dominierte das Geschehen. Man eliminiert ja mit der Wiener Austria nicht alle Tage die Superstars vom FC Barcelona! Ohne Polster-Tor, aber dafür habe ich in die Tasche greifen müssen: Zu dritt hatten wir den Zapfenstreich überzogen! Ich weiß noch genau, was ich damals sagte: „Mir tut's nicht leid, daß ich nach diesem Bomben-Erfolg noch auf ein Getränk gegangen bin!" Auch beim 2:2 gegen Real Madrid in Wien habe ich getroffen, aber nach dem 1:3 in Madrid war ich wieder unten durch. Auch im Team. Vielleicht auch der Junioren-WM wegen. Sei's drum. Erst 1984 kam es zum Comeback, beim Spiel gegen Holland. In diesem Jahr habe ich Austria Wien auch die Meisterschaft, zugleich meine erste, gerettet – zweimal waren wir hinten gegen Sportklub, dann habe ich das Siegestor erzielt. Eine Zeitung schrieb: „Titel war schon weg – da kam Polster!" Da war ich wieder wer. Auch Prominente und Adabeis haben sich mit mir gezeigt. Ich hab es gern gemacht. Eine Hetz war's ...

„Na, und goschert war er schon, der Toni", erinnert sich der heutige Teamchef Prohaska an die Zeit, da Polster zusammen mit Tibor Nyilasi eine „Austria-Torfabrik" war. „Da hat er sich oft gebrüstet. Und da haben wir ihn dann zurechtstutzen müssen: ‚Du Toni, wenn du die Tore nicht machst, dann macht's halt ein anderer von uns, der Nyilasi zum Beispiel. Wir sind schließlich eine Klasse besser als die anderen Klubs!'"

Einmal oben, einmal unten – so ist im Fußball das Gesetz der Serie. Mir habe ich zum 23. Geburtstag, der Austria zum 75er ein schönes Geschenk bereitet – drei Tore zum 6:1 gegen Admira Wacker. Manche munkelten sogar was von „Frühlingserwachen". Hat ja auch irgendwie gestimmt. Fußball ist bekanntlich kein Wintersport. Also habe ich, aus einer Laune heraus, gemeint: „Es hat einfach wieder Spaß gemacht, ohne Hauberl und Handschuhe zu spielen. Aber auf Spekulationen um den Goldenen Schuh lasse ich mich nicht ein!" Mit 33 Toren bin ich Schützenkönig geworden, das bedeutete auch den Gewinn des Bronzenen Schuhs als drittbester Torjäger Europas. Wohin man mich da überall verkauft hat! Nur – ich habe nichts gewußt davon.

Was es da alles an Gerüchten gab! Von Anderlecht bis Ascoli, von Pisa bis Roma und Inter war die Rede. Aber Dichtung und Wahrheit sind zweierlei Paar Schuhe. Nicht einmal das Tor beim 1:2 Österreichs gegen Italien in Udine im März 1985 hat etwas daran geändert. Dabei machte „Tutto Sport" für Toni Reklame: „Mit Polster ist dieses Team weit gefährlicher als mit Schachner!" Auch beim FC Bayern München wurde Polster ins Spiel gebracht. Lag ja auf der Hand: Zwei Spiele, drei Toni-Tore in den Europacupspielen des Herbsts 1985, beim 2:4 und 3:3, einer rauschenden Fußballnacht im Stadion. Von Bayern-Trainer Jupp Heynckes wurde der Spruch kolportiert: „Polster wäre eine ideale Ergänzung in unserem Sturm!" Konjunktiv. Nach der Austria „schied" auch Toni aus dem „Kombinationsspiel" aus. Er zog kein Bayern-Trikot an, sondern nur eine bayerische Lederhose – für eine Feature-Story zum Duell mit Rummenigge. Trotzdem jubelte ihn eine Fanpost in den Himmel: „Der Schönste, Beste, Größte!" So etwas schmeichelt. Kaufen kann man sich nichts drum. Und gekauft wird man deshalb auch nicht.

Immerhin, ich war nach vielen Auf und Ab wieder im Team. Mehr noch – ich war eine fixe Größe. Natürlich auch bei der Wiedereröffnung des Wiener Praterstadions – heute Ernst Happel-Stadion – im Herbst 1986, ein wahrhaft historischer Tag – schon lange bevor ein unvergeßlicher Abend gelobt und abgefeiert werden konnte. Welch ein Ereignis: Was will man Attraktiveres bieten als einen Gast wie Deutschland, den Vizeweltmeister mit einem „Kaiser Franz“ Beckenbauer als Teamchef und Weltstars wie Lothar Matthäus? Es war eine große Ehre für uns. Und eine riesige Herausforderung nach dem spielerischen Aufschwung beim 3:0-Sieg gegen Albanien in Graz. Das neue, jetzt überdachte Stadion war bummvoll*, das Publikum unser 12. Mann. Da konnte man sehen, was das ausmacht. Wir haben weit über unsere Verhältnisse gespielt, fast wie (kleine) Weltmeister. Den Deutschen sind die Nerven durchgegangen, der italienische Referee Luigi Agnolin hat Matthäus die rote Karte gezeigt, da ist selbst Beckenbauer, sonst die Ruhe in Person, explodiert, genützt hat es nichts. Klaus Allofs hat dann nur die Latte getroffen, Österreich konnte einen Triumph feiern – 4:1, wie damals mit den Junioren! Cordoba, zweiter Akt, diesmal in Wien. Mit mir als neuem Deutschenschreck! Reinhard Kienast hat zwei Kopftore gemacht und ich zwei Elfer gegen Eike Immel verwandelt. Seelenruhig, er hatte keine Chance. Eine Sternstunde, nicht die Norm. Auch Cordoba war nicht alltäglich. Aus einem Auslandstransfer ist trotzdem nichts geworden. Noch nicht. Aber wie heißt's so schön: Gut Ding braucht Weile!

Die Mannschaftsaufstellungen beim legendären 4:1-Sieg Österreichs gegen Deutschland

In Italien wichtig: die Lektüre der großen Sportzeitungen ...

Torino, Tifosi, Fan-Post

Wenn bei Toni, dem Torjäger, Treff Atout war, wurde er hochgejubelt und umschwärmt. Das liegt in der Natur der Dinge. Wenn Toni, der Profi, als Schützenkönig auf bessere Verträge pochte, dann hatte er schon eine schlechte Nachrede. Wo Geld im Spiel ist, dort blüht auch der Neid. Und wenn um Verträge gepokert wird, verkommen Spieler zum Spielzeug. Je besser und länger die Funktionäre im „Geschäft“ sind, desto besser kennen sie dessen Gesetze. Und wie man dort etwas lanciert, auf der anderen Seite aber verschweigt. So ist das im Fußball. Wenn einer wie Toni einmal einige Spiele nicht getroffen hat, dann kann er keine Trümpfe ausspielen, sondern sieht sich mit dem Schwarzen Peter konfrontiert.

„Mr. Austria“ Joschi Walter ging mit Polster oft hart ins Gericht, auch via Medien. Vor allem, solange es kein Angebot gab, bei dem Austria und Joschi Walter wirklich schwach wurden. Es hatte also durchaus tiefere Bedeutung, wenn die scharfe Zunge Walters etwa so zu scherzen beliebte: „Wenn ein Klub im Ausland für den Polster zehn Millionen zahlt, dann trage ich ihn höchstpersönlich mit der Sänfte hin!“ Aber Joschi dachte insgeheim nie daran, Toni zu verschleudern. Alle Angebote, die im Blätterwald rauschten, hielt Walter so lange für „unbezahlte Inserate“, bis aus dem vermeintlichen Witz plötzlich doch Ernst wurde.

AC Torino klopfte bei der Wiener Austria an, ein seriöses Offert, mehr als 20 Millionen Schilling. Die Zeitungen überschlugen sich in ihren Schlagzeilen: „Der teuerste Transfer im österreichischen Fußball!“ Vertreter des AC Torino kamen nach Wien, verhandelt wurde im Hotel Sacher, Toni kam dazu vom Austria-Trainingslager in Lindabrunn – mit dem Auto von Spielerkollegen Walter

„BZ“: Wir stellen Deutschlandhalle vor

Austrias Polster ist Europas Bomber Nummer eins

Berlin, 8. Januar

Er ist der große Favorit im Kampf der Torjäger um den „Silbernen Töppen“ und den 1000-Mark-Scheck der BZ beim 16. Internationalen Berliner Fußballturnier ab morgen (19 Uhr) in der Deutschlandhalle: Toni Polster (21) von Austria Wien, Europas Bomber Nummer 1 auch unter dem Dach.

★ Beim Wiener Stadthallen-Turnier stellte er kürzlich mit 21 Treffern in 7 Spielen (zweimal 15 Minuten) einen neuen „Europa-Rekord“ auf! In der österreichischen Meisterschaft schaffte er in 22 Spielen allein 26 von insgesamt 57 Toren des Tabellenführers. Und die beiden Elfmeterbälle, die er Eike Immel beim 4:1-Triumph im letzten Länderspiel gegen Deutschland ins Netz ballerte, sind auch noch in frischer Erinnerung.

Austria ist zum erstenmal in Eichkamp dabei. Der Traditions-Rivale Rapid gewann das Berliner Turnier 1980. Dazu Toni Polster, der für die nächste Saison heftig von Italiens Spitzenklubs umworben wird: „Wir Wiener sind ja praktisch die Erfinder das Hallenfußballs. Die Umstellung vom Wiener Parkett auf den Berliner

Hörmann, das er sich ausgeborgt hatte.

Der Transfer ging so schnell über die Bühne, daß er Mama Polster fern der Heimat im Türkei-Urlaub überraschte. „Ich komm' zurück“, schildert Waltraud Polster die Situation, „und plötzlich ist der Toni nicht mehr da. Wir haben ja nicht mehr zusammen gewohnt, aber er war ja in Wien doch immer in meiner Nähe, das war eine ganz neue Situation für mich. Auf einmal war er weit weg, wir haben nur noch miteinander telefoniert. Ich hab' gebetet, daß es gut geht. Aber zum Glück war er nicht allein, sondern die Lisi mit, damals erst seine Verlobte. Heut weiß ich eines – eine bessere Schwiegertochter hätt' ich mir nicht wünschen können. Und der Toni sich keine bessere Frau.“

Auch in Turin mußte Toni in die Hände spucken. Und zwar mehr, als ihm manchmal lieb war.

Empfangen haben sie mich in Turin wie einen König. Mit Pauken und Trompeten. Eine super Presse habe ich bekommen. Aber miteinander reden? Ein paar Brocken, die man im Urlaub lernt, sonst nichts! Wenn man die Sprache nicht be-

Liebe Leser,
im Namen meines Vereins, FK Austria-Memphis, meiner Vereinsleitung, meines Sponsors und all meiner Kollegen, widme ich Euch das tolle Austria-Poster
Herzlichst Euer
Anton Polster
AUSTRIA
MEMPHIS

Zum ersten Mal auf dem „Präsentierteller" der österreichischen Medien: Jungstar Toni Polster stellt sich selbst in die Auslage und dazu auch die Mannschaft von Austria-Memphis in einem Fußball-Monatsmagazin vor. Ein Schnappschuß, der gewissermaßen schon ein Vorschuß auf die Karriere des „Blitzgneißers" war, der die deutschen Herzen eroberte.

Bomber von morgen

Anton Polster, von seinen Freunden liebevoll „Toni" gerufen, ist schon optisch der Prototyp des neuen Stars. Groß, Wuschelkopf wie der „Schneckerl", ein echter Mädchentyp, fast ein Roger Moore des Fußballs. „Aber Mädchen sind mir nicht so wichtig", schwächt er ab, „ich habe eine fixe Freundin und meine große Liebe ist nur der Fußball!" Toni Polster ist der neue Stürmerstar bei AUSTRIA MEMPHIS. Zu Saisonbeginn noch in der Reserve hat er die Veilchen im Alleingang in die zweite Europacup-Runde geschossen. Und das, obwohl er eigentlich glühender Rapid-Anhänger ist. Toni wohnt in Alt-Erlaa und ist dort Nachbar seines großen Vorbildes Hans Krankl. „So wie der Krankl", schwärmt er, „möchte ich spielen können — Tore und immer wieder Tore schießen!" Der 18jährige Wiener kommt eigentlich aus armen Verhältnissen. „Aber", lacht er, „meine Mutter ist eine Super-Frau — sie hat immer Geld gespart und alles geregelt." Damit der „Bua" leichter zum Training kommt, wurde aus Mutters Ersparnissen ein Golf Rabbit angeschafft. Damit wird der Toni jetzt standesgemäß zu den anderen AUSTRIA-MEMPHIS-Stars kutschiert…

**AUTOGRAMMADRESSE:
Anton-Baumgartner-Str. 49/A 6/115, 1230 Wien.**

Er ist seit wenigen Wochen der große Liebling aller RAPID-Fans: Während „Konkurrent" Toni Polster noch kaum Autogramm-Post bekommt, arbeitet Gerald Wilfurth jeden Tag schon eine gute Stunde an den Fanbriefen. Noch sagt er strahlend: „Ich freu' mich über jede Karte!" Und gibt mehrere Tausend Schilling für Autogrammfotos aus. Der erst 18jährige Gerald — immer mit Schnauzbart und Mittelscheitel unterwegs — lebt voll und ganz für seine Karriere. Im Interview ist er ungeheuer sympathisch, schüchtern aber doch bestimmt: „Ich will einmal als Profi ins Ausland gehen, viel Geld verdienen — aber vorher muß ich noch sehr viel an mir arbeiten!" Bei RAPID hat er heuer schon mehr Tore als Hans Krankl geschossen, gehört seit kurzem voll in die „Erste" — lebt privat aber so wie sein Freund Toni Polster noch immer zu Hause bei der Familie. Seine Mutter hat ihn bis vor wenigen Wochen sogar täglich vom niederösterreichischen Bad Fischau zum Training ins Weststadion geführt. In absehbarer Zeit will der sympathische Gerald, der vom Größenwahn meilenweit entfernt ist, auch bei den Eltern nicht ausziehen. „Mir geht's derzeit super!"

**AUTOGRAMMADRESSE:
Lerchengasse 9, 2721 Bad Fischau.**

Jedes Jahrzehnt hat seine Fußballstars: Ocwirk und Hanappi in den Fifties, Nemec und Buzek in den 60ern, zuletzt Prohaska und Krankl. Die Stars der Achtzigerjahre könnten GERALD WILFURTH und TONI POLSTER heißen.

SEIT KURZEM AUTONARR

Gerald Wilfurths größter Stolz ist der rassige Golf GTI, den er sich von seiner ersten Profigage bei Rapid gekauft hat. Damit fährt er täglich die 100 Kilometer vom Haus seiner Eltern zum Weststadion in Wien…

WOHNEN BEI DEN ELTERN

Der neue Rapid-Star wohnt — so wie Toni Polster — noch bei den Eltern. Sein Zimmer dominieren zwei Dinge: Ein Kasten mit allen Pokalen (im Bild die Meisterschaftsplakette für Rapid) und eine Plattensammlung mit Ambros und Spliff.

K KURIER Top
Österreichs großes Magazin für junge Leute
Dienstag 16. November 1982

Ein Fußballstar ohne Allüren

Für den 18jährigen Fußballer Toni Polster geht morgen vielleicht ein Traum in Erfüllung. Sollte ihn Teamchef Erich Hof gegen die Türken aufstellen, wäre er der jüngste Teamspieler seit Jahrzehnten. Wie Toni Polster über seinen kometenhaften Aufstieg denkt, ob er sich schon als Star fühlt und wie er seine Freizeit verbringt, lest ihr im folgenden Bericht.

Wenn ich nicht im Aufgebot für das Türkei-Länderspiel bin, versteh' ich die Welt nicht mehr", sagte Toni Polster beim TOP-Interview. Zwei Tage später nominierte ihn Teamchef Erich Hof in den Kader für das morgige Match gegen die Türken.

Mit 18 Jahren ist Toni der mit Abstand jüngste Teamkandidat für das Türkenspiel. Und dennoch wäre er enttäuscht, dürfte er nicht sein Teamdebüt feiern.

Noch vor drei Monaten hätte er von der Nationalmannschaft nur geträumt. Jetzt, als der beste Stürmer von Cupsieger Austria Wien, erklärt er bereits selbstbewußt, daß er sich eine Teamchance verdient habe.

Sein gesundes Selbstvertrauen ist sicher ein Erfolgsgeheimnis des Toni Polster. Trotz des kometenhaften Höhenfluges hat er jedoch seine Natürlichkeit bewahrt. Auch wenn er schon auf der Straße erkannt wird und täglich bis zwanzig Fanbriefe beantworten muß.

Erst 18 und schon ein Star. Als ein solcher fühlt er sich aber nicht. Toni ist weiterhin am liebsten mit seinen alten Freunden beisammen.

Mit seiner Mutter wohnt er in einer Neubauwohnung in Alt-Erlaa. Fast Tür an Tür mit Hans Krankl, dessen Nachfolger er werden will.

Toni ist ein Romantiker. Er steht auf den Ambros, die Stones und auf den Celentano. Und wäre er beim Stones-Festival im Stadion in Wien gewesen, so hätte er dieses Open-Air-Konzert sicher besucht. „Ob-

Toni Polster mit Teamkollegen Friedl Koncilia beim Heurigen

Toni Polster am Top-Telefon

Top-Leser haben am Donnerstag die Möglichkeit, mit dem Fußball-Jungstar persönlich zu sprechen. Zwischen 12.30 und 14.30 Uhr ist Toni Polster am Top-Telefon erreichbar. Die Wiener Telefonnummern: 96 21/305 und 306.

Nur Toni hielt, was man sich von den „Bombern von morgen" versprochen hatte. Für den Star ohne Allüren, der nur als Scharfschütze auf großem Fuß lebte, wurde ein eigener Schuh gebastelt.

In und gegen Simmering schlug es große Stunden für Toni. Als Leihspieler, den Trainer Dokupil von der Austria geholt hatte (l. u.) , schoß er Simmering in die Erste Division (l. o.). Nach seiner Rückkehr ins violette Dreß schoß er gegen die alten Kollegen zwei Tore. Na, da legst dich nieder …

Erste Träume, die sich für Toni erfüllten. Drei Tore gegen die Bayern (l. o.), Duo infernal mit „Lehrmeister" Nyilasi (l. u.), Derby-Duelle mit Rapid (r. o.), erstes Tor beim Teamdebüt (mit Golautschnig, kleines Bild), erste Titel mit der Austria und immer wieder Vertragsverhandlungen mit Mister Austria, Josef „Joschi" Walter (nächste Seite).

AUSTRIA
STROH

AUSTRIA MEMPHIS
STROH

BLEIB COOL
DER MISTER AUSTRIA. Er hat 300 Angestellte bei Peugeot, aber seinen 16stündigen Arbeitstag verwendet er nur für die Violetten. Joschi Walter ist offiziell

AUSTRIA MEMPHIS

herrscht, ist man ein Außenseiter. Der Trainer kommt, ratscht das Trainingsprogramm runter – und man versteht nur Bahnhof. Furchtbar. Dann rennt man wie ein Roboter hinter den anderen her, weiß nie, was kommt, weiß nie, wie lange trainiert wird, macht immer nach, was die anderen gerade machen. Da

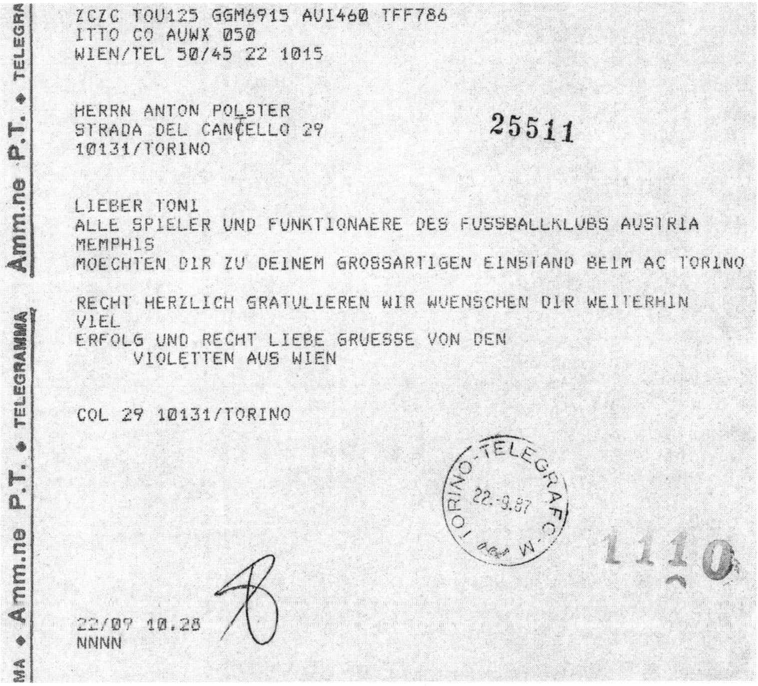
TELEGRAMMA • Amm.ne P.T. • TELEGRAMMA • Amm.ne P.T. • TELEGRAMMA

ZCZC TOU125 GGM6915 AUI460 TFF786
ITTO CO AUWX 050
WIEN/TEL 50/45 22 1015

HERRN ANTON POLSTER
STRADA DEL CANCELLO 29
10131/TORINO

25511

LIEBER TONI
ALLE SPIELER UND FUNKTIONAERE DES FUSSBALLKLUBS AUSTRIA
MEMPHIS
MOECHTEN DIR ZU DEINEM GROSSARTIGEN EINSTAND BEIM AC TORINO
RECHT HERZLICH GRATULIEREN WIR WUENSCHEN DIR WEITERHIN
VIEL
ERFOLG UND RECHT LIEBE GRUESSE VON DEN
VIOLETTEN AUS WIEN

COL 29 10131/TORINO

TORINO-TELEGRAFO-M 22.-9.87

1110

22/07 10.28
NNNN

Die besten Wünsche seiner ehemaligen Mitspieler begleiten „Legionär" Toni Polster.

kommt man sich vor wie ein Affe. So war's am Anfang in Turin. Ankommen – ab ins Trainingslager. Vier Wochen lang. Ein Traum? Nein, es war ein Alptraum.

Da hat mich Heimweh gepackt. Richtiges Heimweh! Handy hat es damals noch keines gegeben, das Anrufen war mühsam, aber das war egal, Zeit habe ich ja genug gehabt. Und so habe ich mit Gott und der Welt telefoniert. Reden, reden, reden. Die ti e i giudizi espressi dagli inviati della «Gazzetta».

Polster: 7 reti e un voto medio di 6,12

G.	PARTITE		RETI	VOTI
1ª	Avellino-Torino	2-1	1	6
2ª	Torino-Sampdoria	4-1	3	8
3ª	Ascoli-Torino	3-0	—	6
4ª	Torino-Inter	1-1	—	6
5ª	Cesena-Torino	0-0	—	5,5
6ª	Torino-Fiorentina	2-1	2	8
7ª	Milan-Torino	0-0	—	5
8ª	Torino-Verona	1-1	—	6
9ª	Napoli-Torino	3-1	—	5,5
10ª	Pescara-Torino	2-2	1	6
11ª	Torino-Empoli	0-1	—	5,5
12ª	Como-Torino	0-0	—	6
		TOTALE	7	6,12

Rush: solo 3 gol e un voto di 5,72

G.	PARTITE		RETI	VOTI
1ª	——		—	—
2ª	Empoli-Juventus	1-0	—	5,5
3ª	Juventus-Pescara	3-1	2	7,5
4ª	Verona-Juventus	2-1	—	5,5
5ª	Juventus-Roma	1-0	—	6,5
6ª	Inter-Juventus	2-1	—	5
7ª	Juventus-Avellino	3-0	1	6,5
8ª	Pisa-Juventus	1-2	—	5,5
9ª	Juventus-Cesena	0-2	—	5
10ª	Juventus-Ascoli	1-0	—	6
11ª	Napoli-Juventus	2-1	—	4
12ª	Juventus-Sampdoria	1-1	—	6
		TOTALE	3	5,72

Der Vergleich mit Ian Rush nach 12 Runden in der italienischen Liga brachte deutliche Vorteile für Toni.

Telefonrechnung – ein Wahnsinn! 15 Tausender im Monat, in Schilling! Da habe ich mir gesagt: Toni, so geht's net weiter, du mußt Italienisch lernen! Also habe ich mich an der Volkshochschule angemeldet. Zweimal die Woche ein Kurs. Nach vier Monaten habe ich ein schönes Diplom bekommen. Super, hab' ich mir gedacht. „Damit kannst du sie einkochen*!" Ich habe das Diplom stolz präsentiert, die Journalisten waren begeistert, in jeder Zeitung war es abgedruckt.

Und was haben sie geschrieben? „Wieder ein Sieg von Polster über Ian Rush und Rudi Völler!" Die haben nämlich einen Dolmetscher gebraucht. Aber ich habe mit den Reportern reden können. Und vor allem mit den Tifosi. Die brauchen das, gerade in Italien. Die wollen immer den Star zum Anfassen und Abtatscheln*. Mich haben sie gern gehabt. Ich wurde anerkannt und respektiert. Und sportlich ist es auch nicht so

L'austriaco ha segnato con un colpo di test

la prima rete del Toro

Subito Golster

● 5-0 nell'esordio stagionale contro il Pinzolo

● A segno Corradini e i ragazzi della Primavera

Il calcio al lavoro nei ritiri

● L'attaccante, desideroso di far bella figura, si è impegnato al massimo strappando anche gli applausi agli oltre duemila spettatori ● Gritti, con una punizione-bomba, ha colpito la traversa

● In evidenza il giovane Crippa che si è subito inserito ne co della squadra ● Disinvolto Comi mentre Berggreen è ri in ombra

schlecht gelaufen. Nur mit dem Trainer, dem Gigi Radice, hat es einige Sträuße* gegeben. Darum habe ich dann den AC Torino auch verlassen.

Turin war Tonis Schicksal – auch aus einem ganz anderen Grund. Seit der ersten Legionärszeit wirft man Polster vor, daß er knausrig ist. Schuld daran waren nicht die italienischen

Medien, sondern der Wiener „Kurier"-Reporter Wolfgang Winheim, der ihn mit Teamchef Hickersberger, Teamtorhüter Klaus Lindenberger und dem Fotografen Kristian Bisutti besucht hat. „Der neue Bomber", eine Bombengeschichte, keine Frage. Wie lebt er, was macht er, wo ißt er, wie kommt er an? Und da Toni ohnehin Sehnsucht gehabt hat nach allem und jedem, der

Polster gigante
Tre gol dell'austriaco, oscurata la Samp

aus der Heimat kam, hat ein Anruf genügt, schon war sein Turiner Domizil ein Open House für die Gäste aus Österreich.

Ja, was hat das mit Knausrigkeit zu tun? Nichts, rein gar nichts. Aber der Teufel steckt eben, wie immer, im Detail, an das der gute Toni nicht gedacht hatte. Wie heißt es so schön: Kleine Ursachen, große Wirkungen. Vor allem nachhaltige. Nichts ist so schwer zu korrigieren wie Vorurteile. Das ist wie ein Stempel. Und um den geht's dabei.

Wenn man im Ausland endlich wieder einmal Besuch von daheim bekommt, ist das eine besondere Freude. Natürlich ist man auch stolz darauf, daß man zeigen kann, wo und wie man wohnt. Das beweist ja, daß man es geschafft hat. Einen Haufen Leute habe ich damals zu mir nach Turin eingeladen, ich habe eine Riesenfreude gehabt, daß sie gekommen sind, und wollte sie alle an meinem Erfolg teilhaben lassen. Mein Gott, war ich damals von einer grenzenlosen Naivität! Hätte ich gewußt, was dabei rauskommt, dann ...

Wie es der Teufel so haben will, sieht der Wolferl Winheim einen Stapel Post bei mir rumliegen. Den hat er sich angeschaut und natürlich gesehen, daß auf den Kuverts steht: „Porto zahlt Empfänger". Was ja logisch ist, wenn bei der Fan-Post kein Rückkuvert dabei ist. Ich hätte ja nie gedacht, daß er das zum Anlaß nimmt, zu schreiben: „Der Polster ist ein Geizkragen, der pickt nicht einmal Marken auf die Kuverts!" Seither glaubt jeder, ich bin ein Geizhals oder Miesepeter, wie sie in Köln sagen.

Alles wegen eines Artikels in der Zeitung, so etwas hängt einem nach. Dabei war es ein totaler Blödsinn. In meiner Karriere habe ich, über den Daumen gepeilt, vielleicht drei Millionen unfrankierte Briefe bekommen. Unvorstellbar, die alle zu frankieren – da hätte ich im Ausland ein paar Jahre umsonst spielen müssen! Na, das wäre ein bisserl viel verlangt. Andere werfen die Kuverts einfach weg. Nein, Toni, wegwerfen kommt nicht in Frage, habe ich zu mir gesagt. Die Fans geben sich soviel Mühe, kauf die Kuverts und schreib drauf: „Porto zahlt Empfänger!"

Im Grunde ist es ein Witz: Da investiert man was – und dann heißt es, der hat einen Knopf im Sack. Nein, nein, ich bin nicht geizig. Wäre ich das, so würde ich mir auch selbst nichts gönnen. Aber so ist es ja nicht. Leben und leben lassen, so lautet meine Devise. Uns ist es überall gut gegangen, wo ich gespielt habe. Wir haben ein schönes Zuhause, die Kinder sind toll angezogen, die Liesi auch, wir haben alles, was wir brauchen. Wir essen wie die Kaiser, manchmal machen wir ein gutes Flascherl Wein auf und trinken ein Schluckerl, das hab' ich in Italien und Spanien gelernt. Wäre ich ein Geizkragen oder Miesepeter, wäre das Leben ja nicht so lebenswert. Aber ich halt mich eben an oben zitierten Vorsatz. Ich will anständig sein, Mensch bleiben. Ruhm und Popularität dürfen einem nicht zu Kopf steigen. Wer zu hoch oben ist, kann leicht tief fallen.

Ein Markenzeichen von Toni Doppelpack: ausgelassener Torjubel

Lieber Doppelpack als Denkmal

Schützen-Rekorde, wohin man schaut. Toni, Tore und Rekorde, das war und ist eins, vor und erst recht nach Doppel- und Triplepack. Gottbegnadet, was den Instinkt betrifft. Und die Treffsicherheit. Wenn Toni selbst sagt: „Der liebe Gott muß mich sehr gern haben!", dann hat Lorenz Günther Köstner, sein Trainer beim 1. FC Köln, diesen Faden weitergesponnen. Nach dem Rückrunden-Start '98 in der Deutschen Bundesliga meinte Köstner angesichts des „unmöglichen" Siegestores von Polster gegen Borussia Mönchengladbach: „Der da oben hat auf den Toni und uns geschaut" Es war eines der Tore, über die ganz Deutschland sprach. Wie so oft über wichtige Tore gesprochen wurde.

Ich habe sicher schon schönere, spektakulärere und effektvollere Tore geschossen unter den Hunderten von Meisterschaftstoren als eben dieses, das den vielleicht (lebens)rettenden 3:2-Sieg von Köln gegen Mönchengladbach in vorletzter Minute fixiert hat. Was aber hat es so außergewöhnlich gemacht? Weil es eine Premiere für mich war! Ich habe ja schon aus allen möglichen Lagen getroffen, mit dem Fuß, mit dem Kopf, aus kürzester Distanz oder volley, aus Freistößen und Elfmetern. Aber mit einem Fallrückzieher? Nicht daß ich mich erinnern könnte, vielleicht in der Jugend. Ehrlich gesagt, ich hab's nie probiert, ich bin von meinen Proportionen und Hebeln ja nicht der Typ für solche Schüsse – oder gar Tore. Normal versuche ich es auch nicht. Es kommt mir nicht in den Sinn. Aber da habe ich es instinktiv gemacht. Und den Ball gar nicht so richtig getroffen, irgendwie ist er hineingehoppelt, unhaltbar, der Tormann war au dem falschen Fuß. Eigentlich logisch:

Wie hätte er mit etwas rechnen sollen, was mich selbst verblüfft hat?

Wie gesagt – eine Premiere mit fast 34 Jahren. Das war verblüffend. Und darum auch markant. Wer fragt: „Du Toni, könntest du eine Rangliste der schönsten Tore erstellen?", dem sagt er darauf kurz und bündig: „Nein, das kann ich nicht!" Tore der Runde, des Monats, des Jahres, des Jahrzehnts, das sind mediale Spielereien. Manchmal auch mit Umfragen. Polster sieht das anders. Wie soll man Tore miteinander vergleichen. Das wäre, als würde man Birnen mit Äpfeln vermischen. Für ihn ist nur entscheidend, was ein Tor bewirkt. Darauf kommt es an.

Ob schön oder hineingenudelt*, das macht keinen Unterschied. Was nützt einem ein Bombentor – und die Mannschaft verliert? Nichts! Das unscheinbarste Tor kann doppelt zählen! Und aus der Warte des Stürmers kann ich nur eines sagen: Die schönsten Tore sind die, die man mit Überlegung schießt. Oder die, mit denen man wirklich Geschichte schreibt! Natürlich gibt's da einige besondere – wie die drei gegen die DDR im WM-Entscheidungsspiel vom November 1989. Oder der erste Doppelpack gegen Waldhof Mannheim in Deutschland, dann der erste Triplepack gegen Leverkusen – nicht nur, weil es drei Tore auf einen Schlag waren – wir haben uns damit gerettet und nebenbei den FC Bayern zum Meister gemacht. Dann gab's noch den Triple-Pack gegen Estland, wichtig für die WM-Qualifikation des österreichischen Nationalteams. Nicht immer Geschichte, aber kleine Geschichten zumindest.

Die Ausnahme, die alles geschlagen hat, war der Torrekord in der Nationalmannschaft. Da ist es ja darum gegangen, eine Legende wie Hans Krankl zu übertrumpfen. Von ihm können auch die Deutschen ein Lied singen, ich sage nur: Cordoba!

Ich muß wohl niemandem sagen, was es heißt, wenn man

sein Idol und Vorbild überbieten kann! Mit 34 Toren war ich mit Hans Krankl schon gleichauf, da ist natürlich die Fragerei angegangen: „Na, Toni, wann schaffst du den Rekord?“ Man versucht ja, so etwas abzubeuteln*, aber irgendwie setzt man sich selbst unter Druck. Unbewußt. Unterbewußt. Und auf einmal geht nichts mehr. Sechs Länderspiele hat es gedauert. Im Stadion immer der gleiche Refrain: „Toni, wann ist es soweit?“ Gegen Lettland im Herbst 1996 hat's dann endlich geklappt. Österreich hat 2:1 gewonnen, mein Tor war wichtig – es war die Führung zum 1:0. Wie soll ich das Gefühl bezeichnen? Der Torschuß war wie ein Befreiungsschlag! Eine Last ist abgefallen, und wie gesagt: Es war ein wichtiges Tor, das doppelt gezählt hat. Sowohl für die WM-Qualifikation, als auch für mich. Darum ist der 9. November 1996 ein ganz besonderer Tag. Wenn andere sagen: „Jetzt hat sich der Toni ein Denkmal gesetzt“, dann höre ich das nicht so gerne. Warum? Auf Denkmäler scheißen ja die Vögel!

Da ist Toni lieber das, was eher pathetisch als „lebende Legende“ bezeichnet wird. Was ja stimmt, schaut man zurück auf Tore, die in fast zwei Jahrzehnten Furore gemacht haben. Wie die ersten Tore im Europacup gegen Panathinaikos Athen. Wie das erste im Team – ein Glücksroller, bei dem der Tormann eine schlechte Figur machte. Wie drei von fünf Austria-Toren gegen den FC Bayern. Wie vier auf einen Streich in der österreichischen Meisterschaft. Wie der erste Triplepack im Team, damals im WM-Entscheidungsspiel gegen die DDR, eine ganz besondere Genugtuung. Wie der Hattrick zum Einstand in Italien beim 4:1 des AC Torino gegen Sampdoria Genua.

Tore wie am Fließband. Vor allem in Sevilla, 33 in der besten Saison. Auch bei Logroñés, bei Rayo Vallecano und beim 1. FC Köln, wo Doppel- und Triplepack das Licht der (Medien-)Welt erblickten.

„Warum, Toni", werde ich immer wieder gefragt, „trumpfst du immer gegen die Millionenklubs auf? Willst du es justament denen zeigen, die dich verschmäht haben, wie Real Madrid, Barcelona, der FC Bayern München oder Bayer Leverkusen?" Eine Frage, die sich unwillkürlich zurecht stellt – schließlich habe ich beim 4:3 von Sevilla gegen Barcelona zwei Tore geschossen. Oder zwei beim Sieg gegen Real Madrid. Oder drei gegen Leverkusen – damals, als der „Triplepack" aus der Taufe gehoben wurde. Die Antwort ist nicht einfach und doch leicht: Große Namen sind immer eine besonders große Herausforderung und Motivation – aber nicht nur für mich, den Torjäger, sondern die ganze Mannschaft. Und da wächst man mit der Aufgabe!

Bei Sevilla war's ja etwas anders, da hat es ja einige Spitzenspieler gegeben, den russischen Tormann-Legionär Dassajew zum Beispiel, der ist heute noch Trainer dort, den Jimenez, einen Teamverteidiger, den Rafa Paz im Sturm, dann ist der Chilene Ivan Zamorano gekommen. Eine starke Mannschaft, auch spielerisch – anders als bei Logroñés, dem Klub aus der malerischen Klein- und Weinstadt. Seit ich in Logroño war, ver-

LA LIGA DE LAS NOVEDADES

POLSTER: DE "TORO"... A "TORERO"

"Intentaremos ganar la Liga, pero será muy difícil porque en España... está el Madrid"
"Quiero hacer feliz al público de Sevilla; el más impresionante que he visto"
"En el Torino estaba bien... pero el entrenador no podía ni ver a los extranjeros"

stehe ich auch, warum sich dort ein Mann wie Ernest Hemingway niederlassen konnte. Er war ja bekanntlich auch kein Kostverächter. Luft, Land und Leute haben jedenfalls bei ihm angeschlagen, auch als Dichter. Hemingway hat in Logroño den Roman *Wem die Stunde schlägt!* geschrieben – ein Titel, der – wenn auch in ganz anderer Form – auch auf mich zutraf. Die Wein- und Hemingway-Region Rioja ist jedenfalls viel berühmter als der Fußballverein, da braucht man sich nichts vorzumachen. Das waren ja auch keine besonderen Kapazunder, ich bin sicher der größte Star gewesen, der je dort gespielt – und den Torrekord beim Verein gebrochen hat, 13 oder 14 Nüsse in der Saison. Nicht so schlecht für einen Mittelständler, der sonst immer gegen den Abstieg gespielt hat. Mit mir ist Logroñés auf Platz neun gelandet. Was noch wichtiger war für mich damals – wir hatten Sevilla abgehängt.

Wer wollte es Toni verdenken, daß er es dem FC Sevilla zeigen wollte. Nicht aus verletzter Eitelkeit, er wurde nicht gefeuert, er ging ja selbst. Insgeheim hatte er mit einem der spanischen Starklubs spekuliert – logisch, wenn man Zweiter der spanischen Schützenliste ist. Aber Toni wollte es vor allem dem Sevilla-Boß Luis Cuervas heimzahlen. Denn es hatte weniger an den Millionenklubs gelegen, daß Toni diesen ersehnten Sprung nie tat – sondern vor allem an Luis Cuervas. Er konnte nicht verwinden, daß Toni den FC Sevilla, seine Wahlheimat, verlassen hatte. Worum mag's wohl gegangen sein? Um Geld! Toni war ablösefrei zu haben, und er wollte natürlich für sich das Maximum herausholen, wobei Anwalt Fani betont: „Er hat mehr verlangt, es war aber durchaus im Rahmen, keineswegs unverschämt oder gar utopisch!"

Aber Spanier sind bekanntlich stolze Menschen. Und wenn ihr Stolz verletzt ist, dann hört sich der Spaß und auch die größte Liebe auf. Dabei war Cuervas seinem „Golster" höchst zugetan gewesen. Senor Luis und der komplette Sevilla-Vorstand hatten es sich nicht nehmen lassen, zu Tonis Hochzeit mit Lisi am 19. Mai 1990 in Wien einzufliegen. Er war quasi einer von ihnen. Damals hätte er ihm jeden Teppich ausgerollt, hinterher allerdings schwor Luis Cuervas: „Eines ist sicher – Polster landet bei keinem Großklub in Spanien. Höchstens über meine Leiche!"

Die Großen sitzen in einem Boot. Also hat dieses Spielchen tatsächlich funktioniert. Daß sich Logroño einen „Golster" leisten könnte, hätte Senor Cuervas nie erwartet. Und schon gar nicht, daß Sevilla ohne Toni von Logroñés mit Polster überholt wird. Eine Parallele zu Deutschland, als Aufsteiger Freiburg ganz vorn mitspielte – und Leverkusen gegen den Abstieg kämpfte.

Ja, wie ist so etwas möglich? Wie kann Mittelmaß den Superstars die Stirn bieten? Oder sie gar einen Kopf kürzer machen? Da gibt es eine Faustregel: Je kleiner der Klub, desto größer muß der Heimvorteil sein! Das fanatische Publikum war unser zwölfter Mann. Der dreizehnte unser Platzmeister. Wenn Spitzenklubs gekommen sind, dann hat David Vidal, der Trainer, immer zu ihm gesagt: „Spritz am Spieltag den Rasen möglichst lang, damit er möglichst tief wird!" Der Grund? Damit die anderen nicht ihre technische Überlegenheit ausspielen können! Was man nicht in den Beinen hat, muß man im Kopf haben.

Fußball-Koryphäen gab es bei Logroñés wenige, einer von ihnen war etwa Salva, ein Teamspieler, 1984 im EM-Finale dabei. Aber bei Logroñés herrschte vor allem eines: eine super Kameradschaft! Das hat uns so stark gemacht. Und an mir, dem *Goleador*, haben sich alle orientiert. Alles war auf mich zugeschnitten. Von meinen Scharfschüssen im Training sagte Vidal: „Wenn Toni trifft, bricht er dem Tormann die Hände!" Ich hab' sie nicht enttäuscht. Die einzige Enttäuschung war, daß Logroñés zum Saisonende meine Gage nicht mehr bezahlen konnte. Da ist lange gefeilscht worden. Ich habe mir nichts vorwerfen müssen, als ich wieder weg bin. Was will man mehr, als einen Torrekord aufstellen? Und der nächste Klub hat schon angeklopft. Er sollte die Schulden zahlen.

Nein, es war nicht Real Madrid. Wieder einmal nicht. Aber ein ehemaliger Realstar, ein beinharter Verteidiger, der sofort erkannte, welchen Wert ein Torjäger wie Polster auch und vor allem für einen „Paternoster“-Klub besitzt. Der Mann, von dem die Rede ist, heißt Camacho, den Hans Krankl als Barcelona-Legionär mit den legendären Worten beschrieb: „Der attackiert so wie ein mittlerer Raubmörder!“ Die Zeiten hatten sich geändert und die Rollen vertauscht. Camacho war kein Gegenspieler Polsters mehr, sondern Fürsprecher – als Trainer von Rayo

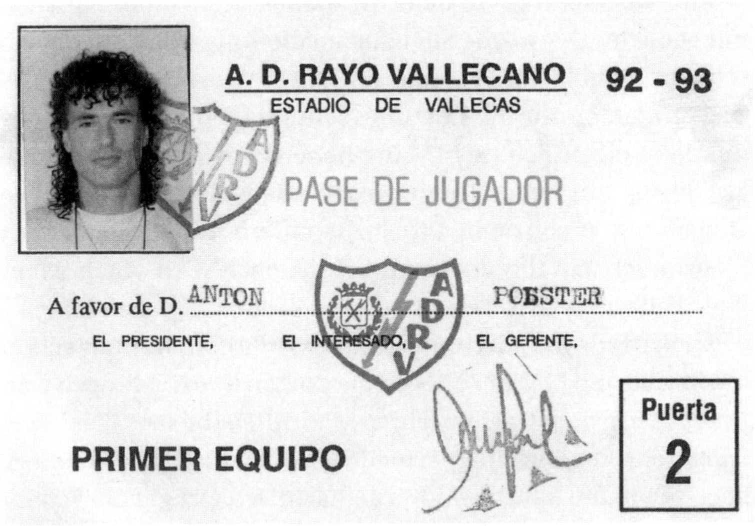
A. D. RAYO VALLECANO 92 - 93
ESTADIO DE VALLECAS
PASE DE JUGADOR
A favor de D. ANTON POLSTER
EL PRESIDENTE, EL INTERESADO, EL GERENTE,
PRIMER EQUIPO
Puerta 2

Spielerpaß von Rayo Vallecano, der letzten Station Toni Polsters in Spanien

Vallecano, keinem königlichen Verein, sondern von einem Klub der kleinen Leute; Rayo Vallecano ist sozusagen das Simmering von Madrid. Camacho wollte seinen Klub mit einem Star beschenken, einem Goleador, von dem er große Stück hielt. Der Wunsch des Ex-Realstars war ganz nach dem Geschmack des Klubchefs Ruiz Mateos, eines Exzentrikers, der wie andere Fußball-Zeitgenossen – siehe Jesus Gil y Gil, Boß von Atletico Madrid und Bürgermeister des Nobelortes Marbella – nichts mehr liebt als die Publicity. Ruiz Mateos arbeitete in der Immobilienbranche, seine Familie war zu Francos Zeiten enteignet worden, *die Besitztümer bekam er bis heute nicht. Er war das, was man einen Geschäftemacher nennt, manchmal auch verstrickt in Dubioses, kurzfristig sogar in U-Haft genommen worden, aber dann ließ er sich ins Europa-Parlament wählen und genoß damit die Immunität, die ihm wichtig war.*

Ruiz Mateos war ein Selbstdarsteller. Manchmal habe ich mir gedacht: Der würde am liebsten die Tore schießen, die ich schieße! Geholt hat er mich mit dem Versprechen, auch die Gage zu zahlen, die mir Logroñés schuldig geblieben war. Warum denn eigentlich nicht? Eine neue Herausforderung, neue Mitspieler, ein neuer Trainer mit großem Namen, eine neue Umgebung, nicht mehr Provinz, sondern in der Hauptstadt Madrid. Ich sah das als einen Schritt nach vorn. Auch wenn Rayo Vallecano zwischen Erster und Zweiter Liga pendelte.

Auch bei Rayo Vallecano hat sich wiederholt, was mir schon mit Sevilla und Logroñés gegen die großen Klubs gelungen war. Die Bilanz gegen Real im kleinen Madrid-Derby sagt alles: Zwei Spiele, ein Sieg, ein Unentschieden. Andersrum: Von vier möglichen Punkten haben wir drei gemacht! Ich war gut bei Schuß, Ruiz Mateos aber nicht bei Kasse. Statt Geld gab es nur Versprechungen. Da war dann irgendwann der Ofen aus. Normalerweise hätte ich sagen müssen: Toni, das gibt's doch nicht! Du schießt bei zwei spanischen Vereinen die Tore, kriegst aber keinen luckerten* Heller! Und ich hätte sagen müssen: „Senor Mateos, zahlen's endlich, sonst spiele ich nicht mehr!" Aber ich habe mir gedacht: Irgendwie wird es schon klappen. Und spielen mußt du, du brauchst Praxis, sonst bist auch im Nationalteam nicht mehr dabei! Das war der Grund, warum ich zähneknirschend auch wichtige Tore für Rayo geschossen habe. Klubrekord – was sonst? Dreizehn, wenn ich es kurz überschlage.

Von wegen überschlagen – der Präsident hat oft eine Show abgezogen, das war unglaublich. Schon zum Einstand. In einem Restaurant war's, da hat er Placido Domingo, José Carreras oder was weiß denn ich wen nachgemacht, ist aufgestanden und hat eine Arie geschmettert. Wenn ich mich nicht irre, dann war es aus einer Mozartoper. Mir zu Ehren. Wolferl für Toni. Ein anderes Mal ist er nach einem Sieg auf dem Rasen wie ein Verrückter im Kaschmirmantel auf und ab gelaufen, die Fans haben gejohlt: „Superman, Superman!" Da war er in seinem Element, das hat ihm geschmeichelt. Und dann hat er die Hand zum Victory-Zeichen geformt. Als Superman hat Ruiz Mateos sogar vor Gericht für Aufsehen gesorgt, indem er sich bis aufs blaue Leibchen ausgezogen hat. Und was war oben? Das „S" für Superman!

Toll wäre es gewesen, wäre Ruiz Mateos nur geltunsbedürftig gewesen – und nicht auch geld-bedürftig. Dann müßte Senor Ruiz Mateos nicht wieder prozessieren – nicht gegen Gott und die Welt, sondern gegen Polster und Fani. Die 13 Tore, mit denen Toni Polster den notorischen Nachzügler Rayo Vallecano anno 1992 vor dem Abstieg bewahrt hat, sind in Summe sicher die teuersten seiner ganzen Karriere gewesen. Auch darum unvergeßlich. Würde man diese wahre Geschichte erfinden, würde es keiner glauben. Aber diese ist aktenkundig – bei Gericht!

Ein Sündenfall im Fußballparadies Spanien. Paradox, daß Ruiz Mateos seinen Torjäger zwar nicht zahlen konnte, aber auch nicht ziehen lassen wollte. Freigabe für Köln? Da stellte er sich taub. Fast hätte er Toni den Wechsel noch vermasselt, denn der Transfer kam sozusagen erst fünf vor zwölf zustande. Oder besser gesagt, als die Uhr schon abgelaufen war. Ein Nichtzustandekommen des Vereinswechsels wäre für alle Beteiligten bitter gewesen. Für Köln, für Toni, für das Team, für die Medien und für die Werbung. Am Rhein fing nämlich alles noch einmal von vorn an. Andersrum: Dort hat eine Polster-Zukunft begonnen, die dem Torjäger der Superlative schließlich auch die Türen öffnete.

Der Komödiant Gunther Philipp und Toni Doppelpack: Österreichs Beitrag zum Kölner Karneval

Ein Wiener am Rhein

Toni eilte nicht gerade der beste Ruf voraus. Auch „Mundpropaganda“ daheim trug dazu bei. Einige rieben sich in diebischer „Vorfreude“ die Hände: „Na, das schauen wir uns an, der Polster in Deutschland, da wird er sehen, wo Gott wohnt!“ Auch Teamchef Prohaska befielen leise Zweifel. „Toni nach Deutschland – o jegerl, habe ich mir damals gedacht, das ist ein Fehler!“ Auch Experten können irren. Dabei war seine Skepsis plausibel: „Was ist, wenn einer 90 Minuten an seinem Kittel hängt, und sich Toni nicht bewegt. Und das in Deutschland. Aber es hat funktioniert, er hat alle überzeugt!“

Überzeugt waren von allem Anfang an jene Kölner, die ihn holten: Karl-Heinz Thielen und sein Nachfolger Bernd Cullmann, Weltmeister ‘74. Der Transfer erwies sich als schwere Geburt. Bernd Cullmann fand es eine „spannende Geschichte“. Als Polster am Flughafen eintraf, witterte Cullmann schon Außergewöhnliches. „Bereits im ersten Moment hab' ich gewußt, der ist etwas Besonderes. Toni kommt daher – und was sehe ich? Zwei Uhren an einer Hand!“ Das meisterliche Anpassungsvermögen, mit dem Polster Fuß faßte, verblüffte den Weltmeister. „Die anderen waren längst im Trainingscamp Grünberg, Toni erst zwei Stunden da, benimmt sich aber, als wäre er schon fünf Jahre beim Klub!“

Es geht die Mär, daß es dank Polsters Mutterwitz gelang, zum Einstand auch das strikte Alkoholverbot von Trainer Morten Olsen zu brechen. Klubkollegen berichten es jedenfalls: „Was trinkt ihr da?“, soll er Bodo Illgner, den Team-Tormann, gefragt haben. „Sprudel, was sonst?“ Darauf, so wird kolportiert, soll Toni gesagt haben: „Geh Bodo, frag den Trainer, ob‘s heute nicht ausnahmsweise Bier gibt? Bier kann ja nicht schaden, das gibt Kraft!" Und Morten Olsen , der als harter Knochen gilt, soll sich weichklopfen haben lassen. Wer kann einem Mann mit dem „Durchsetzungsvermögen" Tonis etwas abschlagen. Aber so einfach ging's nicht immer. Schon gar nicht, wenn einem Torjäger die Kraft fehlt, um Tore zu schießen.

Der Wechsel von Spanien nach Köln hat sich gezogen, die Mannschaft war längst in der Vorbereitung, da ist alles erst abgeschlossen worden. Vorschußlorbeeren gab es für mich keine. Und in Köln hat es auch genug Zweifler gegeben. Habe ich wissen können, wie es dort hinter den Kulissen zugeht? Natürlich nicht! *Bild* war gegen mich, der *Express* für mich, nicht so schlecht, denn der ist die „Stimme des Volkes". Aber wieder: Pro und Kontra. Kritiker haben mir jedes Können abgesprochen, auch Wolfgang Overath, die graue Eminenz in Köln, Weltmeister '74, hat Öl ins Feuer gegossen, die Transferpolitik angeprangert und gemeint: „Der FC hat keine Planung, kein Scouting-System, der kauft, was übrigbleibt!" Nicht lustig zum Einstand.

Heute kann ich darüber nur lachen. Heute sag ich: Bei aller Skepsis – die beste Entscheidung, die ich je in meinem Leben getroffen habe. Ich bin Gott dankbar, daß er mich nach Köln geführt hat! So eine schöne Zeit, so nette Leute – dieses Entgegenkommen, das fühlt und spürt man. Und wenn es nötig ist, verstehe und spreche ich sogar Kölsch. Dabei bin ich am Anfang erschrocken. Wenn ein Wiener nach Deutschland kommt, denkt er wahrscheinlich wie ich: Jetzt bist du im Ausland, aber eigentlich doch zu Hause, super.

Aber da bin ich falsch gelegen. Ich habe geglaubt, ich muß wieder eine Fremdsprache lernen. Geklungen hat es, als hätte der Happel gesprochen – vier Sprachen, aber alle auf einmal!

Die Wege in Köln, zum Kölsch und zu den Kölnern hat Toni

Polster ein Kölner geebnet, der mit dem Vornamen so heißt wie der Bundes-Berti: Hans Hubert, Nachname: Baggeler, Besitzer vom Landhaus Gut Keuchhof im Vorort Lövenich, ein Herrschaftsanwesen im Backhausbau, das er in ein Hotel mit Restaurants, die aussehen wie kleine Bauernhöfe oder Scheunen, verwandelt und um einen Fitneßklub bereichert hat, in dem auch Heidi Rosendahl einmal regierte.

Baggeler ist Fußballfan, mehr noch: FC-Fan, also Köln-Fanatiker mit Leib und Seele, der alle kennt, die Spieler, die Funktionäre etc. Toni lag mit ihm gleich auf einer Wellenlänge und fragte von Freund zu Freund: „Du, Hubsi-Bubsi – kann ich nicht bei der dir wohnen?" Nicht einfach, denn Köln hat eine Hotelkette als Sponsor. „Ob das geht? Das mußt du mit dem FC klären", sagte Hubsi-Bubsi – und eines Tages standen die Koffer vor der Keuchhof-Tür! Heimweh zum Freund, „weil er da harte Zeiten durchgemacht hat". Frau und Kinder waren noch nicht da, er war einsam, umstritten, er ist auch in die Mühlen von „Bild" gegen „Expreß" in Köln gekommen, da wurde geschrieben: „Wat wollt' ihr mit jem Polster. Dat ist doch wieder so ein Fehleinkauf!" Da hat der Hubsi-Bubs ihm ins Gewissen geredet: „Du Toni, leg das alles beiseite, konzentriere dich darauf, was du am besten kannst: Tore schießen!" Es hat, wie die Geschichte beweist, wahre Wunder gewirkt.

Ja, der Anfang war hart: Keine Lisi da, die war schwanger mit der Lisa Maria, kein Toni, keine Mama. Brutales Training unter Morten Olsen. Der härteste Trainer, den ich je gehabt habe. Extraschicht. Trainingsrückstand. Nicht Fuß gefaßt, echt schwer. Dazu der Zeitungs-Krieg am Boulevard. Die schicken die Jungs raus: „Bringt uns eine Geschichte!" Egal, welche. *Good news are bad news* – sagen ja die Amerikaner, nicht wahr. Die kommen zum Training, spitzen die Ohren, was es Neues gibt. Da der „Jäger" Hunter und der Philipp Arens, dort der Schäfer, der Hoffmann und der Pastors, ein Intimus von Boris Becker. Da muß man aufpassen, da kommt man leicht in die Mühle.

Lange habe ich nichts getroffen. Wieder Zweifler. Aber plötzlich hat es g'raschelt. Zwei Tore im Cup gegen Mannheim. Gleich noch einmal zwei gegen Freiburg. Ich glaube, die *Bild* hat es damals hinausposaunt. Ein Markenzeichen aus dem Nichts: *Toni Doppelpack!* Das war der Durchbruch. Plötzlich war ich wer. Auch im Fernsehen. *ran* ist gleich ran. Da bin ich nach Hamburg zum Wontorra. Lustig. Hubsi-Bubsi ist mit. Wie immer. So hat es angefangen.

„Ja", meint Hubsi -Bubsi, „wir haben mit dem Toni oft Tränen gelacht – dann, als er schon Wurzeln geschlagen, das Haus bezogen hat, in dem vorher der Roggensack gewohnt hat, den die Fortuna gefeuert hat. Wir sind zusammen zum Fernsehen, nach Hamburg und unsere beiden Buben sind auch mit. Für die war das ein Highlight: Werder gegen Dortmund, der Heiko Herrlich hat sich angeschlossen: ‚Du Toni, hättest was dagegen, wenn ich mitkomme.' ‚Logisch, Junge, du bist dabei!' Viel Flachs hat es gegeben. Auch mit Prominenten. Bei mir steigen viele ab. Oder kommen zum Essen. Wie Howard Carpendale. Den wollte der Toni unbedingt sehen: ‚Hubsi-Bubsi, schau, daß du Karten kriegst fürs Konzert, da gehen wir mit den Frauen hin.'

Gesagt, getan. Wir waren nicht nur dort, wir sind zur Garderobe, kein Mensch auf dem Gang, da haben wir uns gesagt: Wir lassen uns was einfallen, die Leute sitzen draußen, die warten auf den Star – den halten wir jetzt auf! Ja, aber wie? Da sind wir auf eine ganz verrückte Idee gekommen, der Toni und ich.

Der Howard kam daher, konnte aber nicht weiter, weil wir zwei Bodyguards nachgeäfft haben: Hände ausgestreckt, als würden wir die Massen zurückdrängen. ‚Weg da, weg da, stoßen sie nicht so.' Dabei war keine Menschenseele da. Eine Gaudi war das, und Howard ist zu spät gekommen, hat aber gleich den

Endlich platzte der Knoten – Österreicher traf gleich zweimal

Polsters Traumtor war die Krönung

Toller Flugkopfball zum 3:0

1. FC Köln nach Noten

Köln – Freiburg 2:0

Der österreichische Nationalspieler schoß beide Treffer zum 2:0 gegen Freiburg

Die Super-Show von Toni Polster

Nach seinen beiden Toren gegen Freiburg jubelt Köln über den Österreicher

„Seit Mittwoch bin ich für die Kölner der Toni Pols-tor"

1. FC Köln – Bremen 2:0

Polster: Nur der liebe Gott trifft besser

Nur 5 000 Fans: Geisterkulisse im Leipziger Zentralstadion

Leipzig – 1. FC Köln 2:3

SPORT Toni Polster wieder im Doppelpack

Grund genannt: ‚Entschuldigt, der Toni Polster hat mich aufgehalten!' Da war alles verziehen. Und das Eis gebrochen."

Doppelpack für die einen, doppelter Donnerschlag für die anderen. Die deutsche Fortsetzung von *Golster*, wie sie mich schon in Italien genannt haben. Kosenamen sind im Fußball wie Adelstitel. Toni genügt mir aber auch. Die eingefleischten Fans in der Südkurve rufen mich so. Einfache Menschen, aber ehrlich. Die mögen mich, und ich mag sie. Darum renne ich nach einem Tor oft hin zu ihnen. Mir wäre ja recht, würde der 1. FC Köln oben mitspielen und nicht gegen den Abstieg. Seit Jahren schon. Das Trainer-Karussell dreht sich, aber es ändert sich wenig. Es ist mein fünftes Jahr – und mein vierter Trainer: zuerst Morten Olsen, der Däne, früher ein super Kicker und jetzt ein Spitzentrainer, was man ja bei Ajax Amsterdam sieht. Geschunden hat er mich, vier Stunden am Tag, fast schon brutal. Der erste, der mir beigebracht hat, wie man den Aufbau des Gegners blockiert – mit knapp 30! „Die Deutschen", hat er gesagt, „rennen nur, die kämpfen zu viel, wir müssen mehr spielen!"

Mit wem freundet sich ein Wiener am Rhein in der Mannschaft am schnellsten an? Mit einem waschechten Bayern! Den gab es beim FC Köln, der hieß Alfons „Ali" Higl. Sprachverwandtschaft schließt Bekanntschaft in der Fremde. „Am Gang hat Toni mich am Ärmel gezupft", erinnert sich Ali. „Geh, du bist doch aus Bayern, nicht?" Daraus ist Freundschaft geworden, auch wenn Higl inzwischen in Augsburg lebt. Solange nur gelaufen und nicht gespielt wurde, wunderte sich auch der bayerische Kölner über konditionelle Defizite, die aus der langen Pause kamen. Insgeheim dachte auch Freund Ali: „Wie der läuft ... Nein, das kann doch nicht der Toni Polster sein, der in Spanien so viele Tore geschossen hat!" Spötter witzelten nach ersten Trainingseindrücken: „Der Polster springt so hoch, da kannst gerade eine Bild-Zeitung drunterschieben!" Aber der gleiche Polster bewies beim Schußtraining, daß er nicht von Pappe ist. Da ließ er es als Schütze polstern, daß es nur so krachte. Genüßlich schildert Higl, wie es beim Einschießen von Tormann Bodo Illgner, dem Weltmeister von '94 war. „Zuspielen, abprallen, schießen – der Toni ist immer ganz langsam zum Ball, hat aber umso schärfer geschossen. Und als der Ball im Tor war, ist er beim Illgner vorbei, hat sich die Hände gerieben und gesagt: ‚Na, Weltmeister, hast g'sehen!'" Wiener Schmäh – auch beim Training. Reporter, die zuschauten, weideten sich daran. Und hatten etwas zum Fragen und zum Schreiben. Popularität kann auch, wie man sieht, durch die Feder, Pardon, den Computer gehen, der sich leicht mit Geschichten über Toni Polster füttern ließ, die in Köln die Runde machten. „Denn der Toni", schildert Higl, „hat oft Blödsinn im Kopf g'habt. Und bei Waldläufen hat er schon Auszeiten genommen, wenn's zu arg geworden ist. Oder einen Abschneider gemacht." Ja, ja, der Morten Olsen, ein harter Hund, der Toni so auf Vordermann brachte, daß Ali heute sagt: „Der Toni hat oft gestöhnt. Aber hätte ihn Olsen nicht so angestachelt, hätte er nie die Basis für die vielen Tore in Köln gehabt!" Andersrum: Der Däne brachte Toni auf Vordermann, die Geißböcke aber sprangen nicht, die hoppelten nur.

Herausgekommen ist nichts, Entwicklung gleich null. Also hat er gehen müssen.

Der nächste war Stefan Engels, ein echter Kölner, auch Teamspieler, ein netter Kerl. Sein Fehler – für meine Begriffe: Zuwenig Originalität, zuviel Weisweiler-Kopie. Unterm Strich: wenig Siege, noch weniger Tore, viel Defensive, noch mehr Krampf und jede Menge Frust. Wie soll man als Stürmer Freude haben, wenn man keinen Ball sieht? Köln ist plötzlich das Wasser bis zum Hals gestanden. Die Abstiegsangst ist umgegangen, und es mußte etwas geschehen. Also: Stefan Engels raus, Peter Neururer rein.

Neue Besen kehren besser. Neue Motivation. Neue Impulse. Plötzlich haben wir gewonnen. Ein Derby-Sieg gegen Leverkusen wiegt schwer in Köln. Da hat beim Klub jeder einen Stein im Brett. Er hat Abwechslung in die Bude gebracht. Bei der Arbeit ist wieder gelacht worden. Lachen ist gut – und gesund! Das hat uns kuriert. Mein Motto war auch das der Mannschaft: „Wir können es nur schaffen, wenn jeder zu 120 Prozent für den Fußball lebt. Wir tanzen eh schon lange genug am Abgrund herum!" Ich wollte nicht, daß es mich erwischt. Das hätte meinen Stolz verletzt – und meinen Rekord gebrochen. Toni, habe ich mir geschworen, das darf nicht passieren. Du bist noch nie abgestiegen – nicht mit Logroñés, nicht mit Rayo Vallecano, nicht mit Torino. Die hat es erst nach mir erwischt! Und Köln hat sich gerettet – mit einer unglaublichen Siegesserie: Leverkusen, Stuttgart, Rostock. Nicht nur, aber auch vor allem durch meine Tore. So ist es: Man verliert zusammen, man gewinnt zusammen. Damit haben wir auch den Neururer größer gemacht, als er war. Der war plötzlich kein „Nothelfer" mehr, sondern hat den großen Chef gespielt, um den Vertrag gepokert und bekommen, was er wollte. Uns hat er es spüren lassen. Vor allem mich. Was weiß ich warum? Vielleicht, weil ich ihm zu populär war ...

Dauernd hat er sich mit mir angelegt und hat mir eins auswischen wollen. Das hat schon in der Saison-Vorbereitung angefangen. Fachlich war er ja in Ordnung. Wir waren gut drauf, besonders ich. Sieben Nüsse habe ich im Test gegen Rheine gemacht, das muß mit erst einmal einer nachmachen. Dann, das erste Match: Besprechung, Aufstellung – kein Polster. Ja, das kann es doch nicht geben, sagte ich mir. So hat das ganze Theater angefangen. Was Neururer über mich geschimpft hat! Alles unter der Gürtellinie. Zum Beispiel: „Was wollt ihr mit dem Polster – der ist nur noch gut, daß er sich das Geld von der Bank holt!" Oder: „Ich laß den Polster am langen Arm verhungern!" Alles über die Medien. Ein Profilierungsneurotiker.

Aber den Mut, zu dem zu stehen, was dann alles in den Zeitungen zu lesen war, hat er nie gehabt. Da ein Ausspruch, dort das Dementi. Schlimm. Da habe ich mir gesagt: Okay, wenn der so über mich denkt, dann muß ich weg! Angebote hat es genug gegeben – 1860, Rapid, LASK. Dann hat der Präsident ein Machtwort gesprochen: „Toni, du mußt bleiben!" So war es auch. Wichtig war auch, daß der österreichische Teamchef Prohaska mir die Stange gehalten, das Vertrauen geschenkt hat. Das gibt Kraft. Auch für Tore: Doppelpack, dann Triplepack, 21 Nüsse, Zweiter in der Schützen-Liste. Ich war unumstritten. Und begehrt bei den Medien. Viele Auftritte. Und was passiert eines Tages. Da kommt der Neururer zu mir und fragt mich: „Toni, was kriegt man für den Auftritt bei der *Harald-Schmidt-Show,* die wollen mich haben?" Ich war ja schon dort, also habe ich ihm gesagt, was er verlangen soll – und die haben es ihm auch bezahlt! Im Nachhinein fragt man sich dann: Hat es Sinn, jemanden zu helfen, der dir dann das Hackl ins Kreuz haut?*

Der Neururer mag fachlich okay sein, als Mensch ist er zum Vergessen. Nie ehrlich und offen, immer hinterrücks. Wie nach dem 2:0 von Köln bei den Bayern in München. Da hat er in einem Interview seinen Senf dazu gegeben: „Ohne Polster steht der FC hinten besser, ich würde auf ihn verzichten!" So ist er halt. Mein Gott, was könnte ich über den alles sagen! Dazu hätte ich auch große Lust gehabt, habe mir aber dann gesagt: Toni, das ist unter deinem Niveau, das ist nicht dein Stil!

Toni hatte viel auf den Lippen, verbiß es sich aber, so manches Insider-Wissen nach außen zu tragen. Das würde ja auch auf den Klub abfärben. Aber „Bild" hat den Toni letztlich doch aus der Reserve gelockt. Hintenherum, sozusagen. Dem Alpha-

bet nach fragte man ihn, was ihm von A bis Z zum Stichwort einfällt. Da fiel beim „N" zwangsläufig der Name Neururer, nicht Nick, der Sportjournalist, der ihn einst ins Kreuzfeuer genommen hatte, war gemeint, sondern Peter, der Trainer, der ständig Nadelstiche und Seitenhiebe verteilte. Und da Toni das Herz eben oft auf der Zunge trägt, antwortete er so giftig und gallig, wie er es sonst nie tut: „Wenn Dummheit weh tät, dann würd' ihm Tag und Nacht der Schädel brummen!"

„Dieser Typ ist Weltklasse!"

FC-Kultfigur Toni Polster

Von M. BOCKELKAMP

exp **Stadtlohn/Köln** — Ein Mann wie ein Vulkan: Toni Polster!

Die Jubel-Pose nach seinem Traum-Tor zum 1:0 gegen Leverkusen im Endspiel des Turniers von Stadtlohn — ein Ausbruch! Ein kraftvoller Luftsprung, zweimal zuckte die geballte Faust in den Himmel. Dann sank Polster freudetrunken auf die Knie. Emotion pur. So lieben ihn die Fans.

Zuvor hatte er fünf Bayer-Profis wie Fahnenstangen beim Ski lässig umkurvt, Leverkusens Torwart Rüdiger Vollborn aus 16 Metern den Ball ins Netz geschossen. Un-

Schützenkönige Kuntz und Yeboah.

Was viel wichtiger ist: Polster trifft mit seiner natürlichen Art, seiner Lebensfreude, seinem sympathischen Auftreten den Nerv der Anhänger. Polster — der größe Werbeträger des FC seit Jahren!

In Stadtlohn konnte Toni, zur Pause gegen Carsten

Gute Freunde: Toni Polster tröstet Kumpel und Verlierer Bernd Schuster.

grandiosen Jahr beim FC prophezeit. Die Argumente der Experten: Die Polster-Tricks kennt jetzt jeder Verteidiger, die Überraschungs-Momente sind weg. Von wegen!

Polster ist noch stärker als in der letzten Spielzeit. Was der FC-Volksheld so erklärt: „Die Mannschaft hat sich voll und ganz auf das offensiv ausgerichtete Spielkonzept von Trainer Morten Olsen eingestellt. Jeder Profi kennt seine Aufgabe. Die Neuzugänge machen uns zudem noch unberechenbarer, ich habe noch mehr Freiheiten."

Und auch Olsen glaubt, daß die Meisterschaft wieder ein Polster-Festival wird: „Dank Bruno Labbadia und Stefan Kohn ist Polster nicht auf sich allein gestellt. Kein Gegner kann es sich leisten, nur Toni ab-

Kein Vergleich mit Lorenz Günther Köstner, dem Nachfolger! Ein harter Arbeiter, sehr penibel. Der lebt 24 Stunden für den Fußball. Er nimmt uns im Training hart her, manchmal mehr als zwei Stunden, bis man nimmer kann und sagt: „Trainer, haben Sie die Uhr vergessen?" Aber es macht sich bezahlt. Und jeder schätzt ihn. Er verlangt Disziplin, hat aber auch Selbstdisziplin. Er hat Anstand, ist ehrlich, ein Mensch mit Charakter. Sein Wort zählt, kein Lobhudler, der dich anderntags in die Pfanne haut. Über meinen Fallrückzieher zum 3:2 gegen Mönchengladbach, bei dem der Ball irgendwie ins Netz ist, hat er gesagt: „Mit Hilfe von Toni und dem Herrgott, der immer auf ihn schaut. Wir wissen schon, was wir an ihm haben."

Trotzdem: Schlechte Erfahrungen sitzen im Hinterkopf. Wie geflügelte Fußballworte. Zum Beispiel das Gesetz: Never change a winning team. Auch wenn Köstner nach der Münchner Sensation ohne Polster zu Toni meinte: „Du bleibst die Nr. 1 im Sturm!". Dennoch plagten ihn Zweifel. Steht er auch dazu? Was ist, wenn ihn andere breitschlagen? Seinem Anwalts-Freund Doktor Skender Fani vertraute er in einem der vielen Telefonate, die er täglich mit ihm führt, die Urängste an, die ihn gepackt hatten. Eigentlich nicht zum Ausplaudern – oder doch? Es zeigt, wie ehrgeizig, aber auch sensibel Toni ist – und welch Fingerspitzengefühl der Trainer besitzt!

Toni ruft eines Tages in Wien an: „Hallo, Skender, ich muß dir was erzählen. Ich bin am Abend schon im Zimmer, kann nicht schlafen, plötzlich klopft's an der Tür ... O je, denk' ich mir, das wird der Trainer sein, der mir sagen will, warum ich nicht spiele? Da habe ich mich nicht gerührt, so getan, als würde ich schlafen. Aber es hat wieder gepumpert, so lange, bis ich aufgemacht habe – und wirklich, Köstner ist vor der Tür gestanden. ‚Na Trainer, wollen Sie mir sagen, warum ich morgen nicht spiele?' Und was glaubst, was war? ‚Nein, Toni, ich wollte nur, daß du weißt: Natürlich bist du dabei, natürlich spielst Du!' Ich fand das super. Eine schlaflose Nacht weniger."*

In Turin und im ersten Jahr in Sevilla hatte er Angst, man könnte ihn abschieben. Bei Köstner, dem Charakter-Menschen, durfte sich Toni beruhigt aufs Kissen legen ...

Natürlich gab's beim FC Köln nicht nur gute, sondern auch schlechtere Zeiten. Aber wenn überhaupt, dann höchst selten

Frust. Von Leid ganz zu schweigen. Über so manches lache ich inzwischen wieder. Jetzt sag ich: Ich habe meine Entscheidung bis heute nie bereut.

Für mich ist Köln zu einem zweiten Zuhause geworden. Für die beiden Kinder, für Toni und Lisa zur Heimat. Hier haben sie ihre Freunde und Spielgefährten, manchmal glaube ich, die bleiben lieber in Lövenich, statt nach Wien zu kommen! Ehrlich gesagt: Ich bin und bleib' ein Wiener, aber in Köln bin ich schon sehr verwurzelt.

Das findet auch der ehemalige Kölner Startormann Harald „Toni" Schumacher, der behauptete: „Der einzige Kölner in der Mannschaft ist der Toni Polster!" Darum ist er ja Hahn im Korb. Und deshalb, weil die Fans spüren, daß er schon in FC-Kategorien denkt. So, als hätte er nie anderswo gespielt, als hätte es nie Querelen gegeben, weder um Verträge noch mit einem Trainer. Ist er wirklich ein Stück von Köln, fast schon ein Wahrzeichen wie der weltberühmte Dom? Was beim Austrianer Toni die Rivalität mit Rapid war, ist jetzt der Konkurrenzkampf mit Bayer Leverkusen, fast so etwas wie der Erzfeind – besonders, seit der frühere FC-Trainer Christoph Daum dort das Zepter schwingt. Das empfinden viele Kölner fast als „Hochverrat".

Da hat es die Geschichte mit dem Norweger Skammelsrud von Rosenborg Trondheim gegeben, Norwegens Meister, der in der Champions League so knapp am Viertelfinale gescheitert ist. Der soll am Anfang um 700.000 Mark zu haben gewesen sein, das hätte sich der FC locker leisten können. Dann hat man leider von unserer Seite aus auch den Ex-Köln-Trainer Christoph Daum gefragt, was er von diesem Spieler hält. Und wer hat ihn gekriegt? Leverkusen und Daum! Mich hat das geärgert. Ja, ist denn Köln so wenig wert? Ein Klub mit dieser Geschichte, diesen vielen Erfolgen, dieser Tradition, solchen Galionsfiguren wie Schäfer, Overath, Littbarski, Häßler, die für die Geißböcke gespielt haben. Ich bin beim Klub zwar nur Spieler, aber da packt mich heimlich der Gedanke: Hätte ich etwas zu reden, würde ich so etwas mit aller Kraft verhindern! Es geht mir eben sehr nah, was beim und mit dem FC Köln passiert.

Offene Worte von Toni, die aus einem Polster-Herz kommen, das für Köln genauso schlägt wie für das österreichische Fußballteam, das er nach Frankreich zur WM-Endrunde geführt hat. Und das ist alles, nur kein Schmäh eines Schmähbruders. Es ist ja schließlich keine Schande, wenn sich ein echter Wiener samt Frau und Kindern in die zweite Heimat verliebt. Wie heißt es so schön: Wo es dir gefällt, dort laß dich nieder. Darauf hofft auch Markus Höhner, der SAT-1-Moderator, der in Tonis nächster Nähe wohnt, und ihm in vielen gemeinsamen Fernsehauftritten nahe gekommen ist. Ob als Schützenkönig oder als „Häferlgucker", der für eine Sendung auch „Äpfel im Schlafrock" von Lisi zubereiten und servieren ließ. Toni Polster, das ist, als hätte man beim FC Köln das Fenster geöffnet und frische Luft hereingelassen. Was Markus Höhner dazu veranlaßte, als Kölner einen Appell an den FC Köln zu richten, der so lautet: „Ich kann dem Klub nur raten, daß er Toni Polster auch nach der Stürmer-Karriere an sich bindet!"*

Toni gehört eben zum FC wie die Marillenmarmelade zur Wiener Sacher-Torte.

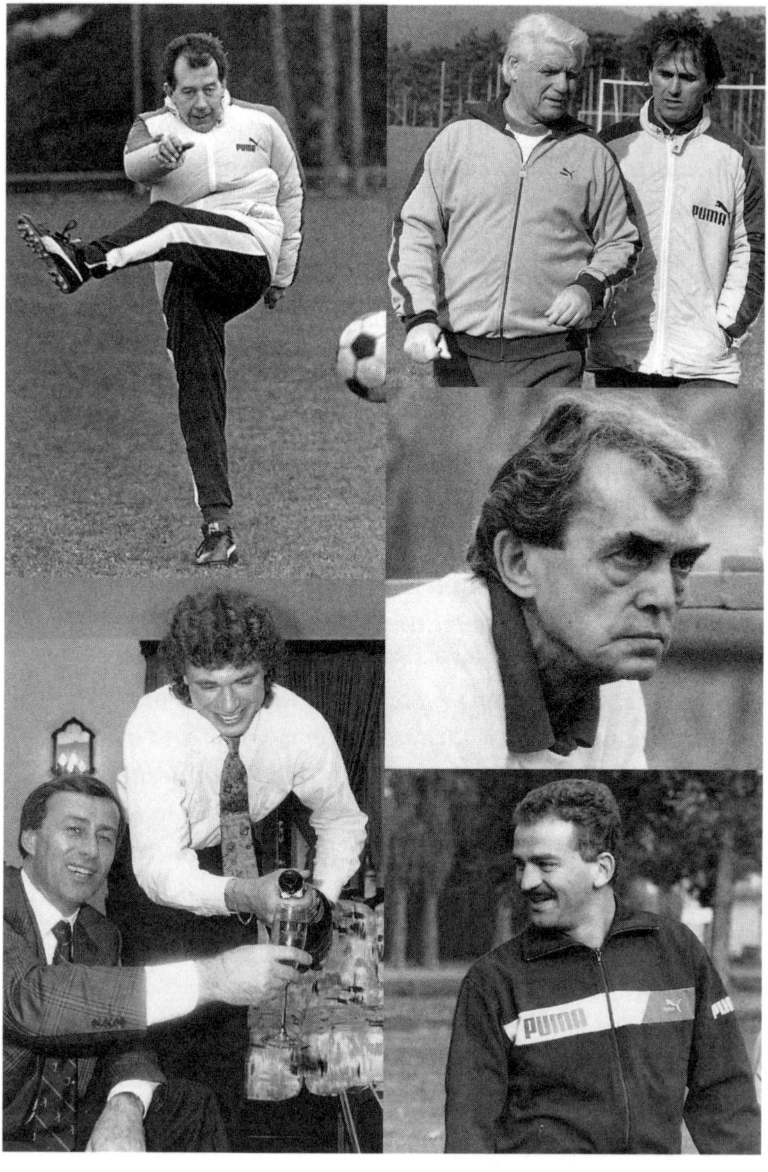

Oben links: Erich Hof. *Unten links:* Toni mit Josef Hickersberger, Coach bei der WM 1990.
Oben rechts: Branko Elsner, der Tüftler und Taktiker, mit Assistent August Starek.
Mitte: Fußball-Mythos Ernst Happel. *Unten rechts:* Herbert Prohaska, Teamchef seit 1993

Alle meine Teamchefs

Anders als in Deutschland, wo der Bundestrainer als Institution gilt, an der man nicht rüttelt, egal, was passiert – man denke nur an Sepp Herberger und Helmut Schön, an Jupp Derwall (sechs Jahre) und Franz Beckenbauer (sechs Jahre) sowie nicht zuletzt an Berti Vogts, der seit 1990 in Amt und Würden ist –, wurden Teamchefs in Österreich die längste Zeit hindurch verschlissen wie Hemden. Keiner reflektiert das so wie Toni Polster – er ist nämlich die *Konstante im Wandel der Teamepochen und Teamchefs.*

Manche mußten auch Prügel einstecken, weil sie zu Buhmann Polster standen. Manche paßten sich der Volksmeinung an. Manche stolperten über Pleiten und Pannen, die auch mit Toni zu tun hatten. Manche ließen ihn fallen, um ihn herauszufordern. Andere taten es wieder, um sich bei ihm abzuputzen, wie man in Wien sagt.

Von sechzehn Jahren, die Toni im Team spielte, stand er drei als Sündenbock im Abseits. Aber immer wieder wurde er zurückgeholt. Toni Polster pendelte stets zwischen Watschenmann und Trumpf. Im reifen Fußballeralter von 34 Jahren läßt er die Teamchefs Revue passieren. Wie sie waren, wie er sie sah, was er von ihnen hielt.*

Sieben Teamchefs sind es in 16 Jahren gewesen, knapp 90 Länderspiele mit mehr als 40 Toren. Darauf bin ich stolz – erst recht, wenn ich zurückschaue auf den ersten, den Erich Hof. Er war ein halber Austrianer, trotzdem hat die Chemie bei uns nicht gestimmt, vielleicht war es auch ein Generationsproblem in Violett. Er kam aus der Stastny-Schule, aus einer anderen

Zeit. Kein Vertrauen, kein Verhältnis, nur Vorurteile. Er ist, wie man in Wien sagt, auf mich irgendwie nicht „g'standen“*. Da habe ich mich halt manchmal gewehrt. Jung war ich, ehrgeizig, er hat mich kritisiert, später habe ich mich in einem Interview revanchiert: „Der Hof“, habe ich einem Reporter gesagt, „war ein fauler Teamchef, der ist als letzter gekommen und als erster gegangen!“ War ja nicht gelogen, sondern die Wahrheit.

ÖFB-General Ludwig entsinnt sich einer Episode bei einem Training, die bezeichnend war für das „Reizklima“ zwischen Hof und Polster, vielleicht auch, weil sich die subtile, sarkastische Ironie des Teamchefs und der Toni-Schmäh wie Feuer und Eis zueinander verhielten. Ludwig: „Beim Schußtraining im Team war's, der Toni hat zweimal drübergedonnert, da sagt der Hof: ‚Du mußt dich mehr über den Ball legen!‘ Das war so, als hätte Toni eine Tarantel gestochen, da fuhr er aus seiner Haut: ‚Trainer, wenn ich mich noch weiter nach vorn beug', dann fall' ich übers Gatter!‘ Wie man sieht sind Schmäh und Schmäh zweierlei. Was der eine witzig fand, empfand der andere als Belehrung. Wenn schon, dann gleich von einem Professor. Wie Branko Elsner, der die Nachfolge von Erich Hof antrat.

ITALIEN
Zenga (1, Inter Mailand)
Baresi (2, AC Milan) Bergomi (3, Inter) Ferri (6, Inter) Maldini (7, AC Milan)
Donadoni (17, AC Milan) Ancelotti (9, AC Milan) Giannini (13, AS Roma) de Napoli (11, Napoli)
Vialli (21, Sampdoria) Carnevale (16, AS Roma)
Austausch: Tacconi (12, Juventus), Vierchowod (8, Sampdoria), de Agostini (4, Juventus), Baggio (15, Juventus), Schillaci (19, Juventus)
Rom, Olympiastadion, 21.00 Uhr, Schiedsrichter Jorge Ramiz-Wright (Brasilien)
Austausch: Konsel (21, Rapid), Streiter (18, FC Tirol), Zsak (6, Austria), Hörtnagl (11, FC Tirol), Rodax (14, Atletico Madrid)
Polster (9, Sevilla) Ogris (13, Austria)
Schöttel (5, Rapid) Herzog (20, Rapid) Linzmaier (10, FC Tirol) Artner (8, Admira-W.)
Pfeffer (4, Austria) Pecl (3, Rapid) Aigner (2, Austria) Russ (7, Vienna)
Lindenberger (1, FC Tirol)
ÖSTERREICH

WM-Auftakt 1990 in Rom gegen Italien.
Noch war die Fußballwelt in Ordnung ...

Mit dem Wechsel von Wien zu den Toros des AC Torino packte Toni den Stier bei den Hörnern. Beim bis dahin teuersten Transfer eines Österreichers kassierte Austria etwa 20 Millionen Schilling.

Toni schoß sich zum Auftakt mit drei Toren zum 4:1 gegen Sampdoria Genua in die Herzen der Torino-Fans. Das erste Mannschaftsfoto war schneller geschossen als Italienisch gelernt.

Die Zebras von Juventus erwiesen sich für Polster eher als Kletten. Geteiltes Leid ist halbes Stürmer-Leid: Trikot-Tausch mit dem britischen Juve-Star Ian Rush nach dem Lokalderby.

ABC

EVILLA, SÁBADO 1 DE OCTUBRE DE 1988

GOLEADOR DE PLATA

Un certificado de gol para el Sevilla. Bota de plata en 1986, el austríaco Anton Polster se va adaptando poco a poco a nuestro fútbol y a nuestra ciudad, mientras sueña con ser pichichi de la Liga española, según manifiesta en una entrevista que publicamos en páginas finales de huecograbado; entrevista que abre una serie por la que desfilarán los fichajes más significativos de los clubes sevillanos.

ABC

ILLA, LUNES 21 DE NOVIEMBRE DE 1988

EL SEVILLA SI

SEVILLA 2

R. SOCIEDAD 0

ABC

ILLA, LUNES 19 DE SEPTIEMBRE DE 1988

FESTIVAL DE FUTBOI
EN EL SANCHEZ-PIZJUAN

Goleada al Atlético de Madrid y auténtico recital de fútb
del Sevilla ante su afición. Cuatro goles a uno y un estadi
entero que sacó los pañuelos en más de una ocasión par
aclamar goles para el recuerdo. Francisco abrió el marcad
y Ramón lo cerró. Por medio, dos golazos de dos «cracks»
Bengoechea y Polster. El Atlético ni existió. Un vendav
llamado Sevilla F. C. lo aplastó. En la imagen, Polst
yéndose de dos defensores atlético

Unter der Sonne Andalusiens blühte Toni zum Golster auf, der die Aficionados des FC Sevilla mit seinen Bomben-Toren in Euphorie versetzte, Lobeshymnen kassierte und sogar zum Sportler des Jahres gewählt wurde. Als Geburtsort von Sohn Anton Jesus wurde Sevilla auch eine Wahlheimat.

AÑO XIV - N.º 667 - DEL 26 DE JULIO AL 1 DE AGOSTO DE 1988
225 PTAS. - CANARIAS 225 PTAS. (i.i.)

don balon

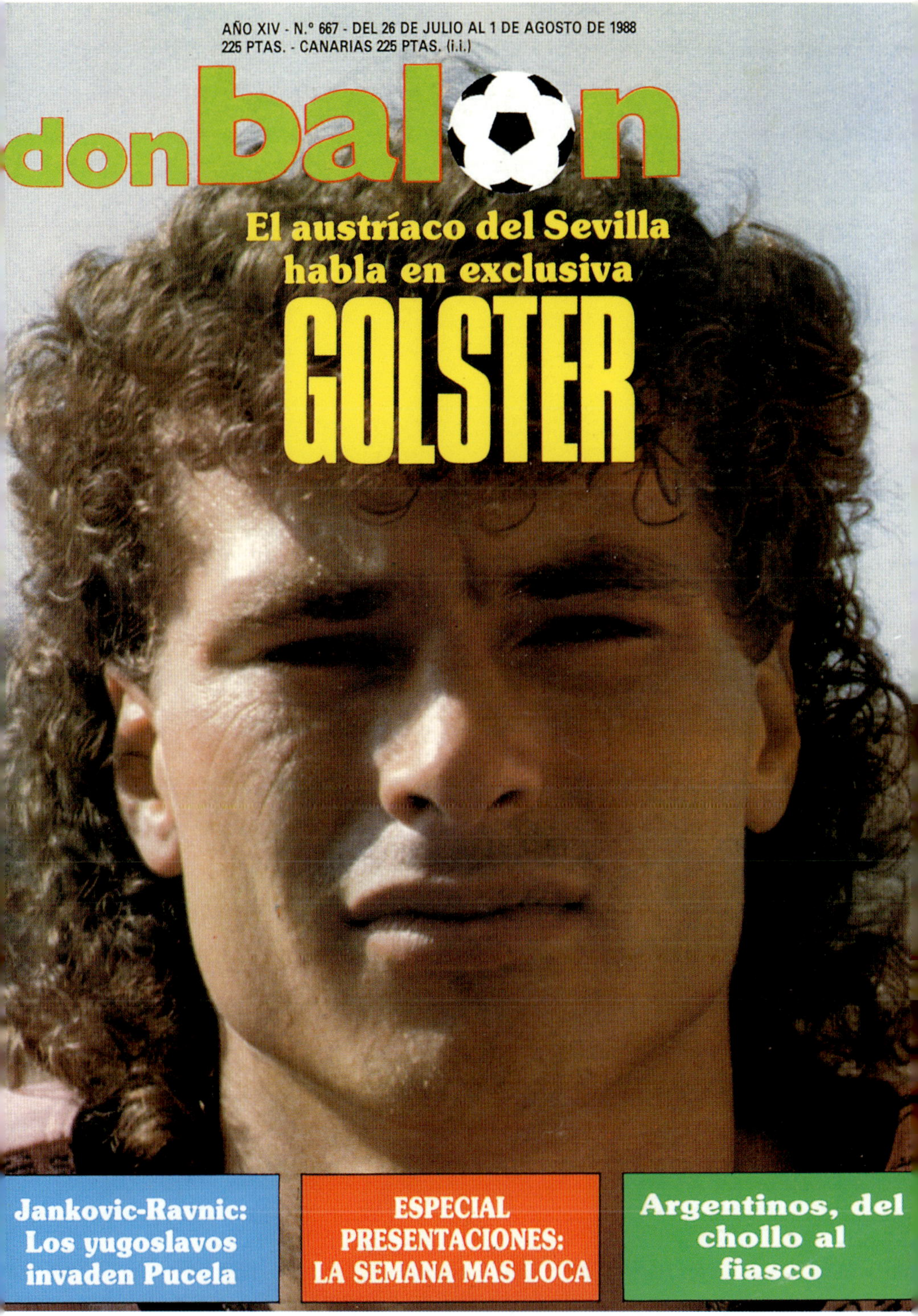

El austríaco del Sevilla habla en exclusiva

GOLSTER

Jankovic-Ravnic: Los yugoslavos invaden Pucela

ESPECIAL PRESENTACIONES: LA SEMANA MAS LOCA

Argentinos, del chollo al fiasco

CAJA SAN FERNANDO
SEVILLA F.C.
1905

MARCA
CIRIPOLEN

UN RAYO MORTAL

RAYO V.

2

R. MADRID

0

LA VITALIDAD Y FUERZA DE LOS VALLECANOS LES PERMITIO REPETIR EL MISMO RESULTADO QUE ANTE EL ATLETICO

EL SEVILLISTA

EXPO'92 SEVILLA

200 PTAS. N.º 39 ENERO 1990

EL SEVILLA "REACCIONA"

POLSTER: BOTA DE ORO

CARVAJAL-CONTE UN DUO DE LUJO

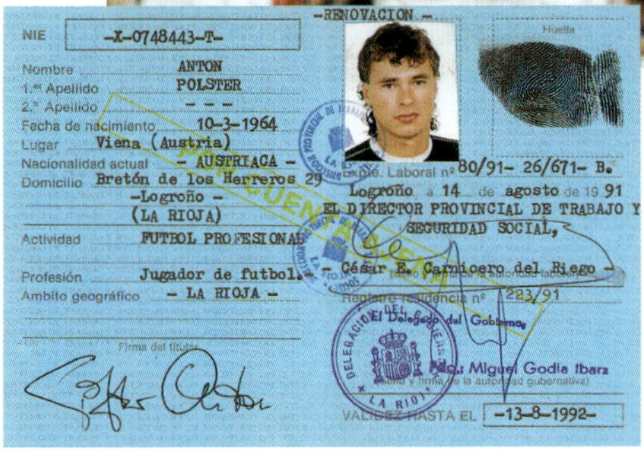

-RENOVACION.-

NIE -X-0748443-T-

Huella

Nombre ANTON
1.er Apellido POLSTER
2.º Apellido - - -
Fecha de nacimiento 10-3-1964
Lugar Viena (Austria)
Nacionalidad actual - AUSTRIACA -
Domicilio Bretón de los Herreros 29 -Logroño - (LA RIOJA)
Actividad FUTBOL PROFESIONAL
Profesión Jugador de futbol.-
Ambito geográfico - LA RIOJA -

Firma del titular

POR CUENTA AJENA

Expte. Laboral nº 80/91- 26/671- B.
Logroño a 14 de agosto de 19 91
EL DIRECTOR PROVINCIAL DE TRABAJO Y SEGURIDAD SOCIAL,
- César E. Carnicero del Riego -
(Sello y firma de la autoridad laboral)
Registro residencia nº 223/91
El Delegado del Gobierno,
Fdo.: Miguel Godia Ibara
(Sello y firma de la autoridad gubernativa)
VALIDEZ HASTA EL -13-8-1992-

Drei Vereine, dreimal Schützenrekord in Spanien. *Oben links:* 33 Tore beim FC Sevilla, 14 in der Hemingway-Stadt Logroño *(Mitte)*, 14 auch bei der „Paternoster"-Mannschaft Rayo Vallecano.

PUMA

Für die Kölner Fans ist Polster zu einer Kölner Institution geworden wie der Dom. Im Fan-Shop bei der Geschäftsstelle lacht einem Toni in verschiedenster Form entgegen, ob auf Titelseiten des „Geißbock-Echos", ob auf Prospekten oder auf T-Shirts, die mit seinem Konterfei bedruckt sind. Ein Wiener erobert den Rhein – kein Karnevalsscherz, sondern die Wahrheit.

Toni mag man eben. Vor allem in der Südkurve des Müngersdorfer Stadions, wo sich Polster – mit oder ohne Doppelpack – von den treuesten Fans stets verabschiedet. Im Team Freunde, in der Deutschen Bundesliga aber Gegner: Toni und Andi Herzog *(linke Seite, u.)*. Wenn es um Punkte geht, wird Toni nichts geschenkt *(rechte Seite)*. Wenn er trifft und siegt, ist der Jubel grenzenlos *(nächste Seite)*.

Ford
PUMA
NISSAN

Ka
Ford

Ford

Ricola
PUMA

Ein Herz und eine Seele mit Köln, der Klubführung, den Fans der Geißböcke und gegnerischen Stars, dafür immer wieder im „Clinch" mit dem inzwischen gefeuerten Trainer Peter Neururer *(linke Seite, u. r.)*. Der spätere Urlaubs-Begleiter Mario Basler (in der Lederhose) bedankte sich bei Bayerns Meisterfeier mit einem Toni-Transparent für kräftige Schützenhilfe, Carsten Jancker *(rechte Seite, u. r.)* dafür, daß er ihn einst Rapid Wien empfohlen hatte.

ER TOURS
Ford
Ford
uhlsport

Ein krasser Gegensatz zu Erich Hof war sein Nachfolger Branko Elsner. Unter dem Slowenen wurde ich wieder ins Team berufen. Elsner war ein Professor. Der hat über Fußball alles gewußt – von A bis Z. Theoretisch ein Jas*. Elsner hat uns Spielzüge eintrichtern wollen, da wären wir Weltklasse gewesen – auf dem Reißbrett. Im nachhinein kann ich sagen: Es wäre gescheiter gewesen, wir hätten mehr gespielt als gepaukt. Wie soll man einzelne Puzzle-Teile zusammensetzen, wenn die Fertigkeit fehlt? Österreichs Team war noch nicht reif dafür. Für ein richtiges Konzept hatte er die falschen Spieler – wie Franz Oberacher, einen Flügelflitzer, der als Manndecker im Mittelfeld zum Einsatz kam.

Einfachere Sachen hätten wohl mehr gebracht. Branko Elsner, der Tüftler und Taktiker, hat uns einen Maßanzug für fertige Spieler verpaßt. Dabei waren wir noch mitten im Wachsen. Wer studiert, ist noch lang kein Professor. Der Elsner war einer, keine Frage. Und ein Arbeiter.

Ein Arbeiter war auch Josef „Pepi" Hickersberger. Ein schlauer Mensch, ein netter Kerl, ein guter Charakter, ein gewiefter Taktiker. Ich kenne keinen anderen Trainer, der über Gegner so informiert war, der hat von jedem alles gewußt – wahrscheinlich auch, ob der Ersatz vom Ersatz eine Goldplombe hat. Wenn er gesagt hat: „Aufpassen, der macht den Haken nach links!", dann ist der linke Haken auch gekommen!" Vielleicht hat er deshalb auch zu viel taktiert, kann sein. Trotzdem: Unter ihm hat es viel Spaß gemacht, im Team zu spielen, die Stimmung war gut, jeder wollte das Beste geben. Meine Meinung ist: Hätte der *Hicke* damals mehr Legionäre gehabt, so wie jetzt der *Schneck* – die WM 1990 in Italien wäre vielleicht anders gelaufen.

Aber wen hat er schon gehabt? Gerhard Rodax und Andi „Ogerl" Ogris, später meine Wenigkeit, sogar den Prohaska hat er in der Qualifikation ausgraben müssen. Aber wir haben es geschafft. Trotz Höhen und Tiefen. Fürs Team und für mich. Da brauche ich ja nur ein paar Stichwörter sagen: Salzburg, Island – die Hölle für mich! In Italien ist Hickersberger ins Kreuzfeuer gekommen – mit mir. Oder auch wegen mir, ist ja egal. Dabei ist es doch so: Wäre der blöde Elfer gegen die Tschechen in Florenz nicht gewesen, dann hätte es ein 0:0 gegeben – und Österreich wäre aufgestiegen! Aber so ist Fußball. Was nützt die ganze

Berg- und Talfahrt des Teams

So steigerte sich unser Team bis zur WM – und so ging's seither bergab. Bis zum absoluten Tiefpunkt in Landskrona.

3:0	gegen die DDR	0:1	gegen Italien
0:0	gegen Ägypten	0:1	gegen die CSFR
3:2	gegen Spanien	2:1	gegen die USA
3:0	gegen Ungarn	1:3	gegen die Schweiz
1:1	gegen Argentinien	0:1	gegen die Färöer
3:2	gegen Holland		

Färöer Inseln – Österreich 1:0 (0:0)

FÄRÖER INSELN: Knudsen; Jakobsen; Danielsen, T. E. Hansen; J. Hansen, A. Morkore, T. Nielsen, A. Hansen, Tam; K. Morkore, Reynheim. – **ÖSTERREICH:** Konsel; Russ, Streiter, Pecl, Hartmann; Linzmaier, Peischl, Herzog, Reisinger; Rodax, Polster. – **Landskrona, 1265. Nervik (Norwegen).**

Austausch: Willfurth für Reisinger (61.), Pacult für Herzog (61.).

Torfolge: 1:0 (60.) Nielsen.

Gelbe Karten: K. Morkore (8. Foul), A. Morkore (45. Foul), Reinheym (90. Unsportlichkeit); Streiter (58. Foul).

EM-GRUPPE 4

Jugoslawien	1	1	0	0	2	0	2
Färöer Inseln	1	1	0	0	1	0	2
Dänemark	0	0	0	0	0	0	0
Österreich	1	0	0	1	0	1	0
Nordirland	1	0	0	1	0	2	0

BISHER GESPIELT:
12. 9.1990 Färöer Inseln – Österreich 1:0
12. 9.1990 Nordirland – Jugoslawien 0:2

NOCH ZU SPIELEN:
10.10.1990 Dänemark – Färöer Inseln
17.10.1990 Nordirland – Dänemark
31.10.1990 Jugoslawien – Österreich
14.11.1990 Dänemark – Jugoslawien
14.11.1990 Österreich – Nordirland
27. 3.1991 Jugoslawien – Nordirland
1. 5.1991 Jugoslawien – Dänemark
1. 5.1991 Nordirland – Färöer Inseln
14. 5.1991 Jugoslawien – Färöer Inserln
22. 5.1991 Österreich – Färöer Inseln
5. 6.1991 Dänemark – Österreich
11. 9.1991 Färöer Inseln – Nordirland
25. 9.1991 Färöer Inseln – Dänemark
9.10.1991 Österreich – Dänemark
16.10.1991 Färöer Inseln – Jugoslawien
16.10.1991 Nordirland – Österreich
13.11.1991 Dänemark – Nordirland
13.11.1991 Österreich – Jugoslawien

Der Tiefpunkt einer langen Teamkarriere: die Niederlage gegen die Färöer

Taktik, die ganze Psychologie, wenn ein Rückpaß alles hinmacht? Wer ist jetzt der Sündenbock? Gibt es einen? Nein, jeder macht Fehler. Man gewinnt und verliert gemeinsam!

Womit wir beim leidigen Thema sind: dem Spiel gegen die Färöer. Das das Team zur Lachnummer und die Spieler zu Witzfiguren degradierte. Da haben die Medien Hickersberger und uns durch den Kakao gezogen. Das hätte keiner ausgehalten. Weder sportlich noch menschlich. Normal gewinnst du 99 von 100 Spielen gegen so eine Mannschaft – und haushoch noch dazu. Aber es war wie verhext, das Tor wie vernagelt. Und wenn die Zeit verrinnt, geht gar nichts mehr. Ein Ende mit Schrecken für Hickersberger – ein Schrecken ohne Ende für mich, weil

Alfred Riedl, sein Assistent, ihm nachgefolgt ist. Ein Teamchef aus der zweiten Reihe, keine Chef-Partie. Der falsche Mann am richtigen Platz. Ein Fehlgriff. Aber im Nachhinein bist du immer gescheiter.

Er war jetzt also Teamchef, ich habe ihn kaum gekannt, *en passant*. Er ist dann zu mir nach Sevilla geflogen, hat sich vorgestellt und gesagt: „Toni, ich schau mir das Derby Betis gegen Sevilla an." Kein idealer Moment, war ja damals eine harte Zeit für mich, es ist um die Vertragsverlängerung gegangen, eine *never ending story* in Sevilla. Bleibt er, geht er, was will er, was kriegt er? Die Zeitungen waren voll, so etwas nimmt dich mit, das nagt an dir, macht dich fertig, ich war ja noch jung. Ich habe damals nächtelang kein Auge zugedrückt! Zukunftsängste plagten mich. Machst du es richtig, machst du es falsch? Zu dieser Zeit ist unser Sohn Toni auf die Welt gekommen. Die Andalusier waren toll, das Zimmer im Spital ist übergegangen vor Blumen für Lisi. Soviel Sympathie auf einen Fleck.

Eigentlich hätte dennoch alles gepaßt, wäre da nicht – eine Torkrise gewesen. Just zu diesem Zeitpunkt kommt Riedl. Just zum Derby, immer eine heiße Sache in Sevilla. Wir haben 3:1 gewonnen, ich habe super gespielt, gut harmoniert mit Ivan Zamorano, den man aus St. Gallen geholt hatte und der später Starstürmer bei Real Madrid und Inter Mailand geworden ist. Zwei Tore habe ich aufgelegt, aber – wie es der Teufel haben will – einen Elfmeter verschossen. Wie heißt es so schön: Ladehemmung! Den Fans war's egal, die waren im siebenten Himmel.

Was mußte ich jedoch anderntags in einem Riedl-Interview hören: „Na ja, der Toni hat nicht seinen besten Tag erwischt, der war eher schwach."

Da habe ich innerlich gekocht. Dazu kam noch das Pech, daß ich im nächsten Match, das sich der Riedl anschaute, gegen Espanol Barcelona, wirklich schlecht spielte – ein Verteidiger von Espanol, der vorher bei Sevilla gewesen war, und mich in- und auswendig kannte, mähte mich schon in der ersten Minute nieder – es gab keinen Pfiff, keinen Elfmeter. Das Match ist an mir vorbeigegangen, als würde ich gar nicht mitspielen. So etwas gibt's. Na, Toni, habe ich gedacht, was wird der jetzt sagen ...

Na, der Riedl hat mich geholt – den Kapitän! Da habe ich noch gedacht: Aha, der baut auf mich ... Hätte ich geahnt, was kommt wäre ich nie so lange hinter ihm gestanden. Ja, so kann man sich irren! Österreich spielte am 1. Mai 1991, dem Tag der Arbeit, in Stockholm, und bekam von den Schweden eine Fürchterliche auf den Deckel, 0:6, vier Kopftore, hinten totales Chaos. Und was passiert? Der Riedl läßt mich fallen wie einen heißen Erdapfel*! Hinterrücks, das war ja das Gemeine. Nächstes Spiel, nächster Kader – ohne Polster! Wäre ja nichts dabei gewesen, wenn er zum Telefon gegriffen, mich angerufen und gesagt hätte: „Du, Toni, ich find, du gehörst im Moment nicht dazu, du bist außer Form, wir müssen anders spielen." Das hätte ich geschluckt, auch wenn es bitter ist. Aber nichts sagen, zu feig sein, mich anzurufen, den Kapitän, der zu diesem Zeitpunkt immerhin schon 56 Länderspiele gehabt hat, das war eine einzige Beleidigung!

Da habe ich gesagt, was ich von ihm halte. Es war Notwehr. Ich meine, so etwas darf sich ein Kapitän nicht bieten lassen. Also habe ich mir bei meiner Kritik kein Blatt vor den Mund genommen. Ich habe schon im Team gespielt, habe ich ihm ausrichten lassen, da hat der Riedl noch geglaubt, der Paprika ist ein ungarischer Stürmer! Er war ja wirklich ein Nobody. Ich hätte es mir nicht denken, sondern früher sagen sollen: Wenn einer so lange Profi ist und so wenig Ahnung vom Fußball hat, dann ist das fast rekordverdächtig. Bei mir war der Ofen aus. Für mich war klar: Unter Riedl spiele ich nicht mehr! Die zweite Team-Pause. Ein Jahr lang. Dann war das Intermezzo vorbei und der Riedl weg. Nicht mehr als eine Episode.

Was früher nie geklappt hatte, hat schließlich doch noch funktioniert: Ernst Happel wurde Teamchef. Das war wie der Weisheit letzter Schluß. Der Happel, war kein Trainer, schon eher ein Guru. Das war so, als würde jetzt der Messias kommen. Sein Wort war Gesetz! Mir hat er signalisiert, daß er mich braucht – auch als Leitfigur für einen Neuanfang. Mich hat's gefreut. Ich kann sagen, alle Teamspieler, auch ich, waren stolz darauf, daß ein Kaliber wie Happel die Nationalmannschaft übernommen hatte. Jeder hat gespürt und sich gesagt: „Wer sonst, wenn nicht der, soll etwas bewegen?" Ich erinnere mich noch genau an die erste Begegnung, den ersten Händedruck – das hat genügt, um zu wissen: Der Happel steht auf mich, der zählt auf mich! Brummig hat er nur gewirkt, aber der Schmäh hat ihm aus den Augen geblitzt – auch wenn er gesundheitlich angeschlagen war.

Jeder von uns ist an seinen Lippen gehangen. War auch notwendig, wenn man ihn verstehen wollte. Das war nicht einfach, weil es ein Kauderwelsch war. Wie Esperanto. Trotz der Jahre in Hamburg, in Innsbruck und in Wien. Er hat so gesprochen, wie es ein geflügeltes Wort ihm nachgesagt hat: „Vier Sprachen, aber alle auf einmal!" Und er verwendete spezielle Ausdrücke. Ein paar Kostproben gefällig: „Eine gewisse Schnellheit braucht man." Oder: „Stürmer müssen mehr switchen, rochieren, kreuzen, so ungefähr." Das war witzig, gelacht hat aber keiner. Happel war eine Autorität. Niemand hat aufgemuckt, auch wenn er „Schleifer Platzek"* war. Pardon hat es keinen gegeben. „Nur die Härtesten", so hat er gesagt, „kommen durch!" Motto: Wer kann sich durchbeißen? „Wenn einer kotzen muß", hat er gemeint, „soll er es machen, aber gleich wieder weitertun!"

Widerrede gab es bei Ernst Happel nie. Wenn er gesagt hat: „Polster ist gut!", dann hat keiner etwas dagegen gesagt.

Sein oberstes Gebot – Disziplin! Er hat uns Fußballer wie seine Westentasche gekannt. Der Happel, so weiß ich aus Erzählungen, soll selbst alles getan haben, was Gott verboten hat. Seinerzeit. Als Spieler. Darum war er als Trainer dann so hart, streng und autoritär. Aber auch so menschlich. Das weiß ich aus eigenen Erfahrungen. Ich habe damals während eines Trainingslagers meine Tankstelle eröffnet und ich habe Reklame gebraucht. Da bin ich hin zu ihm und habe gefragt, ich war mir ja nicht so sicher: „Trainer, sagen Sie, wär es möglich, daß die Mannschaft ... der ORF ist auch dort, das wäre ganz super." Ich habe nicht lange reden müssen, er hat genickt und gesagt: „Natürlich kommt die Truppe. Wann sollen wir dort sein?" Ja, so war der Happel. Andererseits hat er uns „kaniefelt"*. Eine Marotte von ihm war zeitiges Aufstehen, um halb sieben Uhr früh. Ich gestehe: Morgenmensch bin ich keiner. Na, das hat er gespannt*. Eines Tages komme ich runter zum Frühstück, setze mich hin, da schaut er mich an und sagt: „Na, Polster – heut' schaust wieder aus wie deine eigene Schwiegermutter!" Nie auf den Mund gefallen, habe ich darauf geantwortet: „Trainer, – ich hab' gar net g'wußt, daß Sie meine Schwiegermutter kennen? Und was soll da meine Mutter sagen?" Da hat er gelacht. Er hat ja auch lachen können. Verschmitzt. Wie der Vater mit seinen Buben. Für uns war er wichtig, weil ihm alle aus der Hand gefressen haben. So hat er uns total abgeschirmt. Er war krank, aber eine Schutzwand. Er hat Kritik üben dürfen – nie Außenstehende. Da war er mit und bei uns. Immer.

Für sich selbst und für Happel hat sich jeder von der Mannschaft eingesetzt. Total. Wenn er, man hat es gemerkt, das Letzte gab, war man diesen Einsatz sich und ihm gewissermaßen schuldig. Vor dem ersten Länderspiel gegen Ungarn, es war im März 1992, sind wir vier Tage durch die Happel-Hölle gegangen. Hart, härter, am härtesten. Aber ich habe dann das Tor geschossen. Neuer Trainer, gleich ein Treffer. Ein Einstandstor

1:2-Niederlage in Budapest – Toni Polster schoß Führungstor

Ungarn-Spiel verloren, Sympathien gewonnen

SPORT KURIER

1:2 gegen Ungarn. Österreichs Fußballer haben bei Ernst Happels Teamchefpremiere wohl das Länderspiel verloren, aber wieder ein bissel Sympathien gewonnen. 15.000 Zuschauer im Budapester Nép-Stadion waren mit dem Tempofußball zufrieden. ÖFB-Chef Mauhart: „Es ist dennoch gut, daß bis zur WM-Qualifikation noch viel Zeit ist." Im Frühjahr finden noch fünf Testländerspiele statt.

Starker Beginn, Chaos nach einer Stunde, Aufbäumen im Finish. Das war das kurze Resümee vom ersten Ländermatch unter Ernst Happel, der in Budapest nicht mit Überraschungen geizte.

Überraschung Nummer eins: Happel unterzog die Teamspieler Dienstag abend einem scharfen Abschlußtrai-

der ungarischen Abwehr genützt.

So wie die Ungarn tappten später freilich auch die Österreicher in ihre eigene Abseitsfalle. Beim Ausgleich durch Detari (Kopfball nach Flanke von Feyenoord-Stürmer Kiprich) sah die neuformierte Abwehr ebenso schlecht aus wie später beim ungarischen Siegestor.

Unter Ernst Happel geht es wieder aufwärts: Toni erzielt im Budapester Népstadion das 1:0 für Österreich

für neue Teamchefs – bei mir so etwas wie ein Gesetz der Serie. Es war aber auch ein Geburtstagstor für mich. 1:0 haben wir geführt – nach einer Stunde waren wir groggy, 1:2. Ein Wunder nach dem Training? Aber so war seine Devise: Grenzen ausloten, Konsequenzen ziehen. Nur die Härtesten kommen durch. Er war auch hart zu sich selbst. Vom Tod gezeichnet, hat er sich noch beim WM-Spiel gegen Israel auf die Bank gesetzt. Es war sein letztes Spiel, 5:2 haben wir gewonnen. Drei Wochen später war Ernst Happel tot.

Nach ihm kam für kurze Zeit Didi Constantini, sein ehemaliger Assistent. Ich war nur einmal dabei – beim 0:0 gegen Deutschland in Nürnberg. Da bin ich spät ins Spiel gekommen, hätte aber das Siegestor schießen müssen. Egal, wir haben auch ein Remis gefeiert wie einen Sieg. Didi Kühbauer hat sich aufgeplustert. „Ich", hat er gesagt, „habe euch den Punkt gerettet!" Und wie? „Hätte ich, wie der englische Schiri den Peter Artner ausschließt, nicht reklamiert, hätte der Kirsten keine Rote gekriegt!" „Na", haben wir den Didi, nicht gerade ein Englischdolmetscher, dann gehänselt, „wie hast du ihm das gesagt?“ Darauf der Didi, mit dem Zeigefinger zeigend: „And him ...?“ Das war’s also mit mir, Didi und Didi. Als Interims-Nachfolger hat Constantini einen Bonus als Happel-Schüler gehabt. Aber Teamchef wurde trotzdem nicht er, der einstige Krankl-Assistent, sondern – Prohaska.

„Soll ich , soll ich nicht? Kommen wir mit dem Toni international weiter, gibt’s noch so etwas wie einen Strafraumspieler, der nie rochiert, keine Löcher stopft?“ Fragen, die Jung-Teamchef Prohaska gequält haben. Anfangs. „Da habe ich nämlich an ihm gezweifelt!“, gibt er heute zu. „Aber es hat nur die Alternative gegeben, die ich mit meinem Assistenten Erich Obermayer diskutiert habe: ‚Entweder mit Polster, da müssen aber andere akzeptieren, daß sie für ihn rennen. Oder wir lassen es bleiben?‘ Natürlich hat es Widerstände gegeben, auch im Team. Einer hat einmal gesagt: ‚Ich sehe das nicht ein. Der Toni steht ‘rum, schießt ein Tor und ist der Held. Ich renne mir die Seele aus dem Leib und bin der Trottel. Na, so geht’s nicht!‘ Da habe ich mir den Nörgler an die Brust genommen: ‚Schau, so ist’s im Fußball. Wenn du für zwei rennst, der Toni aber das Siegestor schießt, dann verdienst auch du doppelt so viel. Oder?‘ Da war dann Ruhe.“

Tore, Siege und Prämien sind immer das beste Argument. Und heute ist Prohaska zur Erkenntnis gekommen: „Es stimmt natürlich, daß man an sich arbeiten, Mängel beheben oder minimieren muß. Aber noch wichtiger ist, die Stärken voll einzusetzen. Und das ist dem Toni gelungen. Hätte ich auf ihn verzichtet, wäre es schlecht gewesen. Man muß nur schauen, wie viele Tore er gemacht hat!“

Mir wäre der *Schneck* ja am Anfang fast auf den Kopf gefallen. Warum? Weil er mit mir ins Schußfeld gekommen ist. „Aha, da haben wir’s, die berühmte Freunderlwirtschaft. Eh klar, die Austria-Connection!“ – das ist nicht nur geflüstert worden. Und das mir, der so viel Respekt vor ihm gehabt hat. Ehrlich gesagt, mich hat das gestört. Prohaska, der Trainer, ist anders als *Schneck*, der Spieler. Für ihn zählt die Mannschaft, ob du Legionär bist oder nicht. Er hat uns ins Gewissen geredet: „Es geht nur als Team!" Da versteht er keinen Spaß. Aber beim Training ist es lustig. Viel mit dem Ball, sehr praxisbezogen, weniger Methodik. Trotz seiner Italien-Zeit – er mag den technischen Fußball, die Offensive.

Aber manchmal war es wie eine Karikatur dessen, was er wollte. Wenn die Mischung nicht stimmt, kommen Kraut und Rüben heraus. Oder Hängen und Würgen. Erst recht, wenn man mit der Angst spielt. Aber das ist ja jetzt alles vorbei. Wir haben es geschafft. Und sind im Team eine Einheit. Er kann sich diese Feder auf den Hut stecken. Und die Austria-Connection macht ihm keiner mehr zum Vorwurf. Könnte auch niemand. Ich bin Österreicher mit Leib und Seele, obwohl ich seit elf Jahren im Ausland spiele. Und das fünfte Jahr schon in Köln.

„Toni hat alle verblüfft", räumt Teamchef Herbert Prohaska ein. „Von Jahr zu Jahr mehr!" Auch er leistet dem Teamkapitän, den er wie seine Westentasche kennt, Abbitte. „Die küssen ihm jetzt in Köln die Füße – das hätte ich nie gedacht!" Das ist nur möglich, weil Toni menschlich der alte geblieben ist, aber viel mehr gelernt hat, als man ihm je zugetraut hätte. Kein Polster mit beschränkten Mitteln, sondern Toni mit weitem Horizont. Einer, der alles aufsaugt wie ein Schwamm, den er da und dort „ausdrückt", wo und wann er es braucht. „Er weiß, wie man sich verkauft. Und daß man nichts bekommt ohne Gegenleistung. Die PR nützt ihm nur, wenn er auch Tore macht!" Aber Toni landet nicht nur Volltreffer mit Pointen und Gags, er ist nicht nur Talkmaster und Entertainer – er trifft, wenn es nötig ist. Und wichtig. Er ist eben Toni Doppelpack, Pardon: Triplepack.

Kaum ein anderer Spieler polarisiert die Öffentlichkeit so wie Toni Polster.

Buhmann oder Held?

Als Teamchef wurde Josef „Pepi“ Hickersberger von vielen Fans jenseits von Wien oft als Buhmann angefeindet. Und einmal spielte er auch für Toni den Sündenbock: beim WM-Spiel gegen Island in Salzburg. „Ich habe ja gewußt, wie Toni reagiert. Aber ich habe es für richtig gehalten – nicht aus opportunistischen Gründen! Wäre es anders gewesen“, so Hickersberger, „hätte ich ihn ja gar nicht aus Spanien geholt, der hat ja noch keine Praxis gehabt, es war ja noch keine Meisterschaft!“ Für ihn als Teamchef wäre Torjäger Toni „nie zur Diskussion“ gestanden, er habe ja sonst immer gespielt, auch gegen die ehemalige DDR – trotz heftiger Schmährufe und Pfiffe. Und da habe es auch Spottgesänge gegen ihn als Teamchef gegeben, wieder in Lehen – das nur als Ironie am Rande.

WM-Test gegen Ungarn, diesmal mit Toni, wegen dem Pepi, der als Teamchef in des Teufels Küche kam. „15.000 haben gesungen: ‚Hicke, du A…loch, Hicke, du A…loch.‘ Die Spieler haben mich gefrozzelt: ‚Super Trainer – das erstemal singen die Fans für Sie ein Lied!‘“ Wenn schon kein Schaden, so doch Spott. Buhmann für Buhmann Polster.*

Ich habe schon immer die Fans gespalten: in glühende Anhänger und fanatische Gegner. War es mein Stil? Meine Person oder Persönlichkeit? Pro und Kontra. Einmal der Trottel, dann der Liebling. Andere sagen Held oder Buhmann. Mit Helden tue ich mir schwer? Wer oder was ist ein Held? Im Krieg? Einer, der andere rettet? Ein Held ist der, der versucht, Werte zu vermitteln, Anstand und Anständigkeit im Leben! Und führe mich nicht in Versuchung. So einfach ist das.

Aber nicht immer leicht. Oft schwebt man in höheren Sphären, glaubt, man ist ganz oben – wumm, schon kommt der Hammer. Heute bin ich abgehärtet. Aber als junger Spieler, trifft es dich. Wie in einem Match mit der Austria gegen Spittal an der Drau. Ich war unterwegs zum Schützenkönig, es hat einen Elfmeter für Austria gegeben, für mich war klar: Toni, den machst du rein! Und was passiert, als ich mir den Ball nehme? Die Fans pfeifen auf mich und schreien nach dem Nyilasi: „Tibor, Tibor, Tibor!" Das ist wie Nadelstiche, schmerzhaft, aber lehrreich. Nyilasi, damals unser ungarischer Legionär, einer der ganz großen Torjäger, war für mich ein Gott – und vor allem ein klasser Mensch. Der hat gesehen, was in mir vorgeht, ist zu mir, hat mir auf die Schulter geklopft und gesagt: „Kein Thema ... Gemma Toni!" Ich habe ganz cool eingeschossen. Aber in mir hat es gebrodelt, ich war aufgewühlt – und habe den Zuschauern den Mittelfinger gezeigt. Das war dumm. Und schlimm. Ich habe ein Tor gemacht, aber die Menschen polarisiert. Wieder einmal war ich der Buhmann.

Der Buhmann

Wenn Österreich ein Länderspiel verliert, dann kommt die Forderung „Raus mit den Alten" beim Fußballvolk immer noch am besten an.

Wenn das Durchschnittsalter des Teams aber nur 26 Jahre beträgt und der Älteste (Pezzey) noch der Beste war, dann muß man sich was anderes einfallen lassen. Dann wird üblicherweise der Star zum Sündenbock.

Der Star ist schon auf Grund seiner 27 Meisterschaftstore Toni Polster. Teamchef Elsner ärgerte sich maßlos über Polster, und Mitspieler zeigten vorwurfsvoll Richtung Toni. Der Austrianer findet's natürlich höchst ungerecht, zum alleinigen Buhmann gestempelt zu werden.

Nur: Wer die meisten Tore schießt, am meisten im Blickpunkt steht und irgendwann einmal am meisten verdient, der wird auch am meisten kritisiert. Noch dazu, wenn er nicht am meisten läuft.

Ein typisches Torjägerschicksal. Hans Krankl wird es bekannt vorkommen. W. W.

In zahlreichen Kommentaren immer wieder diskutiert: Ist der Polster schuld an Niederlagen oder nicht?

Für mich war das hart – tatsächlich aber ein Lercherl* gegen das, was noch kommen sollte. Was den absoluten Tiefpunkt meiner Karriere betrifft, muß ich nicht lange nachdenken: Es war das WM-Spiel im Frühjahr 1989 gegen Island in Salzburg! Weil mich damals der „Hicke“ Hickersberger nicht spielen ließ. Für mich ist in dem Moment, in dem ich es erfahren habe eine Welt zusammengebrochen. Als Legionär war ich gut drauf, aber dann ist in Salzburg ein wahrer Publikumsterror ausgebrochen. *Polster raus, Pfeifenberger rein!*

Wir waren damals mit dem Team in Mondsee, und mich haben sie gnadenlos ausgepfiffen. Es hat mich richtig gebeutelt. Eine Krise, mehr noch: Depression! Wozu, Toni, habe ich

Aber kein Platz für Polster

ÖSTERREICH

1 LINDENBERGER (FC Tirol/27 Länderspiele)
5 HERIBERT WEBER (Austria Salzburg/64)
2 RUSS (Vienna/11) — 3 PECL (Rapid/11) — 4 PFEFFER (Austria/13)
8 LINZMAIER (FC Tirol/10) — 6 ZSAK (Austria/20) — 10 HERZOG (Rapid/9)
7 RODAX (Admira/8) — 9 PFEIFENBERGER (Rapid/0) — 11 ANDI OGRIS (Austria/18)

Stadion Lehen, 19 Uhr, Mikkelsen (Dänemark)
Ersatz: Konsel, Aigner, Streiter, Artner, Hörtnagl, Polster

Ersatz: Hreidarsson, Omar Torfason, Thorkelsson, Oddson, Kristinsson

10 GUDMUNDUR TORFASON (St. Mirren/22) — 9 GRETARSSON (Luzern/25)
3 ARNTHORSSON (Fram Reykjavik/24) — 8 SIG. JONSSON (Arsenal/18) — 11 MARGEIRSSON (Fram Reykjavik/37)
2 GISLASON (Hacken/42) — 5 M. JONSSON (Hacken/21) — 6 S. JONSSON (Valur Reykjavik/50) — 4 THORDASON (Bergen/31)
7 BERGSSON (Tottenham/27)
1 SIGURDSSON (Valur Reykjavik/29)

ISLAND

Ein bitterer Moment: Teamchef Hickersberger verzichtet auf Polster im WM-Qualifikationsspiel gegen Island.

mich da gefragt, hat das alles einen Sinn? Du kommst her, willst für dein Land das Beste geben – und was passiert? Sie würden dich am liebsten mit einem nassen Fetzen* davonjagen! Wenn das Ganze solche Formen annimmt, dann ...?

Am liebsten hätte ich geheult. Ich habe gebebt vor Zorn, als mir der Hicke erklärt hat: „Toni, das geht nicht, ich kann dich nicht aufstellen, die machen mir und uns die Hölle heiß!" Damals wollte ich am liebsten alles hinhauen. Ja, was habe ich denn verbrochen, fragte ich mich. Und den Hicke habe ich innerlich verflucht. Ist das ein Feigling? Hat der keinen Mumm? Wer verletzt ist, reagiert sich so ab. Mich haben sie zum Buhmann gemacht, also suchte auch ich mir einen Sündenbock. Dabei hat es ihm, ich habe das gespürt, selbst so weh getan wie mir. Zum Glück bin ich wieder zur Vernunft gekommen. Heribert Weber, Ex-Libero und Ehrenkapitän auf Lebenszeit von Rapid Wien, Hannes Krawagna, ein Journalist von der Salzburger *Kronen Zeitung* und Hannes Winklbauer, früher Teamlibero, heute Journalist bei den *Salzburger Nachrichten*, haben mich beruhigt.

Der Zorn ist wieder verraucht. Auch durch das Gespräch mit der Lisi und dem Dr. Skender Fani, meinem Anwalt und Freund. Die haben mir ins Gewissen geredet. Und mich bekehrt. Toni, habe ich zu mir gesagt, Toni, du beziehst deine Leistung oft aus Konflikten. Zeig es allen, jetzt erst recht! Und wenn wir zur WM '90 kommen, dann war es den Wickel wert! Das Team hat dann übrigens in Salzburg 2:1 gewonnen, Pfeifenberger hat ein Tor gemacht. Vielleicht war es eh richtig. Wer weiß, was passiert wäre, hätte ich gespielt und versagt. Oder einen Elfer verschossen. Wie beim 0:0 in Linz gegen die Ungarn ...

Aber das ist ein anderes Kapitel. Auch schon Geschichte. Verdrängt, aber nicht vergessen. Welch feindselige Stimmung in Linz – vor allem gegen mich. Wenn ich nur gewußt hätte, warum? Weil ich gespielt habe und kein Linzer war? Lächerlich. Aber so ist es halt. Wenn ich daran denke, daß mich Jahre später der LASK als Spieler haben wollte. Ein Witz! Es ist ja in diesem Spiel um nichts gegangen. Nicht mehr als ein freundschaftlicher Test. Wir waren schlecht, das stimmt. Aber anderswo stehen die Fans dann erst recht hinter ihrem Team und ihren Spielern. Was ist aber in Linz passiert? Pfeifkonzerte, Schmährufe. Und natürlich: Polster raus!

Linzer pfiffen Österreicher beim torlosen 129. Länderspiel gegen die Ungarn aus

Polster vergab die Siegchance

Dann hat es einen Elfmeter für Österreich gegeben. Warum hätte ich ihn nicht schießen sollen? Ich war der sicherste Schütze. Also laufe ich an – und der Ball springt von der Stange wieder aus dem Tor. Auch das noch! Am liebsten hätte ich mich in einem Erdloch vergraben. Aber was soll man in so einem Fall machen? Man kann es nicht mehr ändern! Unfaßbar, was man sich da alles anhören muß! Du bist Freiwild. Viele glauben ja, daß sie sich mit der Matchkarte das Recht kaufen, dich zu verhöhnen und zu beflegeln. So etwas tut weh. Vor allem im Teamdreß, vor allem mir, der stolz darauf ist, Österreicher zu sein. Trotzdem: Ein echter Wiener geht nicht unter. Aber Mundln* gibt es nicht nur in Wien.

Es ist hart, wenn ich es sage, aber es ist so: Ein paar geistige Nackerpatzerln* sind immer dabei, machen böses Blut, hacken auf einem herum, machen einen nieder. Wenn sie Witze über dich reißen, ist das halb so schlimm. Aber oft geht das ins Persönliche und wird ehrenrührig, trifft unter der Gürtellinie. Da frage ich mich dann: Toni, mußt du dir das gefallen lassen?

Reagiert man sauer, freuen sie sich erst recht. Oft muß man

sich auf die Zunge beißen, wie zum Beispiel vor dem WM-Entscheidungsspiel gegen die DDR am 15. November 1989 in Wien. Der Stadionsprecher verliest die Aufstellung: „Und die Nummer 9, Toni Polster ..." Schrille Pfiffe! Ich habe damals die beste Antwort gegeben, die man geben kann: Blitzstart, 1:0! Elfmeter, 2:0. Das war Nervensache, ich hätte ihn ja auch, wie gegen Ungarn, verschießen können. Oder wie Rico Steinmann für die DDR auf der anderen Seite. Dann wäre das Spiel vielleicht gekippt, wer weiß? Aber ich habe getroffen. Und noch einmal, 3:0. Drei auf einen Streich. Aber den Triplepack haben sie erst später erfunden.

Die gleichen Deppen, die vorher geschimpft haben, wollten mich jetzt in den Himmel heben. Nicht mehr Buhmann, sondern Held. Da habe ich mich dann abreagiert – und „revanchiert". Ich bin zum „Feind-Sektor", die Geste war eindeutig, aber was ich gesagt habe, verrate ich nicht. Auf die Ehrenrunde mit der Mannschaft habe ich verzichtet. Hätte ich sie etwa vor Leuten drehen sollen, die wie Fahnen im Wind sind? Ich bin doch kein Heuchler. Verdrängt ist es, vergessen nicht.

So etwas geht, trotz sportlichem Hoch, unter die Haut. Ein Tiefschlag, der mehr schmerzt als eine sportliche Demütigung, wie etwa die nach dem Scheitern bei der WM 1990 in Italien. Zu diesem Thema muß ich ja nur ein Wort erwähnen: Färöer! Eine historische Blamage. „Schmach von Landskrona", „Lachnummer Europas", was weiß ich, was seinerzeit in den Kommentaren alles gesagt und geschrieben wurde. Wir waren die Trottel der Nation. Ehrlich gesagt, es war ein Wahnsinn. Welch ein Schaden für unser Image! Vielleicht war es unser Hochmut, der vor dem unglaublichen Fall gekommen ist. Alle haben die Insulaner unterschätzt, die, weil sie kein Stadion hatten, nicht einmal daheim spielen durften, sondern in Schweden, fern der Heimat.

Und dann noch der Tormann mit der Zipfelmütze. Wie hat

er nur schnell geheißen? Knudsen oder so, ich weiß es nicht mehr. Der war der große Held und ich der Buhmann. Manchmal steht eben die Welt kopf. Wie damals. Normal gewinnen wir die Partie mit 8:1. Es war wie verhext. Besagte Zipfelmütze hat das Glück erschlagen. Das erlebt der nie mehr. Aber so ist es eben im Fußball. Das ist ja das Schöne daran, daß es solche Sensationen gibt. Ich habe es ja auch schon andersrum erlebt. Da sind Real und Atletico Madrid, aber auch Barcelona über Logroñés oder Rayo Vallecano gestolpert, die Millionäre über die Kleinhäusler.

Bitter ist es, wenn man selbst als Depp dasteht. Natürlich war es eine Schande, eine Katastrophe fürs Image. Der Pepi Hickersberger hat daraus die Konsequenzen gezogen. Er ist dann nach Düsseldorf gegangen. Aber die Blamage gegen die Färöer hat ihn verfolgt wie ein Gespenst, das man nicht los wird.

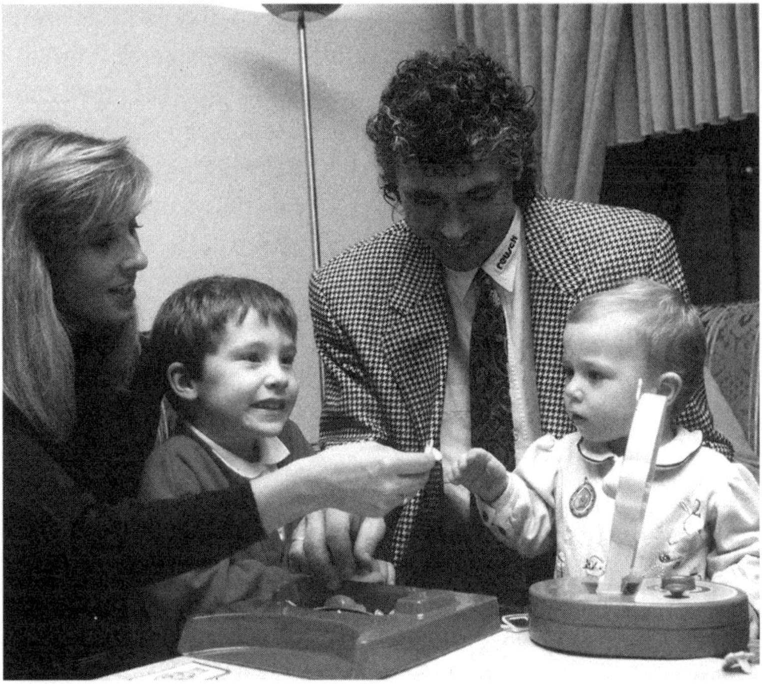

Erholung vom Fußball-Streß im Kreis der Familie

Falscher Reporter, wahre Liebe

Mit sechzehn fiel erstmals der Name Polster. Nicht nur bei der Wiener Austria und bei den Jugend-Betreuern des ÖFB. Der hochaufgeschossene Teenager mit dem Wuschelkopf entdeckte langsam auch, daß es neben dem Fußball andere schöne Seiten des Lebens gibt. Schließlich war er ja ein echter Spezialist im – Schießen. Nicht nur von Toren, auch von „Hasen". So nennt man in Wien weibliche Teenager. Da kam es natürlich auch immer wieder zum „Wettbuhlen" bei jungen Burschen, die den Mann in sich entdecken. Schließlich fängt mit sechzehn das Leben erst richtig an. Mit dem ersten Flaum. Mit der Tanzschule, wo einen der Knigge an die Kandare nimmt. Und mit der Disco. Ein Hauch von Erwachsensein und großer Welt. Wer, wie Toni Polster, nach den ersten kurzen Artikeln oder gar Schlagzeilen ein wenig an der noch jungfräulichen Popularität schnuppert, von dem nehmen Zeitungen auch Notiz, wenn er das „andere" Schußfeld betritt. Einmal gesehen, ist schon einmal zu oft. Da werden aus Mücken Elefanten gemacht. Oder aus einem Mitläufer gleich ein Disco-König. Zumindest ein Disco-Toni.

Disco-Toni. Ja, Disco-Toni haben sie mich genannt. Irgendwie ist das aufgekommen, warum weiß ich selbst nicht. Aber es hat mich nicht gestört. Warum auch? Ich war ein junger Mensch. Und junge Leute gehen halt in die Disco. Für mich hat's keinen negativen Beigeschmack gehabt. Außerdem war die Disco bei mir eh nie Nummer eins. Zuerst ist der Fußball gekommen, dann noch einmal Fußball und dann die Schule. Was ist, wenn man sich verletzt? Ich wäre dann immer noch ausgelernter Industriekaufmann gewesen.

Unter der Woche hat mich keine Disco gesehen. Aber am Samstag, nach dem Match, ist die halbe Simmeringer Mannschaft hin, meistens ins „Jack Daniels" in der Innenstadt, da haben's mich mitgenommen. Kleiner, komm, weißt eh. Ich war ja am Anfang immer der Jüngste, da war ich erst 16 – nachher hat mich immer ein Kollege heimgebracht. Für mich war das eine neue Welt, ich habe das vorher nicht gekannt, es war ja kein Thema – wie gesagt, Fußball und Schule waren wichtiger. Später, mit 18 , 19 und 20, hab' ich mich natürlich auch nach schönen Mädeln umgedreht. Waren ja genug fesche dort. Wenn sich da ein Kontakt angebahnt hat, war man stolz. Erst recht, wenn's eine war, die vielen ins Auge gestochen ist. Da ist man gleich gewachsen: „Schaut's her, ich bin auch ganz gut drauf!"

Wenn mein Toni einmal in das Alter kommt, kann ich ihm aus eigener Erfahrung nur einen Rat geben: Probier's immer bei den Schönsten! Das ist nun nicht übergeschnappt, sondern nur logisch: Die schönsten Mädchen sind normalerweise auch die einsamsten, denn je schöner eines ausschaut, desto weniger Männer haben den Mut, es anzureden. Darum bleiben sie oft solo. Fast ein Gesetz – mit wenigen Ausnahmen.

Ganz ehrlich: Immer ist der Schmäh nicht aufgegangen, aber oft. Umso mehr, je bekannter ich als Fußballer geworden bin. Kaum war ich das erstemal in Zeitungen, nicht groß, aber immerhin, haben mich viele angesprochen, von denen ich ein, zwei Jahre lang nichts mehr gehört hatte: „Geh, Toni, willst nicht mit mir ausgehen?" Na ja, wie sollte man da nein sagen? Damals war ich ungebunden, mein Herz frei. Noch.

Aber das hat sich schlagartig geändert – so als hätte der Blitz eingeschlagen! Es war im *Jack Daniels* – wie meistens. Ich werde den Abend nie vergessen. Da habe ich sie das erstemal gesehen und mir gesagt: Die ist's und keine andere! Das ist die Frau meines Lebens! Liebe auf den ersten Blick. Ich war von Amors

Pfeil getroffen. Das war super. Leider gehören immer zwei dazu. Zu dumm, daß sie keinen blassen Schimmer von meinen Gefühlen hatte. Ich, sonst nie verlegen, habe plötzlich nicht gewußt, was ich machen soll. Die Verlegenheit ist ein Hund. Wie spreche ich sie nur an? Wie kommen wir zum Reden? Wie soll ich ihr sagen, was ich denke?

Es war ja gefühlsmäßig kein bloßes Techtelmechtel. Diese Blondine mit dem schönen Gesicht, von der ich nicht einmal gewußt habe, wie sie heißt, dafür aber, daß sie meine Traumfrau ist, machte mich ganz schüchtern. Für mich eine neue Situation. Ich hatte keine Erfahrung und umso weniger Ahnung, wie man sich anstellt. Es war ganz komisch. Ich wußte genau, was ich wollte, aber was nützte mir der bloße Wille? Auf einmal war ich wie gelähmt, die Hände schwitzten, die Zunge wurde schwer wie eine Tonne, ich nahm mir vor, etwas zu sagen, es kam dabei aber nichts heraus vor lauter Angst, daß ich einen Fehler machen könnte! Ein Teufelskreis.

Auch Lisi Polster, damals Müllner, zarte 17 Jahre jung, hat es so erlebt. „Na, der stoßt mich an, da denke ich mir gleich: Hallo, was ist jetzt los? Na, der ist aber plump!" Aber nachgeschaut hat sie ihm doch – und der Freundin ist das nicht entgangen. Die hat sie aufgeklärt, aber großes Echo hat der Hinweis, welch talentierter Fußballer dieser Toni sei, nicht ausgelöst. „Ich habe mich ja nicht für Fußball interessiert – also auch nur ein paar von ihnen gekannt!" Den ersten, den sie richtig kennenlernte, war der, den sie weggeschubst hatte – beim nächsten Mal. „Da waren wir Freundinnen wieder dort, haben ihn gesehen, gekichert – nein, es war echt witzig!"

Ich habe mir wiederum gesagt: Okay, die da, die ist's. Aber wie mach' ich das? Also hab' ich mich an einen Platz gestellt, von dem ich gewußt habe: Da muß sie vorbei! Und so war's auch. Ich wollte sie ansprechen, habe sie leicht am Arm festgehalten und – ein Desaster! Losgerissen hat sie sich und – weg war sie. Wahrscheinlich hat sie sich gedacht: „Was ist denn das für ein Typ?" Da war ich erledigt, am Boden zerstört. Eine Depression. Wie das Schicksal so spielt – ist mir in meiner Verzweiflung die Woche darauf der Puchner Fritzl über den Weg gelaufen, der war mit mir einmal bei Austria Wien, damals aber schon nicht mehr. Dem habe ich mein Herz ausgeschüttet. „Du Fritzl", sagte ich, „ein Wahnsinn, ich habe mich verliebt." Sagt er darauf: „Ja, aber in wen?" „Schau, die da – die, die oben sitzt!" Und dann habe ich ihm erzählt, wie ich vor einer Woche abgeblitzt bin. Und ob er weiß, wer die ist. „Ja", hat der Fritzl gesagt, „die kenn' ich. Die habe ich am Mittwoch bei einer Mißwahl im *„Jack Daniels*" gesehen!" Ein Lichtblick. Endlich habe ich was von ihr gewußt. Ein Ansatzpunkt. Gut, habe ich mir gesagt, da mußt du dir einen Schmäh einfallen lassen, Toni.

Irgendwie habe ich tatsächlich einen Geistesblitz gehabt. Ich bin hin zu ihr, habe mich ausgegeben als Reporter vom *Rennbahn-Expreß*, einer Wiener Zeitschrift ähnlich dem *Bravo*, und habe gesagt: „Vom Puchner habe ich gehört, daß du nur Dritte warst. Aber das kann ich mir nicht vorstellen, weil eine, die ausschaut wie du, die muß gewinnen. Am besten, wir machen eine Story im Rennbahn-Expreß, was das für eine Schiebung war und so, das wär' super." Aber das ist bei ihr in die falsche Kehle gekommen. „Weißt was – laß mich in Frieden, ich will davon nichts mehr hören. Ich wollte ja gar nicht mittun, aber eine Freundin hat mich angemeldet. Da habe ich nicht nein sagen können. Aber mich interessiert das nimmer!" Wieder nichts. Wieder Frust. Aufgeben? Kam nicht in Frage! So rückte ich mit der Wahrheit heraus, daß ich Toni Polster bin, ein junger Fußballer. „Polster? Nie gehört! Ich kenne nur zwei Fußballer, den Krankl und den Prohaska!" Der nächste Hammer. Aber wie's halt im Leben so ist, durchs Reden kommen die

Leute doch zusammen. Und irgendwie hat es dann doch noch geklappt. Ich hab' ja gewußt, daß sie die Frau fürs Leben ist. Meine Bestimmung.

Auch wenn er schon ein junger Mann ist – für jede Mutter bleibt der Sohn ein Bub. Das war bei Mama Polster nicht anders. Das ist der Mutterinstinkt, die Sorge ums Kind. Man weiß ja nie, ob die Liebe dort bleibt, wo sie hinfällt. Aber Lisi hat die Mama nicht verdrängt. Waltraud Polster war schon ausgezogen, als Lisi bei Toni einzog. Und erste Zweifel lösten sich schnell auf, die Schwiegermama und die Schwiegertochter in spe fanden schnell einen gemeinsamen Nenner. Vielleicht auch, weil Lisi wußte, was sich Toni bei Mama angewöhnt hatte – logisch, denn Buben werden halt verwöhnt. Erst recht, wenn sie im Fußballstreß sind.

Lisi fuhr mit Toni auf Urlaub nach Anger wo er schon mit den Eltern gewesen war, und kochte ihn buchstäblich ein. „Die Lisi", sagt Toni, „ist eine Spitzenköchin. Ihr Kaiserschmarrn mit Zwetschkenröster ist einsame Spitze!" Hausmannskost vom Feinsten. Tonis Lieblingsrezept sind aber „Apfelspalten à la Liesi", die folgendermaßen zubereitet werden:

10 dag glattes Mehl mit 1/8 l Milch, etwas Salz und einem Ei gut versprudeln und etwas stehenlassen. 75 dag Äpfel schälen, Kerngehäuse entfernen (mit dem Apfelentkerner), 1 cm dicke Scheiben schneiden, die Scheiben in den Backteig tauchen, in 25 dag Fett heiß auf beiden Seiten goldgelb backen und, mit Zucker bestreut, gleich servieren.

Von Lisis Kochkünsten schwärmt auch Mama Waltraud – und das will etwas heißen! Hand aufs Herz, fast jede Mama hält ihre Rezepte für unübertrefflich. Und detto, was das Verwöhnen betrifft. Da gesteht Waltraud Polster: „Ich hab's ja fast schon übertrieben. Aber was Lisi für den Toni macht, das schlägt alles!" Und fügt hinzu, was man als Adelsprädikat verstehen kann: „Ich kann gar nicht sagen, wie froh ich bin, daß der Toni die Lisi gefunden hat. So eine Mutter, so ein herzlicher Mensch, so süße Kinder. Ich kann nur eines sagen: Eine bessere Schwiegertochter hätte ich mir gar nicht wünschen können ... toi, toi, toi für die Zukunft!" Bewundernswert, wie ein Mensch sozusagen unbemerkt als Steigbügel für eine große Karriere wirkt. Eine unsichtbare Stütze im Leben, die den Weg auf der Erfolgsleiter Sprosse für Sprosse mitgeht.

Der liebe Gott muß mich sehr gern haben ...

Wer mit Überzeugungen aufwächst, glaubt meistens fest daran. Man muß sich nur das Familienalbum Tonis anschauen, übrigens eine wahre Fundgrube für Polster-Fans. Wenn Kleider Leute machen, dann sagen auch Bilder viel aus. Welch herziger Bub in der Schuluniform bei den Piaristen! Stolz, aber auch ehrfürchtig bei der Erstkommunion, die geschmückte Kerze in der Hand! Mag sein, daß ihn die Erziehung mitgeformt hat, aber der Glaube war bei Toni Polster immer ein Wegbegleiter – auch dann, als er schon erwachsen war, nicht mehr in Reih und Glied mitmarschiert ist mit der Kindergruppe hinter Hochwürden. Man hat es auch bei seiner Hochzeit mit Liesi gesehen, das war im Mai 1990 – nicht in Favoriten, wo er aufwuchs, nicht im Modellbau Alt Erlaa, wo er später wohnte, sondern in Simmering, in der Kirche am Enkplatz, die er wählte, weil sich soviel um seine Karriere und Person eben in dieser Gegend Wiens abgespielt hatte. Weil er beim Gasthaus Pistauer um die Ecke aus- und eingegangen ist, weil er hier Freunde hatte, weil er hier wichtige Tore schoß.

Mit Aberglauben aber hatte das alles nichts zu tun. Eher mit einem guten Omen, weil ihm dieser Bezirk soviel Glück ge-bracht hatte – im Fußball, im Leben und in der Liebe. Darum also schloß Toni Polster eben dort, im Prachtbau einer katholischen Kirche, mit Elisabeth „Liesi" Müllner den Bund fürs Leben. Vor Gottes Augen, getraut von einem Pfarrer, den er kaum gekannt hat. Als er mit Liesi die Ringe tauschte und ein festes Jawort sagte, wirkte der Schmähbruder wie ein großer Junge, der vor dem Allmächtigen andächtig kniet, umringt von einer wahren Menschenmenge, vielmehr, als er je gedacht hätte, vielleicht 600 Leute, darunter so viele Neugierige, daß sogar die engste Verwandtschaft keine Sitzplätze mehr bekam und stehen mußte.

Sevilla Futbol Club

Sevilla, 10 de Marzo de 1.989

Sr. Don
ANTON POLSTER
E/E.

Querido amigo Tony:

Recibe en nombre de nuestro Presidente, Junta Directiva y mio propio, nuestra más cariñosa y entrañable felicitación en el dia de tu cumpleaños, deseandote que -- este dia tan significado para ti, lo celebres en unión de Lisa y tus amigos, igualmente te deseo que sigas cumpliendo muchos años más al lado nuestro.

Recibe un fuerte abrazo,

Fdo. Miguel Aguilar Martinez
Vicepresidente

Glückwunschschreiben des FC Sevilla zur Hochzeit 1990 in Wien-Simmering

Aber nicht nur, weil es zum Ritual des Sakraments einer kirchlichen Hochzeit gehört, murmelte der Toni die Gebete mit und nach, die der Priester vorsagte. Ihm waren sie geläufig, er mußte nichts heucheln, weil er sich seines Glaubens nie schämte – ganz im Gegenteil. Die Lisi hat es irgendwann einem Reporter erzählt, der es gleich plakatiert hat, als wär es eine Sensation. Na ja, es bekennt sich ja öffentlich nicht jeder zu dem, was er denkt, glaubt und fühlt, also war es eher ungewöhnlich, was sie verraten hat. Und so stand dann folgendes Zitat in einer Zeitung: „Mein Toni betet sogar am Abend im Bett!" Aber das stille Nachtgebet hat nichts damit zu tun, daß der Erstgeborene der Polsters auf den Namen Anton Jesus getauft wurde. So vermessen wäre der Toni nie, daß er seinen Sohn für einen Messias halten würde …

Ich habe als Bub immer gebetet, als junger Mann auch – und

ich mache das heute noch immer. Aus innerer Überzeugung! Warum denn nicht? Soll ich mich vielleicht dafür genieren, daß ich ein Gottvertrauen habe? Ich glaube, es ist sehr wichtig, daß der Mensch an etwas Höheres glaubt. Ich gehe ja nicht hin und versuche, mein Credo einem anderen einzutrichtern. Oder jemanden zu bekehren. Was Gott und die Religion angeht, muß das jeder vor und mit sich selbst ausmachen. Was mich betrifft, so kann ich nur sagen: Der liebe Gott muß mich sehr gern haben, der hat immer auf mich runtergeschaut, ich habe viel mehr erreicht, als ich je gedacht hätte. Da wird man ja noch ein Dankgebet sagen können!

Kein Vaterunser, ich halte eine ganz besondere Zwiesprache mit dem da oben, ich komponiere da etwas mit meinen eigenen Worten, es ist wie eine kleine Ansprache, ganz etwas Persönliches. Das mache ich immer am Abend, ein kleines Nachtgebet. Mich hat einmal ein Pfarrer gefragt: „Du Toni, betest du?" „Ja", habe ich gesagt, „jeden Abend!" Da hat er mich gemahnt: „Das sollst du auch am Morgen tun?" „Ja, warum auch morgens? Ich packe abends eh alles hinein, was für morgen gilt!" Aber ich richte keine Stoßgebete zum Himmel, ich flehe den lieben Gott nicht an und sage: Geh, bitte laß uns morgen gewinnen und mich ein paar Tore schießen? Ich spiele ja nicht Don Camillo und Peppone. Mit dem Herrgott kann man kein Gegengeschäft machen. Das käme ja nicht von Herzen, das wär eigentlich eine Heuchelei.

Bei uns wird kaum über Religion, die Kirche und den Glauben geredet, das ist Privatsache. Bei anderen ist es anders, der Wynton Rufer zum Beispiel, der *Kiwi,* der mit dem Andi Herzog bei Werder Bremen gespielt hat, hat sich sehr mit der Bibel beschäftigt, der hat ja auch bei einem Buch mitgeschrieben – *Im Namen Gottes* hat es geheißen.

In Italien und Spanien, sehr katholischen Ländern, steht man dem Glauben offener gegenüber, das ist dort tief verwurzelt. In

Turin wurde vor jedem Match eine Messe gelesen. In Sevilla trifft sich die Mannschaft einmal im Jahr auch in der Kathedrale. Die Padres sind immer beim Match, sie sitzen auf der Tribüne und zittern mit – echte Fans. Und viele Spieler haben in der Kabine ihren Schutzpatron aufgehängt. Bei mir in Köln hängt er auch, der heilige Antonius. Über dem Spind. Vielleicht schaut auch er auf mich herunter? In Köln gibt es übrigens auch einen Geistlichen, den Pater Baumann. Natürlich ist auch er ein Fan von uns. Und unser Beistand. Kann ja nie schaden.

Wie ich es mit den Kindern halte? Vor dem Schlafengehen wird gebetet – mit mir oder der Liesi. Das ist schon Tradition. Aber ich betrachte es nur als Leitfaden, nicht mehr. Unter Druck darf man die Kinder nicht setzen, sie müssen selbst ihren Weg finden.

Kinder sollen Kinder bleiben

Toni hier, Polster da. Immer mehr reißen sich darum, daß sie mit ihm ins Bild kommen, daß er Studiogast für einen TV-Entertainer spielt, Werbetermine zusagt oder – ob nun solo für Danone oder im „WM-Mannschafts-Zug" für die ÖBB – einen Werbespot dreht. Früher viel im Kreuzfeuer, jetzt umschwärmter Mittelpunkt. Polster in allen Gassen, aber eben nur Toni. Die Lisi sieht man selten, die Kinder fast gar nicht. Wie viele Leute wissen eigentlich, daß er zwei hat? Die Geburt von Lisa wurde von vielen kaum registriert – im Gegensatz zum Toni, dem Anton Jesus. Das machte die Runde. Wer heißt bei uns schließlich schon Jesus? Da ist natürlich viel gelästert worden. Manchen ist es in die falsche Kehle gekommen, andere hielten es für eine mittlere Gotteslästerung. Unsinn. Jesus zum Vornamen zu haben, das ist in Andalusien gang und gäbe, fast jeder zweite Bub trägt dort diesen Namen. Jesus war ein Tribut des großen Toni an die Wahlheimat. Der kleine Anton kam ja in Sevilla zur Welt, fast ein Rie-

senbaby, als er geboren wurde – 57 cm, 4,50 kg schwer. Papa war bei der Geburt nicht dabei, sondern beim Team.

Seither wacht er mit Argusaugen, daß die Kinder so aufwachsen, wie er sich das vorstellt. Streng, aber herzlich. „Nur wenn sie nicht folgen", liest er ihnen auf Spanisch die Leviten. „Dann ist es gleich still", verrät Papa Polster. Die Öffentlichkeit weiß das nicht und kann es auch nicht wissen.

Ja, wo kämen wir denn da hin, würde ich die Kinder in die Auslage stellen! Wir sind ja nicht im Zirkus. Gut, wenn Reporter eine Home-Story machen wollen, dann sage ich immer: Lisi, das ist deine Sache, das mußt du entscheiden! Sie ist klug genug, sie weiß ganz genau, wo die Grenze liegt. Natürlich nehme ich die Kinder auch oft mit, aber nicht zum Herzeigen. Bevor der Bub in die Schule gekommen ist, habe ich ihm gesagt: Toni, das ist nicht gut, wenn du oft in der Zeitung bist, die Mitschüler und Mitspieler eifern dann, es gibt ja viele Neider – immer und überall! Ich will ihn da heraushalten. Und gegen die Fotografen abschirmen. Das würde nicht gut tun.

Der Toni spielt beim SV Weiden bei den Knaben – das ist der Kölner Kreisliga-Klub, bei dem ich seit 1996 Präsident bin. Er spielt Mittelstürmer, und wenn er einmal Profi werden will, dann soll er es. Wenn nicht, dann nicht. Toni ist sieben, der hat seine Hetz dabei, sonst rennen sie oft im Freien herum, spielen Video-Games, Game Boy, wie alle anderen Kinder heutzutage.

Wenn ich heimkomme, dann schaue ich oft zu ihm und frage: „Na Bomber, hat es heute wieder geraschelt?" Aber nicht um die Burg* würde ich ihn drängen, daß er mehr tut. Ich bin ja keine Eis-Mama! Ich finde es gut, daß er dort spielt. Das ist, hochtrabend gesagt, gut für die Persönlichkeitsbildung. Du lernst Teamgeist, es formt dich als Mensch. Man ist ja nicht allein auf der Welt. Was kann es Besseres geben als den Auslauf beim Sport und mit dem Ball. So kommen sie wenigstens auf keine blöden Ideen – Drogen und so.

Ich bin froh, daß alles so ist, wie es jetzt ist. Eigentlich finde ich es positiv, daß ich kein Superstar bin wie ein Ronaldo oder gar der Diego Maradona. So wie die möchte ich nicht leben. Schon gar nicht wegen der Kinder. Der Maradona hat das nicht gepackt, der ist ein Giftler*, das ist alles nicht lustig für die Kinder. Da bin ich froh, daß ich eine Etage drunter bin. Mir genügt das. Und für die Kinder ist es so gerade richtig. Die Lisa geht in den Kindergarten, der Toni schon in die Schule. Der ist ja ein weitgereistes Kind, in Sevilla geboren – vier Jahre lang waren wir in Spanien – da ist er zweisprachig aufgewachsen. Ich wollte, daß er die zweite Sprache behält, ich habe mich bemüht und wollte es durchziehen, aber irgendwann wehren sich dann so kleine Kinder. Wer weiß, vielleicht tut es ihm einmal leid. Aber jetzt will ich keinen Konflikt. Es ist gut, daß sie ihren Rhythmus haben, einen geregelten Tagesablauf.

Gibt es ein größeres Wiener Original in Deutschland als Toni Polster? Mitnichten! Unverfälschter Wiener Dialekt, er hat den Zungenschlag nie verlernt, ob in Turin, Sevilla, Logroño, Madrid oder Köln. Treffsicher, nicht nur das TV-Publikum liegt ihm zu Füßen. Aber wenn die Kinder den Mund aufmachen, reden sie so, wie ihnen der deutsche Schnabel gewachsen ist. Da war der Chronist ganz schön verwundert, als vor einiger Zeit in Wien aus den Kindern eines echten Wieners der – „Piefke" sprach. Frage: „Warum redest du eigentlich wie ein Deutscher, Anton Jesus? Schlagfertige Antwort, die den Papa nicht leugnen konnte: „Ja, warum denn nicht? Ich lebe ja dort und nicht da!" Nicht auf den (deutschen) Mund gefallen. Toni Polsters Sohn könnte, wenn er achtzehn ist, übrigens auch die spanische Staatsangehörigkeit annehmen. „Aber wir", meint Toni mit Nachdruck, „sind Wiener, echte Österreicher, das steht nicht zur Debatte."

Es stört mich nicht, daß meine Kinder wie Deutsche reden? Warum? Ich finde es super, daß sie so schönes Hochdeutsch lernen, das kann nie schaden. Und wenn sie in Wien mit den Cousins und Cousinen zusammenkommen, dann geht das Wienerische automatisch ins Ohr, nach ein paar Tagen merkt man das Hochdeutsche nicht mehr. Kinder lernen ja schnell. Ich meine, die Lisa hat da noch einen Vorteil, die kriegt als Jüngere schon viel vom Toni mit, der zwei Jahre älter ist. Bei zwei Kindern sind die Voraussetzungen ganz anders. Sie liest und zählt schon mit, wenn er Lesen und Rechnen lernt. Ist ja nicht schlecht. Manchmal streiten sie halt – sie haben beide einen Dickkopf. Wenn mich jemand fragt, woher sie das haben, na, dann sage ich halt immer: Na, vom wem? Von der Großmutter! Was mich selbst nur einen Lacher kostet ...

Als Fußballer hat Lisi Müllner den Toni kennen- und lieben gelernt. Inzwischen ist er Mann, Partner und Familienvater. Ein Papa, der im Herzen immer da ist. Auch, wenn er vom Training, vom Match oder gar von Reisestrapazen noch so müde oder erschöpft ist, schaut er, seit Toni in die Schule geht, ins Aufgabenheft – und ist ganz stolz, wenn er keine Fehler findet, da ist er gewissenhaft, nicht nur beim Rechnen.

Die Kinder, so meint Lisi, sind für Toni wie ein Weckamin, so geschlaucht kann er gar nicht sein. Sein Herz schlägt für die Familie, die Eltern, die Mama, die Lisi und die Kinder. „Es ist", verrät Lisi, „wirklich unglaublich. Andere Väter würden alles wegwerfen, die Füße ausstrecken oder auf die Lehne legen – der Toni zieht sich aus, nimmt das Trainingsgewand, sagt: ‚Toni, Lisa, kommt's, wir gehen Radl fahren!' Und dann radelt er mit den Kindern eine Stunde. Manchmal frage ich mich: Woher nimmt er nur diese Energie!"*

Manchmal macht man ja auch etwas Falsches. Auch privat.

Das tut mir dann weh – ich bin da sensibel, ein Scheidungskind. Die Eltern waren zweimal miteinander verheiratet, jetzt haben sie beide andere Partner. Ich liebe sie beide, auch wenn der Vater weiter weg ist. Als er wieder geheiratet hat, habe ich auf die Hochzeit vergessen. „Ja", werden viele fragen, „wie kann es denn so etwas geben?" Klingt blöd, stimmt aber.

Die Einladung ist Wochen vorher gekommen, ich habe sie absichtlich nicht an die Pinwand gesteckt wie alles, was ich mir merken will, sondern vor der Mama versteckt, ich habe gedacht: Wer weiß, vielleicht kränkt sie sich? Und so habe ich den Termin einfach übersehen. Und just am Hochzeitstag bin ich ins Kaffeehaus, da habe ich erfahren müssen: Der heiratet ja heute! Es war, als hätte mich der Holzhammer getroffen: Toni, ein Wahnsinn, wie kann dir so was passieren? Ich habe Tränen in den Augen gehabt. Dann habe ich schnell Blumen gekauft und bin zum Papa gefahren. Aber was sind schon Blumen, wenn man so etwas vergißt? Ich war damals 21, ich habe beim Papa geheult wie ein Schloßhund!

Zum Haare ausreißen! Wieder eine Chance dahin …

Genie oder Obizahra?

Irgendwann muß auch ein hochdotierter Star ganz unten anfangen – als Jungprofi.

Fußball war mein liebstes Hobby. Irgendwann aber muß man sich entscheiden: Macht man es zum Beruf, will man Profi werden? Wenn ja, hört das Hobby auf, Hobby zu sein. Man kann es nicht nur tun, wenn man Lust dazu hat – man muß, ob man will oder nicht. Als Profi steckt man in einer Zwangsjacke von Pflichten. Manchmal muß man den inneren Schweinehund überwinden. Ich gestehe – könnte ich's mir aussuchen, würde ich oft lieber daheim bleiben. Aber was soll ein Arzt sagen? Oder ein Arbeiter – gerade in Zeiten wie diesen? Fußball ist mein Job. Ob es regnet oder schneit, wenn der Trainer sagt: Hau dich fünfmal in den Gatsch*, man muß es tun. Dazu braucht man nicht nur Pflichtgefühl – auch Liebe und Besessenheit. Die habe ich immer gehabt. Und mir bewahrt.

Ich hätte bei Austria Wien mit sechzehn schon Profi werden können, ich war auf dem Sprung in die Erste, habe mir aber Zeit gelassen. Man lernt ja nie aus. Und neugierig war ich immer schon. Neugierig, was neue Erfahrungen betrifft. Je mehr man sammelt, desto besser. Je mehr man weiß, desto leichter kann man daraus ein Image formen und, was sehr wichtig ist, auch rüberbringen. Die Leute müssen sagen: „Okay, der ist eine gefestigte Persönlichkeit, ein echter Profi." Trotzdem: Es darf nicht nur Druck von außen sein, es muß von innen kommen, von einem selbst.

Ich weiß, viele werden sagen: „Gerade der Polster, der hat es notwendig, der steht soviel herum?" Egal, was die Leute denken – ich habe die Selbstdisziplin. Gott sei Dank bin ich so stark. Gott sei Dank habe ich sie in mir. Wenn ich bei einem Geburtstag von einem Freund sitze, ob es nun der 30., 40. oder 50. ist, befiehlt mir eine innere Stimme: Toni, morgen ist Training, trink' nix. Oder nur einen Schluck, mehr nicht. Dann gehe ich um elf. Sonst hätte ich ein schlechtes Gewissen und könnte die Feier nicht mehr genießen.

Wie nach dem 4:0 in Wien gegen Weißrußland. Wir waren fix in Frankreich, einer der schönsten Momente meines Lebens. Ganz euphorisch war ich, habe aber gewußt: Toni, reiß dich am Riemen, geh heim, am Freitag ist ein Match in Köln. Dabei hätte ich am liebsten bis elf Uhr vormittags durchgemacht. Lust darauf hätte ich gehabt, die Energie auch, aber um zwei bin ich aufgestanden im *Noodles,* meinem Lieblingslokal in Wien, und habe gesagt: „Lisi, wir müssen heim!"

Natürlich habe ich öfters den Zapfenstreich überzogen, ich bin ja kein Waserl*. Aber ich war immer pünktlich beim Training. Wie ein Einser gestellt. Das wäre ja noch schöner: Wer feiern und trinken kann, kann auch trainieren. Nie würde ich auf die Idee kommen, daß ich beim Klub anrufe und den Kranken spiele: „Ich habe Bauchweh, ich kann nicht!" Oder: „Mich hat die Grippe erwischt! „Bei der Arbeitsmoral hört sich bei mir der Schmäh auf. Ich könnte nicht mehr guten Gewissens in den Spiegel schauen.

Warum? Weil ich gegen halbe Sachen bin. Im Training. Und auch bei Testspielen. Neunzig Minuten durch, das ist mein Motto. Ich hab mir das vom Hugo Sanchez abgeschaut, dem ehemaligen Torjäger von Real Madrid, der später auch kurz bei VOEST Linz spielte. Der hat sich nie austauschen lassen – und wenn es gegen Fünftklaßler* gegangen ist! Es gibt nichts Besseres als ein Match. Nur dann bin ich aggressiv. Gegen eigene Kameraden geht es bei mir nicht. Ich gebe es zu: Trainingsweltmeister bin ich keiner!

Ein Zeitungsgag: Goalgetter Toni als Boxer

TOP verschenkte Toni Polsters Teamleiberl

- Die Siegerin Karin Necina traf ihr Idol
- Ihre private Meinung über Toni Polster:

„Der Schönste, Beste, Größte!“

Das begehrte Nationalteam-Leiberl mit der Nummer 9 des „Austria-Memphis"-Stars Toni Polster hat nun einen neuen Besitzer: Aus Hunderten Einsendungen zur großen TOP-Aktion wurde die 15jährige Wienerin Karin Necina als Siegerin gezogen. Und TOP organisierte einen Treff zwischen dem heimischen Spitzenstürmer und der überglücklichen Gewinnerin.

„Als ich von meinem Sieg verständigt wurde, konnte ich's zuerst gar nicht fassen. Ich freu' mich schon riesig", strahlte Karin einige Minuten vor dem Treffen mit ihrem Liebling Toni Polster auf dem WAC-Platz.

Endlich ist's soweit. Der fesche Spitzenstürmer kommt aus der Kabine und schüttelt der freudestrahlenden Schülerin die Hand. „Servus, Karin, ich freu' mich, daß du gewonnen hast", meint der Fußballer lächelnd und überreicht Karin sein knallrotes Teamleiberl, das die traditionelle Nummer 9 trägt.

Karin zieht das Leiberl natürlich sofort an und bekommt von ihrem Idol gleich einen Ball zugespielt. Nach einigen Minuten Herumkicken und zwanglosen Plaudereien verabschiedet sich Toni von der 15jährigen Gymnasiastin, die versichert: „Toni ist für mich einfach der Schönste, Beste und Größte."

Und sie muß es ja schließlich wissen, besucht sie doch schon ! seit Monaten jedes Austria-Heimspiel. „Den Toni werd' ich jetzt natürlich noch viel mehr anfeuern, weil ich ihn nun persönlich kenn'", so die 15jährige Gymnasiastin, die zukünftig bei jedem Match mit dem Teamleiberl erscheinen will.

INGRID WLCEK

Bild: Michaela Seidler

Karin (15) bei Toni Polster: Ihre Postkarte (l. o.) wurde gezogen

Mädchenschwarm Toni Polster konnte sich über mangelnde Fan-Post nie beklagen.

Wie oft habe ich während der Vorbereitung gestöhnt! Manchmal möchte man am liebsten alles hinhauen. Aber da muß man durch, weil es die Basis ist: Ausdauerläufe, Intervalltraining, Tortur pur. Am schlimmsten war es in Sevilla. Da haben wir uns fast angekotzt, so hart war's. Und die Batterie am Schluß leer. Ein Beispiel: Zweimal 35 Minuten Intervallsprint, 35 Minuten Dauerlauf, dann wieder Sprint: 15 m, 30 m, 50 m. Eine andere Übung hat so ausgeschaut: Alle 50 m standen Hütchen, wir sind im Kreis gerannt wie die Irren: fünfmal 100 m, viermal 150 m, dreimal 200 m, einmal 300 m, dazwischen Dauerlauf. Und dann das Ganze retour. Da hängt einem die Zunge raus. Gebracht hat es wenig. Wir haben zwar Luft gehabt für zwei Matches. Aber alles in einem Trott, ohne Tempowechsel. Trotzdem: In Italien und Spanien ist das Training feiner, da machen sie viel mit dem Ball. In Köln schauen sie mehr auf die Physis.

Fußballer, erst recht österreichische, erst recht Polster, mußten lange mit dem Vorurteil leben, schlampige Genies zu sein, die ihr Geld nicht im Schweiße ihres Angesichts verdienen, sie seien „Obizahra", zu Deutsch: Drückeberger, vor allem im Vergleich mit anderen Sportgrößen, ob nun mit Thomas Muster oder den Skistars.

Über Jahrzehnte hinweg hatten die Fußballer in Österreich ein eher negatives Image: starke Wadeln, nichts im Kopf und, falls sie einen geraden Satz herausbringen, eine derbe Zunge – so wurden sie lange Zeit hindurch abgestempelt. Ein Klischee, aber ein falsches Bild. Es hat auch Papa Polster oft geärgert, wenn er auf der Tribüne saß. „Die wenigsten haben ja gewußt, wer ich bin. Und da hörst dann, was das Volk denkt. Es tut weh, wenn sie den eigenen Sohn schimpfen. ‚Geh, langes Elend, renn endlich – für was kriegst du denn dein Geld?'" Manchmal wurde Papa Polster als solcher erkannt. „Und dann haben sie erst recht gelästert. Aber am besten ist, du ignorierst das. Wenn du nicht reagierst, ärgern sich die, die dich ärgern wollen!"

Wenn die Leute wüßten, wie arg es manchmal ist. Im Training und im Match, wenn du eine über die Röhrln* kriegst oder auf den Plutzer*. Ich weiß nicht, ob sie da noch mit mir tauschen wollten. Mit den Skifahrern kann man uns nicht vergleichen. Und ich selbst? Ich würde nie auf die Idee kommen, andere Sportler abzuwerten. Schon gar nicht solche, die Großes geleistet und manchmal eine auf den Deckel gekriegt haben. Ich bin ein Sportfan, ich drehe den Fernseher auch bei anderen Sportereignissen auf. Natürlich auch beim Skifahren, ich fahre ja selbst gern Ski, meistens in St. Jakob im Defreggental. Toni Sailer, Karl Schranz, Franz Klammer, jetzt Hermann Maier, das sind Legenden. Wie im Fußball früher der Ernst Happel oder Ernst Ocwirk und später der Hans Krankl oder der Herbert Prohaska in Österreich – wie „Uns" Uwe Seeler, wie „Kaiser" Franz Beckenbauer, wie ein Wolfgang Overath in Köln. Wenn wir beim Skifahren bleiben – was der Hermann Maier bei den Olympischen Spielen in Nagano geleistet hat, war echt bravourös. Hut ab: Zuerst so ein Sturz, dann zwei Goldene. Der hat nicht nur die Prellungen gehabt, sondern auch den Druck. Ein Riesensportler. Aber Halt, Hermann! Wie kann man bei Olympia aufgeben? Das wäre ja auch so noch Bestzeit gewesen! Aber Spaß beiseite. Die wirklich Guten äußern sich über Kollegen ja nie negativ. Die haben vor anderen genau soviel Hochachtung wie ich vor ihnen.

Wer schimpft und lästert denn schon über uns Kicker? Meistens die Mittelmäßigen. Nicht Randsportler, sondern Randerscheinungen. Die frißt der Neid, wenn sie hören, was wir verdienen – ob's stimmt oder nur ein Gerücht ist. So sind eben die Menschen. Nicht viele, aber einige. Vor allem die Dummen. Meistens die, die sich für gescheiter halten, aber nix drauf haben. Mich hat nur geärgert, wenn solche Mitläufer über uns schlecht geredet haben, aber dann waren wir gut genug, damit wir für sie beim Sporthilfe-Zehnkampf mit unserem Namen und Image die Gala aufwerten. Wir waren die Attraktion fürs Fernsehen, damit sie, die Armutschkerln*, kassieren. Das ist ja okay, aber wo bleibt da die Solidarität?

Nicht nur ich, auch andere, wie der Andi Herzog, haben nützliche Idioten gespielt. Wenn man dann eine dumme Nachrede hat, ärgert es einen. Aber zum Glück sind es nur ein paar, die Klischees nachplappern. Und es werden immer weniger. Wie die Vorurteile. In den Medien. Und in der Öffentlichkeit. Natürlich ist man manchmal irritiert. Aber grundsätzlich kann ich damit leben. Es gibt ja zwei Sprichwörter: Wer schimpft, der kauft. Und: Durch den Kakao ziehen sie nur den, der interessant ist. Über einen Nobody verliert man kein Wort, geschweige, daß man Witze reißt. Oder ihn parodiert.

Womit wir beim Kabarettisten Mini Bydlinski sind, dem Ex-Kicker, der Toni Polster im WM-Jahr 1990 aufs Korn nahm. „Weil er ein Protagonist war, typisch fürs Bild vom Fußballer, das es damals gab, das ist ja acht Jahre her. Wenn die Skifahrer tirolerisch reden, dann assoziiert man es mit Urlauten, das klingt herzig. Bei den Fußballern, vor allem aus Wien, hat sich das anders angehört. Vor allem, wenn sie versucht haben, hochdeutsch oder obergescheit zu reden. Wie der Peter Pacult – ehemals bei 1860 München – mit dem klassischen Spruch von der Obduktion – gemeint hat er Option!" Aber vor der WM '90, da drehte sich alles um Polster. Schützenkönig in Sevilla. Frisch verheiratet. Immer wieder interviewt. Immer die gleichen Fragen, „die keine Fragen waren, sondern Feststellungen der Reporter." Und die haben Bydlinski, der zur Wiener Kabarett-Gruppe „Die Hektiker" gehörte, zu einer Parodie animiert und inspiriert, die in aller Munde war. „Eigentlich", so Bydlinski, „war ja nicht er schuld, sondern die Reporter, die nicht gefragt, sondern gesagt haben: ‚Herr Polster, Sie haben in der 17. Minute ein Tor geschossen ... 'Na, was hätte er sonst sagen sollen als: ‚Ja, das stimmt!'" Und das dehnte Bydlinski, verschärft durch den eh schon gedehnten, typischen Wiener Tonfall, zum bereits klassischen Spruch aus: „Ja, das stiiiimmt!" Toni mußte für alle und alles büßen. Auch die WM-Pleite '90 in Italien. Wenn Torjäger nicht treffen, werden sie eben selbst Zielscheiben.

Wenn Torjäger nicht treffen, blüht die Karikatur ...

Ja, das stiiiiiimmt! Zuerst gibt es dir einen Stich. Du sagst dir: Ja, hat denn den der Hafer gestochen? Der kennt mich doch gar nicht! Dann fragst du dich: Wie sollst du reagieren? Ihn beschimpfen, Dampf ablassen bei Reportern? Oder darüber lachen? Es war ja eine Parodie – nicht nur auf mich, auch auf den Fußball. Und den Sport. Eine Parodie überzeichnet alles, ist immer maßlos übertrieben. Das muß so sein, sonst geht es nicht unter die Haut. Deine eigene – und natürlich die der Masse. Je schärfer die Karikatur, umso besser läßt sie sich verkaufen.

Die Parodie war hart, aber auch für den Wolferl Ambros, der ist ja auch als Trottel hingestellt worden. Ist der Ambros ein Trottel? Natürlich nicht. Bekannt ist er, populär. Gerade durch den Hit *Schifoarn* Da denkt man nach und steht einmal ein bisserl über den Dingen: Na, wer wird denn karikiert und parodiert? Nur die Guten, nur die, die interessant sind, warum auch immer. Ich hab es umgedreht und mir gesagt: Ja, das stiiiiiimmt! Was die Leute sagen, kann man nicht ändern. Irgendwann kann man vielleicht das Gegenteil beweisen. Leid tun mir nur die, die glauben, daß wir wirklich so dumm sind, wie uns diese eine Parodie dargestellt hat. Wer sind da eigentlich die Dummen? Die, die jeden Blödsinn fressen? Am Anfang trifft es einen, das ist normal. Aber im Grunde hab' ich kein Problem, wenn sie mich verreißen. Schon gar nicht mit dem Mini Bydlinski. Man glaubt es vielleicht nicht – ich habe sogar mit ihm Fußball gespielt. Haxl habe ich ihm dabei keines gestellt, was auf deutsch soviel heißt wie „über die Klinge habe ich ihn nicht springen lassen". Warum hätte ich mich auch revanchieren sollen? Ich bin nicht nachtragend. Und kein – Hektiker ...

Wie es dazu gekommen ist, daß wir miteinander gekickt haben? Der Österreichische Rundfunk hat angerufen und gefragt: „Du Toni, könntest du nicht mit dem Bydlinski zusammen für eine Sendung ...?" Ich glaube, die Barbara Stöckl hat damals moderiert, bei einem Team-Trainingslager war's. „Na gut, warum nicht?" Da haben wir dann auch Fußball gespielt. Und da ist es ans Tageslicht gekommen. Der Bydlinski ist ein verkappter Kicker. Der wäre für sein Leben gern Profi geworden, hat bei Admira Wacker gespielt, hat es aber, wie so viele andere, leider Gottes nicht geschafft. Eine gescheiterte Karriere. Aha, habe ich mir gedacht, daher weht also der Wind ... Entschuldigt hat er sich bei mir nicht. Brauchte er auch nicht. Warum auch? Erstens hat sich herausgestellt, daß er mich im Grunde bewundert. Und zweitens hat er mich mit der Parodie noch berühmter gemacht, als ich eh schon war. Ich kann über ihn nicht schimpfen, muß ihm vielmehr heute noch danken.

Auch Bydlinski hat längst einen Salto rückwärts gemacht – wie Toni einen nach vorn. Längst hat er ihm Abbitte geleistet, betont aber: „Ich glaube, daß die Parodie damals positive Auswirkungen gehabt hat – es hat einen Imagewandel gegeben. Bei allen Fußballern. Und beim Toni besonders. Heute talkt er sich durch alle deutschen Talk-Shows." Was, so Bydlinski, damit zu tun hat, „daß er einen eloquenten Mutterwitz hat, der für die Deutschen verkörpert, was sie nicht kennen – den Wiener Schmäh. Heute erklärt er den anderen, worum es geht – wie beim berühmten Blitz-gneißer!" Aber das ist nicht alles.*

Gewandelte Persönlichkeit, bewahrte Originalität, das ist der zweite Hit. Bydlinski: „Er hat sich wahnsinnig entwickelt, aber seine Eigenheiten bewahrt. Er redet, wie ihm der Schnabel gewachsen ist, er pfeift sich nichts. Er ist der Toni Polster, wie er leibt und lebt – im Gegensatz zu vielen Politikern, die wie Klone auftreten. Das macht ihn so populär!" Nicht nur das. Toni hat sein Image auf den Kopf gestellt. Einst verspottet, jetzt umschwärmt. Und hofiert. Was für Bydlinski Grund genug war, sozusagen die eigene Parodie mit einem neuen Polster-Sketch zu parodieren – als Evolution in Person. Auf keinen trifft es mehr zu.

„Nichts ist gesünder als lachen" – so die Lebensphilosophie von Schmähbruder Toni Polster

Riesenschmäh und kleines Abitur

Wer Polster sagt, denkt an Schmäh. Früher weniger, jetzt immer mehr. Die Pointen, die er in deutschen Fernsehstudios oder sonst bei Interviews hinschleudert, sind legendär. Toni, der Schmähbruder, die Stimmungskanone, der Entertainer. „So ist er", sagt Jörg Wontorra, der SAT-1-Star-Reporter. „Nicht nur Tore schießt er für Köln, der ist immer für einen Schmäh gut!" Ja, woher hat er den? Erbgut, aber von wem? Mama Polster meint, daß die Schlagfertigkeit von ihr kommt. Papa behauptet natürlich das Gegenteil: „Klar, wir haben ja auch einen gehabt, den Fußballer-Schmäh. Eine ganze Partie ist nach einem Match oft zum Heurigen, da rennt er halt, der Schmäh, da nehmen's andere auf die Schaufel. Ein bisserl derber halt als heute", sagt Toni senior. „Damals hat's ja noch kein Fernsehen gegeben!"

Ich bin mit dem Schmäh vom Vater aufgewachsen. Der war ein lustiger Kerl, anders als die Mama, die war eher konsequent, hat vorgelebt, was man mit starkem Willen erreichen kann. Der Papa hat dafür mit Leichtigkeit und Schlagfertigkeit die Leute unterhalten. Das nimmt man unwillkürlich an, was ja nichts Schlechtes ist. Er hat auf alles eine Antwort gewußt. Das habe ich mir gemerkt, das geht über in Fleisch und Blut. Von ihm habe ich auch gelernt, wie man sich wehrt – und wann man sich nichts gefallen lassen darf. Das geht ja nicht immer mit dem Holzhammer. Dazu braucht man ja auch den Schmäh. Und wo sonst, wenn nicht in Wien, kann man ihn besser lernen? Wien ist gewissermaßen die Keimzelle des Schmähs. Man kann gar nicht anders, man inhaliert ihn schon als Kind! Jeden Tag! Da gibt es den Heurigen, die Spitzbuam – „Kennen Sie den schon?" Die Witze sind immer treffend, meistens kurz und bündig. In der Kürze liegt die Würze.

Wenn man mich fragt, welche Schulbildung ich habe, fallen mir so gute Gags ein wie: „Logisch, ich habe das kleine Abitur." Da sind dann alle verwundert, man merkt, jetzt rätseln sie. Dann verrate ich ihnen, was man in Wien damit meint: „A Tanzstund', a Fahrstund', a Volksschulklass'." Ich glaube, daß das den Wiener Schmäh ausreichend charakterisiert. Da steckt alles drin, was ihn ausmacht. Ohne Schmäh könnte ich nicht leben. Beim Österreichischen Bundesheer glaubte ich manchmal, ohne Schmäh nicht existieren zu können. Er hat mir immer geholfen. Auch in schlechteren Zeiten. Ich habe ja eine positive Lebenseinstellung, ich bin für die Hetz. Bei den Deutschen kommt's super an. Das hat sich irgendwie so ergeben.

In Deutschland hob sich der Vorhang für Toni Polster, den Entertainer, der viele Österreicher verblüffte, die ins Kabel-Fenster schauten. Manche rieben sich verwundert die Augen: „Ja, was ist in den Toni Polster gefahren? Der kann ja plötzlich reden!" Ja, ja, der Prophet im eigenen Lande! Die Deutschen aber, deren TV-Studios er in eine Bühne verwandelte, auf der er die Herzen im Schmäh und Sturm eroberte, hatten dieses Talent in aller Gründlichkeit längst aufgespürt. Sat-1-Mann Jörg Wontorra hat es verraten: „Als Toni Polster zum 1. FC Köln kam, da ließen wir uns jede Menge Filmmaterial aus Österreich schicken. Da hat man bei seinen öffentlichen Auftritten schon gesehen, was in ihm steckt." Wer meint, ein Jörg Wontorra hätte Probleme mit Tonis Wiener Dialekt gehabt, der irrt. „Ich war so oft am Wörther See, ich kenne die Österreicher, auch die Wiener." Und Pappenheimer wie Toni. Sie verstanden sich auf Anhieb. Auch deshalb, weil Wontorra den Toni mag, „weil er ein Star geworden, aber ein Mensch geblieben ist. Er weiß, wo seine Wurzeln liegen. Und er ist der Basis immer noch verbunden – ohne Starallüren!" Was der Star-Moderator mit einer Episode unterstreicht, an die er sich erinnert, weil sie ihn, den Familienvater, mit Toni, den Familienvater, verknüpfte: „Er kam zu mir ins Studio, das war, als er Präsident des SV Weiden geworden ist. Zwei Trikots hat er mitgebracht, jedes mit der Nr. 9 und Toni Polster drauf. Was machen wir mit den Trikots? ‚Zum Versteigern, logisch. Ich bin ja Präsident, da muß a Geld ins Haus!' Ich habe ihm dann erzählt, daß ich Trikots sammle – für die Kinder. Da hat der Toni, Kinderfreund, der er ist, gesagt: ‚Okay, dann verzichte ich aufs Geld, ich schenke sie Ihnen!' Ich habe das großartig gefunden. Die Laura und der Marcel haben sich irrsinnig gefreut. Ja, so ist er. Ein echtes Kaliber, vor allem als Mensch. Zu einer großen Persönlichkeit gereift! Und immer für einen guten Sager gut!"

Mich hat man schon überall eingeladen. Einmal da, einmal dort. Zweimal bei der Schreinemakers. Beim Karl Dall war ich auch in der Sendung, da waren noch vier andere Gäste da, aber der Dall hat sich nur mir unterhalten. Der hat gemerkt, daß man mit mir eine Show abziehen kann. Wir haben ein Theater gehabt, ein Wort gab das andere. Da wird man automatisch locker, denkt nicht viel nach und hat eine Hetz. Der Dall hat mich gefragt: „Ja, Toni, wie ist das denn im Trainingslager, da sind die langen Abende, mit wem bist du auf dem Zimmer?" Ich drauf: „Mit dem Olaf Jansen." Darauf er mit seinem blöden Schmäh: „Aber die einsamen Nächte und so, da kommt man sich doch näher." Na, da habe ich halt mitgespielt. Ironisch, sarkastisch, eh klar. „Ja, das stimmt schon. Also bei uns ist's so. Wir gehen nach dem Training immer duschen, da hau' ich ihm immer die Seife hin, dem Olaf, aber der bückt sich nie ..." Da haben alle aufgejault vor Lachen, alle im Studio sind gelegen. Da war er dann in Fahrt, der Dall. „Du Toni, wie ist denn das bei euch mit den Groupies?" Sag ich: „Ja, Karl – hätten wir alle vernascht, die man uns unterjubelte, wir würden alle auf Krücken gehen!" Da sind wieder alle gelegen, den Bauch haben sie sich gehalten vor Lachen. In dieser Tour ist das weitergegangen. Alles war spontan, es ist einfach alles nur so aus uns herausgesprudelt.

Das war anders als sonst. In bezug auf den Fußball habe ich gewußt, daß es um Tore, um Wickel* mit dem Trainer, um den Vertragspoker – und ums Geld – geht. So ist es ja zum „Blitzgneißer" gekommen, den Hit, über den die Leute heute noch reden. Auch beim Jörg Wontorra in Hamburg war es so. Der hat mich damals im SAT-1-Studio in *ran* gefragt: „Sie haben ja sehr gut verdient, Sie sollen Millionär sein?" Na, da war ich um eine Gegenfrage nicht verlegen: „Ja, aber in welcher Währung? Meinen Sie Lire oder Peseten?"

Und dann war da auch noch die Geschichte mit dem Stefan Effenberg im Rhein-Derby, eine Kontroverse halt, wie sie tausende Male im Fußball vorkommt. Die wurde natürlich im Fernsehen endlos gezeigt. Da hat mich der Reporter von *ran* halt gefragt: „Toni, was haben Sie mit dem Effenberg gesprochen?" Na, was wird es schon gewesen sein? Hat eh jeder gesehen! Also dachte ich mir: Mach einen Schmäh. Mir fällt da immer was ein – wie dem Papa, von dem hab' ich das ja. Mir ist also rausgerutscht: „Der Effenberg wollte von mir nur wissen, ob's vielleicht möglich wäre, daß ich ihm eine Karte für das WM-Match Österreich gegen Kamerun in Frankreich besorgen könnte! Und ich habe darauf gesagt: ‚Logisch, das wird sich sicher machen lassen!'" Vielleicht war er nur zornig, weil ich keine dabei gehabt habe. Dabei muß ich sagen: Effenberg ist ein Super-Spieler, der hat bei Bayern und in Italien bei Florenz gezeigt, was er kann. Aber auch er wird nicht jünger.

So geht's uns allen! Aber wozu streiten? Warum immer tierischer Ernst? Mit ein bißchen Schmäh läßt sich jeder Zoff vergessen. Nichts ist gesünder als lachen.

„Fressen" für die Medien

Toni gestern, Polster heute – den Menschen im Wandel der Zeit(en) könnte nichts besser reflektieren als das Medien-Echo. Aus manchem Saulus wurde ein Paulus. Nicht erst im Laufe der eineinhalb Jahrzehnte seiner Karriere – oft genug während der 90 Minuten eines Spieles. Früher trug er, wie viele Spötter meinten, seine Schwächen auch auf der Zunge. Inzwischen hängen Reporter nach jedem Match an seinen Lippen. Früher wurden viele Aussagen so durch den Kakao gezogen wie seine vermeintliche Unbeweglichkeit. Jetzt lauert jeder darauf, welche Pointen er abschießt. Früher machten sich Medien über ihn lustig, jetzt sind die das Forum, um Pointen zu schleudern. Früher dachte jeder, der Polster-Horizont höre in Favoriten, spätestens an Wiens Stadtgrenze auf – jetzt wickelt er Interviews in Italienisch, Spanisch, Deutsch – und wenn es sein muß, auch auf „Kölsch" ab. Früher galt er als Fußballer mit Instinkt, jetzt ist er das Synonym für Herz und Schmäh. Nicht mehr Muffel, sondern Guru. Salto vorwärts mit drei Schrauben. Toni, von dem man meinte, er versündige sich mit seinem ausgeprägten Wienerisch an der deutschen Sprache, wird inzwischen als Inbegriff von witziger Schlagfertigkeit auf den Händen getragen.

Für Wolfgang Ruiner, einen Österreicher aus Mödling, der beim Wiener „Kurier" begann, um als Reporter der „Bild-Zeitung" in München Karriere zu machen, läßt sich der phänomenale Aufstieg des Wieners Polster in Köln ganz einfach erklären: „Der Dialekt, mit dem er früher daheim angeeckt ist, kommt in Deutschland sensationell an. Sie lieben ihn, weil er redet, wie ihm der Wiener Schnabel gewachsen ist!" Aber damit allein, so findet Ruiner, würde er nicht auf der Popularitätswelle ganz oben schwimmen. Zumindest so wichtig sei es, daß hinter dem Schmähbruder ein Mann der Tat und der Tore steckt: „Ich habe nie gezweifelt, daß er es in Köln schafft. Warum? Er hat ja überall die Tore geschossen, wo immer er war. Ich bin einfach überzeugt, daß sich Schlitzohrigkeit durchsetzt!" Er besitzt sie als Stürmer, der den richtigen Torriecher hat. Und verfügt über sie als Fernseh-Star, der mit Worten ins Volle trifft, ohne Menschen zu treffen. „Ob er der beste Torjäger ist, den wir hatten," sinniert Gerhard Zimmer, zweiter Sportchef im ORF, ein Wegbegleiter Tonis, „darüber läßt sich streiten. Aber eines ist sicher, menschlicheren hab´ ich noch keinen erlebt. In einer Zeit, in der Geld die Sitten verdirbt!" Unglaublich, soviel Herz zu haben und doch „Killerinstinkt" zu besitzen. Samt dicker Haut, die alles wegsteckt. Oder, wie Wolfgang Winheim („Kurier") aus tiefer Überzeugung sagt: „Ich freue mich riesig und diebisch, welche Entwicklung der Toni hinter sich hat. Was haben ihm doch die Leute alles nachgesagt? Aber der ist viel schlauer als alle geglaubt haben. Hätte er sich sonst überall so gut anpassen können? Er hat schon seinen Dickschädel – aber mit dem Kopf durch die Wand würde ein Polster nie rennen. Dazu ist er viel zu gescheit!"

So klug und clever, daß er seine Lektionen gelernt hat. Das Leben hat ihm die Leviten gelesen. Ein Leben mit dem Fußball, mit fremden Sprachen, fremden Leuten, neuen Situationen und natürlich auch mit den Medien. Sie haben sich seiner schon bemächtigt, da war er noch ein junger Spund. Aber ein Starlet, den man als Star von morgen in den Himmel hob.

Die erste Geschichte mit mir hat der Nikolaus Neururer gemacht. Der Nick war super, die Story im *Sport-Magazin* war super. Alles violett umrandet. Nur der Titel war übertrieben, zu knallig: „Der neue Superstar heißt Toni Polster." Auch dem Nick

ITALIA'90
WORLD CUP
WONDERS
TONI
POLSTER
AUSTRIA
WM XTRA
FUSSBALL WM 1990
16 SEITEN SONDERHEFT ZU BASTA 7-8/1990
Basta
HINTERGRUNDBERICHTE, INTERVIEWS UND FARBREPORTAGEN
GAGEN
WAS SIE VERLOREN
COCKTAILS
DIE FEIERN IM TEAMCAMP
'HICKES' BILANZ
"MANCHE HATTEN KOMPLEXE!"
Lichtblicke: Pecl (l.), Ogris. Versager: Kapitän Polster
TONIS TRAGÖDIE

PAPSTAR

Eine glanzvolle Eröffnung des neuen Wiener Stadions

4:1-Triumph über den Vize-Weltmeister Deutschland!

Bericht im Sport

Lit 1300,– Din 360,– Dr 150,– DM 2,10 sfr 2,–

Donnerstag, 30. Okt. 1986 / Nr. 9497, S 6,–

Neue Kronen Zeitung UNABHÄNGIG

Wien 19, Muthgasse 2, Telefon 36 01-0

Polster jubelt – und nicht zum letztenmal an diesem Superabend!

1:0 für Österreich durch einen Elfmeter nach Handspiel Thons, Toni Polster jubelt – und das nicht zum letztenmal an diesem wunderschönen Abend! Österreichs Fußballteam putzte Vizeweltmeister Deutschland 4:1 weg, der erste Heimsieg seit 1931. Die 55.000 auf den Rängen feierten die Sensation in der letzten Viertelstunde stehend, mit brennenden Feuerzeugen wie bei einem Popkonzert.

Deutschland – da war Toni schon immer in seinem Element! Zur Wiedereröffnung des Wiener Prater-Stadions verwandelte Polster zwei Elfmeter gegen Eike Immel zum 4:1 gegen den Vizeweltmeister. Der Jubel beim kleinen Fußball-Bruder war grenzenlos.

WOLFHOSE WOLFHOSE
18

Sport
Buffet

Drei Tore gegen die DDR *(rechte Seite, l. u.)* machten Buhmann Toni zum Helden, der das Tor zur WM '90 öffnete. Da war der Sevilla-Legionär längst unterwegs zum Star, der weltbekannte Größen wie Maradona *(Mitte)* und Gullit *(u., jeweils linke Seite)* als Kapitän begrüßte. Auch die Salzburger Pfiffe waren gegen Ungarn vergeben und vergessen.

Früh übte sich beim Aufeinandertreffen mit Weltmeistern und Weltstars, was dereinst ein Meister der großen Darstellungskunst im Dirigieren oder Reklamieren, Skandieren und Jubeln sein wollte *(rechte Seite):* Toni beim „Small-Talk" mit seinem Kölner Klubkollegen Bodo Illgner beim Länderspiel in Wien, Polster als Gewinner des Bronzenen Schuhs im Pariser Lido.

Ford

PUMA
PUMA
PUMA
PUMA

war es zu viel, mir hat er auch nicht gefallen. Superstar, das war ein bisserl dick aufgetragen. Man hat zwar gesehen, daß ich Talent habe und es vielleicht einmal schaffen kann, mehr aber nicht. Ich habe damals, 18 war ich, bei der Austria erst ein Mal in der Ersten gespielt – in Simmering. Aber die Chance habe ich nur gekriegt, weil die Teamspieler weg waren. Dann hat es wieder eine Zeit gedauert. Auch mit Interviews. Eh klar – aus den Augen, aus dem Sinn.

Aber die nächste Story, die hat mich nicht nur aufgeweckt, die hat mich erschüttert. Ein traumatisches Erlebnis! Alles erstunken und erlogen, kein Wort wahr – und ich war der Böse. Na, das kann ja heiter werden! Ein Artikel in der österreichischen Tageszeitung „Kurier" war's, von wem, das sag ich nicht – vielleicht ist er darauf heute noch stolz, was weiß denn ich? Also: Ich schlage die Sportseite auf – und was muß ich da lesen? Ich, der Toni, einer, der aufgeschaut hat zum „Mister Austria", soll Robert Sara, den damaligen Kapitän, beleidigt haben. Da ist doch glatt gestanden: „Als Robert Sara den Jungstar mahnte: ‚Du, beweg' dich!' , hat ihn Polster angeschnauzt: ‚Alter, weißt was: Kümmre dich lieber um deine eigenen Probleme!'"

So eine Gemeinheit! Mein Lebtag hätte ich mich geschämt, wenn ich das gesagt hätte. Dem Sara noch dazu, diesem Austria-Denkmal. Wenn der Schreiberling geahnt hätte, was er mir antut! Ein Wahnsinn. In unzähligen Briefen haben mich die Leute beschimpft, Pensionisten, Frauen, Kinder, alte Fans: „Rotzbub, wie kannst Du dir anmaßen, so etwas zu sagen, gegen einen Sara? Was der für die Austria schon alles getan hat! Und was hast denn du geleistet?" Schwere Wochen. Schlimm. Am schlimmsten, daß ich nicht zurückschreiben konnte. Alle Briefe ohne Absender. Eh klar, die Fans wollten einfach Dampf ablassen.

Ich habe es nicht auf mir sitzen lassen wollen, bin hin zum Sara und habe gefragt: „Du, Robert, wie stehst Du zu dieser

G'schicht? Hast Du mit jemandem geredet?" Da hat er klipp und klar geantwortet: „Nein, hab' ich nicht. Und du hast es auch nie gesagt. Hätte mich jemand gefragt, hätte ich gesagt: Das ist doch ein totaler Blödsinn!" Das hat mir genügt: „Danke, Robert!" Ich bin zum Telefon und habe gleich beim *Kurier*" angerufen: „Wie können Sie denn so etwas schreiben? Das ist doch ein Wahnsinn für einen jungen Burschen, der gerade am Anfang steht. Woher haben Sie denn das?" Darauf sagt der Reporter: „Mir hat es ein Informant gesteckt!" Wer, hat er nicht verraten. Schmecks, mein Herzerl.* Ich mein, wenn er mich oder den Sara angerufen hätte, dann wäre das was anderes gewesen. Aber so eine Wuchtel* in die Welt setzen, finde ich arg. Ohne Rückversicherung! Dem war das egal, der hat die Story gehabt und ich die Zorres. Für mich war der Mensch gestorben. Bis heute red' ich nix mehr mit ihm. Zum Vergessen.

Aber damals habe ich lange daran gekiefelt*. Zornig war ich, erbost. Schlechte Erfahrung? Ein kapitales Ding! Du weißt dann nie, wie du dran bist? Ich habe daraus gelernt. Und ein gutes Verhältnis zu den Medien entwickelt. Ich hab' mir gesagt: Ich brauche sie – sie brauchen mich! Man muß miteinander leben. Leicht war es nicht. Mich haben sie mehr geprügelt als andere. Was habe ich alles lesen müssen! Na ja, eine Zeit war es ja nicht gerade in Mode, Polster-Fan zu sein. Wenn ich am Boden war, haben's oft auf mich getreten. Und was alles gesagt und geschrieben worden ist, als ich nach Turin bin! „Der wird's nie schaffen!" Oder: „Ihr werdet sehen, in ein paar Monaten ist er wieder da!" Da hab' ich mir geschworen: Toni, jetzt erst recht! Und recht hab' ich gehabt.

Ich gebe es zu, ich bin ein Sturschädel. Wenn ich mir was einbilde oder vornehme, dann will ich es auch durchsetzen. Was ist da am besten? Man schaut sich viel von großen Vorbildern ab. Ich habe sie alle studiert – den Hans Krankl, den Marco van Basten, den Gerd Müller, den Hugo Sanchez. Wie ist es denen gegangen? Genauso wie mir! Was sich die alles gefallen lassen mußten! Schau – ein Gerd Müller, der in 68 Länderspielen 69 Tore geschossen hat, von dem haben sie gesagt: „Der ist nur ein Abstauber, aber kicken kann er nicht!" Was ich wegen Müller und Krankl oft gestritten habe, das geht auf keine Kuhhaut. Allen kann man es nie recht machen. Und so hab' ich zu mir gesagt: Die haben alle damit leben können, dann werde ich, das kleine Würstel* Toni Polster, das auch aushalten. Allerweil!

Hans Krankl nahm erstmals Notiz von Polster, als Toni als U-21-Schützenkönig, von Austria an Simmering verliehen worden war – wie seinerzeit er selbst von Rapid Wien an den Wiener Arbeiter Sportclub (WAC). Richtig hellhörig wurde er erst, als Toni wieder bei Austria und auf dem Sprung in die Erste war. „Da ist mir zu Ohren gekommen, daß er, der Austrianer, mich, die Galionsfigur von Rapid, als Idol bezeichnet hat." Wunder, gibt es die? Heute weiß Krankl, daß es kein Gerücht war, sondern stimmt. „Ich hab's im ‚Austria-Journal' gelesen. Ist ja lustig – da gibt's zwei Austria-Tonis, den Polster und den Pfeffer – und für beide bin ich das große Vorbild!"

Damals ahnte Hans Krankl, der dem Team Adieu gesagt hatte, noch nicht, daß er deshalb zum Comeback im WM-Spiel gegen Ungarn – im April '85 – überredet werden würde, „weil der Polster und der Pacult, die Jungen halt, nicht in Form waren!" Aber im Kader war auch der Toni – und natürlich fiel er Johann K. auf: „Weil er lustig war, fröhlich, freundlich, aber auch goschert!" Weniger lustig, daß das einzige Match, in dem die Rekordschützen miteinander stürmten – wenn auch nur kurz, weil Polster spät eingewechselt worden war – mit einem 0:3 endete. Das einzige gemeinsame Match? Mitnichten! Krankl: „Die Hobby-Mannschaft vom Skender Fani, die ‚Muppets', wie wir sie nennen, spielten immer am 24. Dezember – zur Hetz. Da war auch der Toni dabei, aber da war's nie friedlich, da sind immer die Fetzen geflogen. Da hat sich jeder aufgeregt, auch der Polster. Jetzt wird am 23. gespielt, damit es am Heiligen Abend keine Streiterei gibt!"

Inzwischen kennen sich beide gut. Und Hans Krankl schätzt den Toni, „weil er überall, wo er gespielt hat, seine Tore gemacht hat. Er hat sich durchgesetzt, auch bei Mannschaften, die – sieht man von Sevilla ab, eine sehr gute Adresse in Spanien – alles andere denn gut sind. Bei Köln muß man erst einmal so viele Tore machen. Die sind nur biederer Bundesliga-Durchschnitt. Die wären ohne Polster nirgends!" Aber Krankl schätzt Toni auch, „weil ich glaube, daß er ein sehr anständiger, ehrlicher Kerl ist." Und allen das Gegenteil bewiesen hat, die ihn als Deppen abgestempelt haben. „Ich glaube, daß er noch mehr verspottet worden ist als mir das je passiert ist – auch wegen seinem rustikalen Schmäh. Aber der Polster hat sich im Ausland, speziell in Deutschland, sehr entwickelt. Und genau die, die über ihn gelacht haben, die finden seinen Schmäh jetzt besonders lustig!" Nachsatz von Hans Krankl: „Zum Toni kann man stehen, wie man will – er hat nicht nur da die Tore geschossen, er hat international Karriere gemacht. Hut ab!"

Ich hätte ihn ja als Feindbild nehmen können. Er ein Rapidler, ich Austrianer, so was gibt es ja überall – Milan und Inter, Betis und Sevilla, Real und Madrid, Bayern und 1860, Köln und Leverkusen. Aber für mich war der Hans Krankl immer die Nummer 1, ich bin ja auch mit ihm aufgewachsen, elf Jahre jünger, aber im gleichen Wiener Wohnbezirk, Alt Erlaa, eh bekannt. Er war ein Grüner, aber mein Idol. Nicht nur, weil er Tore geschossen hat, vor allem, weil er so besessen war wie ich, ein Fußballnarr – und verrückt nach Toren. Nie hätte ich gedacht, daß ich ihn als Rekordschützen übertreffen könnte. Nie – darum habe ich gegen Lettland auch so gejubelt, beim 35. Tor, da war ich dann allein vorn. Für mich historisch. Gegen den Hans, das war ein Meilenstein. Aber es gibt Rekorde, die wird keiner mehr brechen. Wie die sechs Tore gegen Malta beim 9:0. Oder die fünf gegen Rayo Vallecano mit Barcelona. Spanischer Rekord-Schütze. Goldener Schuh – er war ein Weltstar. Ich habe

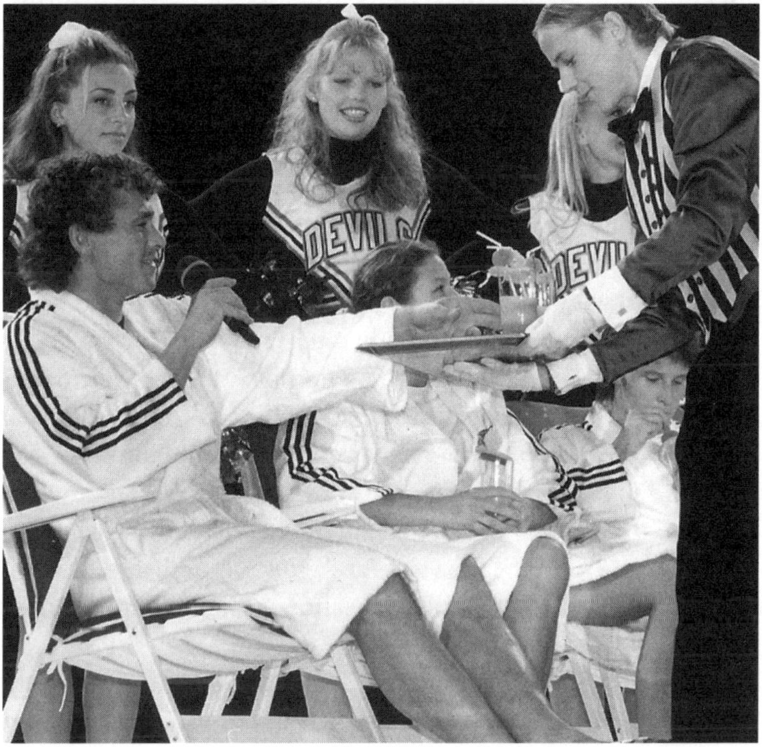

Immer für einen Spaß zu haben – Toni Polster bei einem Prominenten-Wettkampf der Österreichischen Sporthilfe

von ihm viel abgeschaut. Wie von anderen Torjägern, jeder hat ja seine Finessen und Tricks. Mir hat am Hans der bedingungslose Wille imponiert, ein Tor schießen zu wollen.

Das hat sich eingeprägt, als ich noch ein Bub war. Mit dem Vater war ich auf dem alten Rapid-Platz, der Pfarrwiese, da hat Rapid gegen den LASK (Linzer ASK) gespielt – und Karl Rosner, ein harter Hund, gegen den Krankl. Der war wie eine G'wandlaus*. Lästig, hartnäckig, der wäre, glaube ich, mit ihm bis aufs WC gegangen, hätte es sein müssen. Der Hans hat keinen Stich gemacht. Die Fans waren enttäuscht, die haben ein Ventil gebraucht. „Geh, stehst du auf einem Regenwurm? Hörst, Krankl, beweg' dich, du ..." Ist ja nicht immer fein, ich kenne das, mich schimpfen sie ja auch, bis – ja, bis du triffst.

Beim Hans war das auch so. In der letzten Minute hat er doch noch sein Tor gemacht, 2:0 hat Rapid gewonnen. Zuerst haben sie ihn verdammt. Dann haben sie wieder gejubelt. So geht es Torjägern. Nie aufgeben, das hab' ich mir geschworen. Und eingehämmert: Wenn schon sonst nix geht, dem Tormann kann ja irgendwann einmal der Ball aus der Hand fallen. Und dann mußt du dort sein! Wie der Hans damals. Wie ich heute oft. Kreuzigt ihn und Hosianna! Beim Hans war das damals so. Bei mir ist es dann nicht anders gewesen. Wir sind halt zwei, die niemanden kalt lassen. Ich hab' ja bemerkt, daß auch ich die Leute spalte – total für, total gegen mich. Wie der Krankl.

Elf Jahre trennen uns, wir sind ganz andere Menschen, haben aber so viel gemeinsam. Schon oft habe ich gedacht: Komisch Toni, welche Zufälle es ihm Leben gibt! Er kommt aus Favoriten, ich aus Favoriten. Er hat in Alt Erlaa gewohnt, ich auch. Er ist in den 13. Bezirk, ich auch. Er war als Talent von Rapid an den WAC verliehen, ich von Austria an Simmering. Er hat überall die meisten Tore gemacht, ich auch. Er war in Spanien, ich auch. Er hat den Goldenen Schuh gewonnen, dazu den Silbernen, ich hätt es auch, wäre da nicht der Betrug mit Rodion Camataru, dem Rumänen, gewesen. Er war Rekordschütze, ich bin es jetzt. Er wurde populär als Deutschenschreck von Cordoba, ich bin jetzt der Doppelpack in Köln.

Beide sind wir Familienmenschen, beide haben wir klasse Frauen und Kinder, er hat früh graue Haare gekriegt, ich auch. Und einmal, wenn auch nur ganz kurz, haben wir auch im Team gespielt – 0:3 gegen Ungarn, WM-Qualifikation, April 1985, Hanappi-Stadion, Wien. Für ihn ein Comeback, aber das letzte Spiel in der Nationalelf, für mich im Grunde der echte Start zur großen Teamkarriere mit Aufs und Abs, vielen Toren und Durststrecken – und Unterbrechungen. Alles wie beim Krankl. So viel gemeinsam, aber doch so anders.

Zwei Dickschädel, aber er, glaube ich, ist noch um ein Eck sturer. Er kennt da kaum Kompromisse. So und nicht anders. Kein Wenn und kein Aber. Das schafft Freunde, aber auch viele Feinde. Viel Feind, viel Ehr? Wie man's nimmt. Ich hab' mir gesagt: Toni, mach es eher wie der Prohaska – geh' lieber den diplomatischen Weg! Ich meine, jeder hat sein Naturell. Und seinen Stil. Niemand kann aus seiner Haut. Aber jeder schaut halt, daß er daraus das Beste macht. Am besten, man hält sich an die Besten. Oder gleich an Legenden. Vom Hans habe ich mir viel angeeignet – wie man Tore schießt, wie man Kritik wegsteckt, wie man Tiefen mit einem Hoch überwindet. Nur nicht aufstecken.

Das war der eine, der andere der Prohaska, auch ein Vorbild, aber anders. Zuerst Mitspieler, Teamkollege, jetzt mein Teamchef. Freund zum einen, Respektsperson zum anderen. Hans Krankl und Herbert Prohaska, zwei Legenden, zwei Freunde, aber grundverschieden. Der eine Stürmer, hochexplosiv, eine Reiz-Figur. Der andere Spielmacher, der Fäden zieht, ein Diplomat auch abseits vom Fußball. Nicht, daß er Angst vor Konflikten hat – nein: der „Schneck" versucht eher, die Wogen zu glätten statt Wellen aufzuschaukeln. Es führen ja bekanntlich zwei Wege nach Rom – und der Prohaska ist sozusagen ein gelernter Römer.

Ich war selbst oft aufmüpfig als Junger, ein Goscherter* halt, ich wollte mir nichts gefallen lassen. Beim „Schneck“ war es anders. Ich bin an seinen Lippen gehangen, habe alles aufgesaugt, was er gesagt, wie er sich verhalten hat. Vor allem als Mensch hat man da viel lernen können. Und profitieren. Irgendwann stellt man sich die Gretchenfrage: Was willst du eigentlich, Toni? Mit dem Kopf durch die Wand kannst du nicht. Es muß einen Mittelweg geben! Das heißt ja nicht, daß man buckelt. Aber es gibt ja ein geflügeltes Wort, das besagt: *Der Stärkere gibt nach!* Warum auch nicht? Wenn es nicht um ein Prinzip geht, vergibt man sich ja nichts. Teamgeist ist wichtig im Fußball. Einer gegen alle? Unsinn. Das macht nur böses Blut. Bringt nichts und kostet Erfolge.

Um wieder zum Prohaska zu kommen. Er ist das Gegenteil von einem Egozentriker, fast schon des Guten zu viel. Alles für die Mannschaft. Was hat man ihm in Italien vorgeworfen? „Der schießt ja nie, wenn vorn alles gedeckt ist, müssen Mittelfeldspieler die Tore machen!“ Ja, warum hat er so selten geschossen? Unbegreiflich eigentlich! Seine Schußtechnik war perfekt, er hat scharf und präzise schießen können. Aber das hat er nur im Notfall getan. Wenn einer besser postiert war, hat der von ihm den Ball bekommen. Uneigennützig, fast zu selbstlos. Für mich war es super. Eine Gnade Gottes, vor einem wie Prohaska zu spielen. Bälle, wie auf dem Tableau. Für mich hat es in Österreich keinen besseren gegeben – vorher nich, nachher nicht. Franz Hasil möge es mir verzeihen.

Wer nicht gewußt hat, wohin mit dem Ball, der hat ihn zum „Schneck“ gegeben – wie einen versiegelten Brief, von dem man gewußt hat: Der macht ihn auf! Wenn es für andere ausweglos war, hat er eine Idee gehabt. Immer. Kreativ und genial. Wie der Deckel am Topf bei Austria. Oder im Team.

Ich war ja schon wieder dort, der „Schneck“ noch in Rom, dann ist er gekommen. Da habe ich zu mir gesagt: Toni, das ist wie ein Traum, da kriegst du Bälle, da mußt du einfach Tore machen. Auch wenn ich anfangs Rechtsaußen spielen mußte! Anfangs hat er mich, jung war ich noch, manchmal zurechtgestutzt. Aber später haben wir uns optimal ergänzt. Bei der Austria – und ein paar Mal im Team, er hat ja in der WM-Qualifikation '90 noch dreimal gespielt. Es hat genügt, daß er da war. An so einen kann man sich anhalten. Wir haben Glück gehabt. Aber mit ihm haben wir es geschafft. Oder dank Prohaska. Da war er Leithammel und Seelentröster. Fünf Jahre später war er nicht mehr Kollege, sondern Vorgesetzter. Ein Freund als Teamchef, das ist etwas Besonderes. Aber nicht so einfach, wie man denkt.

Immer seines Glückes Schmied – aber Geld ist für Toni Polster längst nicht alles im Leben.

Geldgeflüster und Blitzgneißer

Toni Polster lebt schon lange mit Vorurteilen. Sie kleben an ihm wie „Uhu“, auch wenn er sie längst korrigiert hat. Als Kicker, der dort, wo man ihm den Untergang prophezeite, erst recht auftrumpfte. Und als großzügiger Mensch, der in den Sack greift, um anderen eine Freude zu machen. Wie bei Köln, wo er Champagner für eine Münchner Sensation springen ließ, bei der er zwangsweise gefehlt hatte: Sperre! Aber ein Stempel, der einem aufgedrückt wird, ist wie ein Stigma. Da war die Geschichte mit der Fan-Post in Turin: „Porto zahlt Empfänger“. Daran weiden sich die Medien. Sogar der „Spiegel“ hat ihn als Sparmeister ausgeschildert und dabei den Winheim von der Wiener Tageszeitung Kurier mit dem klassischen Satz zitiert: „Eher kriegst aus einem Toten einen Schas als vom Toni ein Geld!“ Was, wie nicht nur Mama Waltraud betont, einfach nicht stimmt. „Der Toni“, erzählt sie, „hat schon oft zu mir gesagt: ‚Du Mama, wenn dir das Kleid gefällt oder die Tasche, probier's und kauf's, ich zahl's!' Meistens nehm' ich's nicht, ich denk mir nämlich: Schön wär's ja – aber brauchst es?“*

Und die Kölner Freunde, der Leibfotograf Axel Dietge zum Beispiel oder der Spirituosen-Importeur Röseler, unterstreichen die Aussagen von Frau Polster. Sie stellen die Vorurteile auf den Kopf. Alles, nur kein Geizkragen sei er, der Toni. „Der ist so umgänglich“, sagt Dietge, „der gibt schon mal einen aus – oder lädt die ganze Runde zum Essen ein. Wenn er was verspricht, hält er sein Wort, wie mit dem Champagner für die ganze FC-Truppe, 30 Mann hoch. Darum ist er doch in Köln so beliebt!“

Geld – ja was bedeutet mir eigentlich Geld? Das ist ja wie

beim Doppelpack. Schießt du doppelt so viele Tore, willst doppelt so viel verdienen. Das ist normal. Die Leistung bestimmt den Wert. Heute ist das anders als früher. Begonnen habe ich mit 500 Schilling im Monat – ohne Prämien, dazu den Lohn als Lehrling, das waren 3.500 Schilling monatlich. Moped habe ich mir darum keines kaufen können, leider. Und die Eltern haben gesagt: „Nein, Toni, Moped kriegst du keines!" Vielleicht war's eh besser so. Die meisten im Nachwuchs haben eines gehabt. Und die meisten sind aufgeschunden zum Training gekommen: „Ausgerutscht bin ich!" Was weiß ich, wie oft ich hingeflogen wäre? Wie ich mich kenne, hätte ich sicher versucht, die Grenzen auszukosten. Na, da bin ich halt mit der Tramway* gefahren. Oder andere haben mich mitgenommen.

Ich bin ja kein Luxusgeschöpf. Aber ich kann mir leisten, was ich mir leisten will. Da ein Ledermantel, dort eine Hose. Da etwas für die Lisi oder die Kinder. Gut essen, schön wohnen, ein bequemes Auto fahren. Wozu brauche ich einen Rolls Royce? Ich bin nicht der Typ dafür. Leben und leben lassen. Wäre ich geldgierig, würde ich mit dem Plastiksackerl* herumrennen. Ich bin auch keinem was neidig. Ich zeig' nie mit dem Finger auf andere. Jeder ist seines eigenen Glückes Schmied. Hauptsache, ich hab', was ich brauch' – und es entspricht dem, was ich leiste. Ich habe einmal einen Satz gesagt, der ist, glaube ich, symptomatisch: „Mich unterscheidet von den anderen nur der Kontostand!" Die Botschaft, die ich vermitteln wollte, war die: Okay, ich habe vielleicht mehr Geld als andere, aber bin ich deshalb ein anderer Mensch? Wäre es anders, würde mir das ein ganz schlechtes Zeugnis ausstellen. Geld ist gut, Geld ist wichtig, aber Geld ist nicht alles im Leben.

Wer sonst, wenn nicht Skender Fani, Anwalt und Freund, der für ihn alle Verträge aushandelt, neuerdings auch für die Toni-Polster-Werbe-Gmbh, könnte das Verhältnis Tonis zum Geld besser beschreiben – und dabei den Ruf korrigieren, der ihm seit mehr als einem Jahrzehnt nachhängt. „Ich glaube“, meint Fani, „daß es daher rührt, daß Toni von Haus aus so erzogen wurde, das Geld nicht beim Fenster hinauszuwerfen. Bevor er Sinnloses kauft, kauft er lieber gar nichts!“ Und diverse Stories, die verbreitet wurden, seien falsch interpretiert worden. „Wie die vom Trainingslager in Lindabrunn. Da soll er zu einem Mitspieler gegangen sein und gesagt haben: ‚Du, von dir krieg ich noch 35 Schilling!‘ Dem Toni ging's nicht um die 35 Schilling, totaler Blödsinn. Aber sein Ehrgefühl hat ihm gesagt: Spielschulden sind Ehrenschulden. Und wie wenig es ist, die muß man zahlen!“ Von Geizkragen oder Neidhammel, der den Schilling umdreht, zu Deutsch: Pfennigfuchser, könne keine Rede sein, das sei einfach falsch. Eine Unterstellung. Das habe er ganz anderes erlebt, aber das stehe da nicht zur Debatte.

„Für Toni“, so sagt Fani, „ist es immer eine Ehrensache gewesen, daß, wenn er im Ausland gewesen ist, er überall, wo er gespielt hat, von Turin über Sevilla, Logroño, Madrid bis Köln, beim Abendessen die Rechnung verlangt – und gezahlt hat. Da hat er gar nicht mit sich reden lassen, sondern gesagt: „Logisch, Doktor, du bist eingeladen, unser Gast!“ Der Toni lebe auch nie in der Angst, er könnte übervorteilt oder, volkstümlicher gesagt: Über den Tisch gezogen werden. „Er ist bei Verhandlungen selbst nie dabei, erst dann, wenn man handelseins ist. Wenn ich ihm sag: ‚Toni, das gibt es, mehr nicht, dann akzeptiert er das auch!‘“ Wie beim Transfer nach Köln, als er aus Madrid von Rayo Vallecano und Senor Ruiz Mateos gleichsam „geflüchtet“ war.

Natürlich gibt es immer Vertragspoker. Aber wer schaut denn nicht, daß er sich mehr aushandelt? In Spanien bin ich sogar eingefahren*. Wie, warum? Rayo Vallecano ist mir noch heute einen Haufen Geld schuldig. Jetzt liegt das alles beim Gericht. War auch ein Grund, warum ich weg bin. Und zu Köln.

Manche werden sich vielleicht denken: „Aha, dort hat er sich aufgerieben!"

Auch wenn es mir keiner glaubt: Ich habe in Köln am Anfang fast dreißig Prozent weniger verdient! Also habe ich es mir anders hereinholen müssen. Werbeauftritte. Autogrammstunden, Talk-Shows im Fernsehen, das bringt alles Geld. Da eine Stunde, dort eine Stunde. Auch Kleinvieh macht Mist. Unterm Strich ist es mehr, als ich in Spanien verdient hätte. Aber ich habe ja selbst viel dazu beigetragen. Und viel lernen müssen. Was die Werbung betrifft. Und das Verhandeln.

Von nix kommt nix. Durch Leistung und durch Tore wird man interessant – fürs Fernsehen und für die Werbung. Das sind natürlich Trümpfe, wenn es um Verträge geht. Wo gefeilscht wird, kriegen die Reporter immer lange Ohren. Über nichts wird so viel geredet wie übers liebe Geld. So war es auch in Köln, da ist es die längste Zeit hin und hergegangen. Ich habe mit dem Peter Neururer als Trainer nicht gewußt, wie ich dran bin. Die Fans wollten mich, der Klub auch, die Journalisten waren neugierig – vom *Kölner Expreß,* von *Bild,* vom Fernsehen. Immer die gleiche Frage: „Herr Polster, wie geht's weiter? Bleiben Sie jetzt oder?" Da hab ich immer gewußt, was jetzt kommt – das Geld? So ist eine legendäre Geschichte entstanden.

Nach einem Match war es, der Boris Stark hat mich am Kabineneingang interviewt. Frage: „Es liegt ja am Geld, nicht wahr?" Da habe ich mir gedacht: Toni, dreh das einmal um! Und das hab ich auch gemacht: „Na ja", habe ich gesagt, „der FC will mehr zahlen als ich verlange, daran spießt sich ja alles." Da war dann drei, vier Sekunden lang nix, der war so verblüfft und hat vor lauter Schreck keinen Ton herausgebracht, bis er sich gefangen und gesagt hat: ‚Das war aber ein Scherz ... ' Darauf ist mir nur ein Satz eingefallen, was ja auch gestimmt hat: „Sie sind ein Blitzgneißer!" Na, mehr hab' ich nicht gebraucht. Der war baff. Und die Telefone zwischen Deutschland und Österreich sind heißgelaufen. Jeder wollte wissen: „Was ist ein Blitzgneißer?“ Natürlich hat er es mich auch gefragt. War gar nicht so einfach, die Antwort, aber ich habe sie gefunden. Was weiß denn ich, wie man am besten sagt – vielleicht Schnelldenker! Und alles nur, weil es ums Geld gegangen ist. Im nachhinein kann ich nur sagen: Der Blitzgneißer war Goldes wert. Und Geld, weil mich alle haben wollten. Kurios, nicht?

Mittendrin statt nur dabei

Seit Toni Polster mit Handküssen für Schiedsrichter, Pointen wie dem „Blitzgneißer“ im TV-Studio, den „Fabulösen Thekenschlampen“ und einer Fülle an Toren auf einer Welle der Sympathie schaukelt, als wäre er nie als (Fußball-)Trottel der Nation hin- oder gar an den Pranger gestellt worden, hagelt es förmlich vor Angeboten aus der Werbung. „Ich hab' schon einen ganzen Ordner“, sagt Anwalts-Freund Dr. Skender Fani. „Würden wir alles annehmen, könnte er gar nicht mehr spielen!“ Alle sind auf den Toni gekommen. Auf einmal. So als hätt' es ihn so, wie er war und immer noch ist, nie gegeben. Interessant. Wer hätte sich vor zehn Jahren oder mehr mit ihm identifiziert? Einerlei. Jetzt steht alles Kopf. Oder liegt ihm zu Füßen. Wie der Franzose Delmas, Danone-Chef, der Polster als Werbeträger „eingekauft“ hat. Warum? „Weil er nicht nur der beliebteste Fußballer, sondern auch ein typischer Österreicher ist!“ Wer also den österreichischen (Milch-)Markt erobern will, setzt auf Sport und Spitzensportler, „schon wegen der Konkurrenz von Müller- oder Südmilch!“ Vor der ersten Begegnung auf dem Flughafen Schwechat wußte Delmas nicht, was ihn mit Polster erwartet. „Vielleicht ein Star mit Allüren? Nein, ein Mensch, der mit beiden Beinen auf dem Boden blieb. Der hat sich mit mir gleich auf einen Kaffee beim Ausgang gesetzt und locker geplaudert." Da war Delmas klar: Toni Doppelpack, ein Volltreffer. Der richtige Mann am richtigen Platz. Kein gelernter Schauspieler, aber ein geborener Werbeprofi.

Vielleicht habe ich eine Schlagseite dafür. Werbung, Show, Theater habe ich gern. Als Bub war ich oft in den *Wiener Kammerspielen.* Die spielten meist lustige Sachen zum Lachen. Und ich habe ja schon immer gern und viel gelacht. Oder freundlich gelächelt. Weil man so leichter durchs Leben geht. Positiv, fröhlich – vielleicht komme ich deshalb an.

Der erste Fernseh-Auftritt, 1982, war natürlich aufregend – ich habe ja nicht einmal gewußt, wie ich auf den Küniglberg zum ORF komme. Friedl Koncilia, ehemaliger Austria- und Team-Tormann, hat mich bei der Bushaltstelle abgeholt. Großes Wort habe ich noch keines geführt, aber ich war in aller Munde. Ich habe im Europacup gegen Panathinaikos Athen ja Furore gemacht, die Millionentruppe haben wir eliminiert. Ich habe aufgepaßt, was der Friedl sagt, der war ja ein Fernsehprofi. Als sie ihn nach dem Wunschgegner fragten, hat er gesagt: „Entweder einen mit einem tollen Namen, dann haben wir ein volles Haus – oder einen leichten, den wir schlagen können!" Dann war ich dran. Aber da waren wir nicht mehr auf Sendung. Der Moderator hat trotzdem gefragt: „Na und Sie, Toni?" Ich wollte auf jeden Fall keinen Fehler machen und habe unverfänglich geantwortet: „Im Sinne vom Friedl."

Ein erster „Gehversuch". Beim ersten Werbevertrag war es schon leichter. Wie, wann, mit wem? Mit einem Sportschuherzeuger. Als ich Schützenkönig war, hat eine Firma einen „Polster-Schuh" mit drei Streifen produziert. Toni, jetzt bist du verewigt, dachte ich mir. Na, war ich da stolz auf mich! Ein Anfang. Solo. Der nächste, für den ORF, war im Quintett: Werbespot

Beim Blick in den Rückspiegel kann sich Toni zu vielen Entscheidungen seines Lebens nicht nur gratulieren, er sieht so manches auch mit der Brille eines Mannes, der sich im Wandel der Zeiten von einem belächelten Fußballer zu einer Persönlichkeit gewandelt hat, die Vorbild als Familienvater, Idol als Fußballer und beliebter Stargast in allen TV-Studios geworden ist.

Als falscher Reporter war Toni bei ihr abgeblitzt, als echter Toni eroberte er das Herz von Lisi, die für ihn den Traum von einer (Ehe-)Frau bedeutet.

Von der Liebe auf den ersten Blick zu einem Lebensbund, der im Mai 1990 mit der Hochzeit in Wien geschlossen wurde. Zwei, die ein Herz und eine Seele sind.

PUMA

2
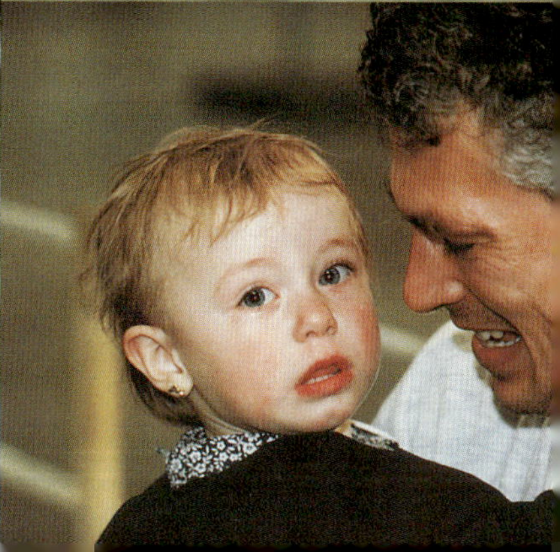

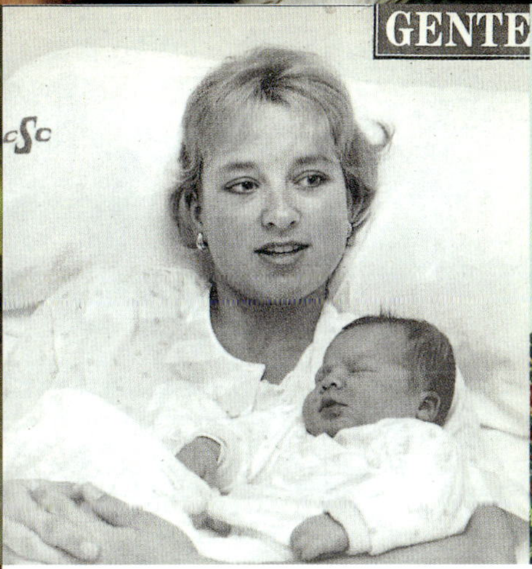

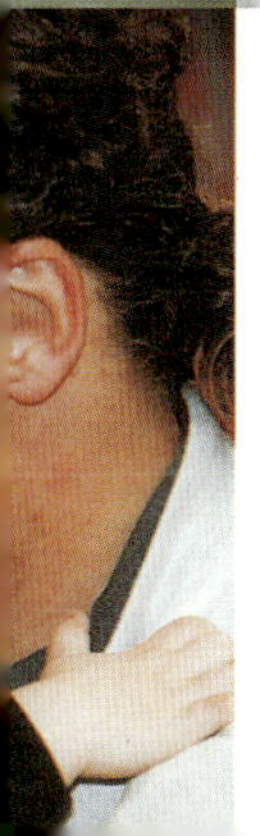

Schnappschüsse einer glücklichen Familie in allen Lebenslagen: Laßt die Räuber durchmarschieren, großer Toni und kleiner Toni mit Ball und im Go-Kart, Lisa in den Armen und auf den Schultern. Lisi mit Toni (Jesus), der mit der Geburt auch Sevilla-Mitglied wurde. Und Toni mit Lisa.

Früh lernte Toni Polster mit dem Erfolg zu leben. Ob es um Ehrungen *(oben links und unten links)*, Benefizveranstaltungen *(unten rechts)* oder seine Tankstelle in Wien *(oben rechts)* geht – stets ist Toni Polster mit ganzem Herzen bei der Sache.

Auch im Umgang mit Prominenten ist Österreichs Sportler des Jahres 1997 inzwischen längst ein eleganter und eloquenter Profi geworden. *Links oben:* Teamchef Prohaska, Alt-Bundeskanzler Vranitzky, Wiens Bürgermeister Häupl, ÖFB-Chef Mauhart.
Rechts oben: Römer für Toni von Kanzler „Vranz".
Unten: Für Keuchhof-Chef „Hubsi-Bubsi" Baggeler *(links)* und die Kölner Fans ist Toni Polster nicht nur an seinem Geburtstag so etwas wie ein „Zuckerguß".

Häferlgucker Toni: „Die Lisi ist eine Spitzenköchin!"

gegen „Schwarzseher“ mit Koncilia, Prohaska, Obermayer, Baumeister – und Teddy Podgorski, dem damaligen Sportchef. War nicht schwer, der Text kurz: „Ich glaube, wir sind schon im Bild.“ Das war alles. Podgorski hat es fortgesetzt: „Ja, der Sport ist groß im Bild ...“

So hat es angefangen, aber richtig losgegangen ist es in Österreich erst anläßlich der zweiten WM-Qualifikation.

Nicht nur die Medien, mit denen er täglich zu tun hat, sind sein Metier. Längst ist Toni Polster auch auf Bühnen und in allen möglichen Studios daheim. Da ein Auftritt, dort eine Aufnahme, schließlich auch schon Werbespots mit ihm in einer tragenden – oder besser – löffelnden Rolle! Wie beim „Danone“-Spot, wo er sozusagen das Sahnehäubchen der Werbebotschaft ist.

Doktor Harro Pfeiffer von der Agentur Eggert, verantwortlich für den Danone-Dreh, war hingerissen von der Leichtigkeit des Seins, mit der Toni Polster gleich alles im Griff und die Firma den Spot im Kasten hatte. „Wir haben ihn vom Flugplatz abgeholt, sind ins Tonstudio Holy – und in kürzester Zeit war alles erledigt. Er hat den Text perfekt gekonnt, sehr professionell.“ Und noch mehr verblüffte er die Werbeprofis, weil er mit dem spanischen Regisseur Josep Llores auf Spanisch witzelte, „was sonst keiner verstanden hat.“ Auch als „Schauspieler“, der sich – animiert von Skippy, der australischen Regieassistentin – so locker bewegte, als hätte er nie etwas anderes getan.

Pfeiffer: „Llores hat uns erzählt, daß die Spots mit Bruguera, Köpke, Bierhoff und ungarischen Paddlern eine eher schwere Geburt gewesen sind. Da waren wir natürlich aufs Schlimmste gefaßt – aber der Polster hat uns angenehm überrascht.“ Andere würden, vor allem unter Scheinwerfern, vor Angst quasi Blut schwitzen, vor allem, wenn man einen „Take“ mehrmals wiederholen muß, damit er wirklich perfekt ist. Pfeiffer: „Nicht daß Laien mit zunehmender Drehdauer immer nervöser werden, sie sind meist auch sehr erschöpft. Aber Toni war beim vierten Mal so frisch, als hätt' er grade angefangen!" Was letztlich nicht nur Zeit, sondern auch Geld gespart hat. Eben professionell.

Beim „Danone"-Spot habe ich längst gewußt, wie alles funktioniert. Ich fasse ja schnell auf und passe mich schnell an. Hexerei ist's ja keine. Und Spaß macht es auch. In Köln mache ich ja alles mögliche: Fotos für den Verein oder für den FC-Fan-Shop, für „Pro Markt", eine Elektronik-Kette, gebe ich 20 Autogrammstunden, da sie einen Teil meiner Gage auf zwei Jahre zahlt. Für die Kölner Messe AG war ich als „Stargast" bei der Lebensmittel-Messe. Österreichs Landwirtschaftsminister Wilhelm Molterer ist auch gekommen, der Hansi Mahr, Chefredakteur von RTL, auch ein echter Wiener in Köln.

Wenn ich spüre, daß mich die Leute mögen, bin ich gleich viel lockerer. Und für die Wiener hat man in Köln sowieso ein Faible. Aber aufpassen muß man trotzdem, es ist eine Gratwanderung. Ich muß mich da an der Kandare nehmen und zu mir sagen: Toni, übertreib's nicht. Wenn du Letzter bist, kannst nicht gut Schmäh reißen. Aber ich glaube, man merkt, daß ich immer der goldenen Mittelweg suche und gehe.

Was ist Weiden?

Wäre Hansi Mahr Mini Bydlinski, er würde sagen: „Ja, das stiiiiimt!" Spaß beiseite. Mahr, der zwei Jahre später als Polster nach Köln übersiedelte, sagt als echter Wiener über den Ur-Wiener Toni: „Der ist mehr Kölner, als ich es je werden kann. Die Offenheit, mit der er auf Fremde zugeht, öffnet ihm alle Herzen. Das ist Werbung in eigener Sache, der ist in allen Kneipen akzeptiert!" Was für andere gewöhnungsbedürftig, ist für Toni keine Hexerei. „Der kann sich anpassen, der ißt auch seinen Sauer-

*braten, aber wenn er seinen Italiener gefunden hat, dann ist alles leiwand *!"*

Die Sympathie, die ihm zufliegt, nützt Toni für alle möglichen Zwecke aus – wie für den SV Weiden, den Kreisliga-B-Klub, bei dem er als Präsident so die Propagandatrommel rührt, daß der Fußball-Zwerg in aller Munde ist. Wenn's darum geht, daß sich die Klub-Kasse füllt, setzt Toni seine Popularität ein. Hartnäckig – von Mama gelernt! Mahr kann ein Lied davon singen. „Als Toni dort Präsident geworden ist, hat er angerufen und gesagt: ‚Du Hans, ihr vom RTL seid's nur einen Steinwurf weg, wär' super, wenn's eine Werbefläche kaufst für die Bande – für mein Werbebudget beim SV Weiden!'" Für Mahr war das nicht einfach. Erste Frage, als er den RTL-"Finanzminister" kontaktierte: „Was ist Weiden?" Als er erklärte, worum's geht, stieß er „auf blankes Entsetzen. Wie hätten die begreifen sollen, daß Weiden für den Privatsender mit dem größten Werbe-Volumen Europas wichtig ist?" Aber je schwerer eine Geburt, desto weniger läßt Toni locker. Mahr: „Der hat zwei- bis dreimal die Woche angerufen und gefragt: ‚Du, wie schaut's aus, Hansi?'" Irgendwie hat es Mahr durchgesetzt, daß RTL einsteigt. „Steter Tropfen höhlt halt den Stein. Dabei haben viele gedacht, ich bin übergeschnappt. Aber er hat seine Werbe-Tafel 'kriegt." Tonis Beharrlichkeit zahlte sich auch in diesem Fall aus.

Ja, wie ist es überhaupt gekommen, daß ich Präsident des SV Weiden geworden bin, ein Vororte-Klub, Kreisliga B, also Niemandsland? Das ist ganz einfach. Weiden ist ums Eck von uns, Toni hat dort schon bei den Mini-Knaben gekickt, ich hab' ihn immer abgeholt, waren alles echte Kumpels dort – wie Manni Koglin, der Kantinen-Wirt, der hat früher auch dort gespielt. Eine große Familie. Am 11. 11. 1996, genau zum Karnevalsbeginn, haben sie mich gefragt: „Toni, wir haben keinen Präsidenten – willst du es nicht machen?" Anfänglich dachte ich mir, es handelt sich um einen Karnevals-Scherz. Aber es war ihr aufrichtiger Wunsch und kein Witz. Da hab' ich zugesagt. Nicht nur so, ich wollte was bewegen. Aber wie? Und was? Ohne Geld ka Musi*, wie man bei uns in Österreich sagt. Also muß Geld in die Kasse. Mir war klar, daß ich dazu meine Popularität ausnützen muß, wenn irgendwo die Türen aufgehen sollen. Aber nur schnorren geht auf Dauer nicht.

Da habe ich eine Idee gehabt: Wenn ich möglichst viele Prominente nach Weiden bringe, könnte es klappen. Die müssen Mitgliedsbeitrag zahlen, mindestens 150 Mark im Jahr, da kommt schon was rein. Und die Zeitung schreibt darüber, das mach' ich schon. Da fällt mir dann die Sponsorensuche sicher leichter. Und so war's auch. Es gibt ja in Köln genug Prominenz.

Na, die hab' ich angelacht. Die beim Klub sowieso, aber auch solche, die nie bei Köln waren und ganz woanders Stars sind. Die Liste ist schon ganz schön lang: Mario Basler, Stefan Kuntz, Pablo Thiam, Michael Sternkopf, Ion Vladoiu und Dorinel Munteanu, die Rumänen, Horst Heldt, Dirk Schuster, Georg Koch und Andreas Menger, die Tormänner. Lothar Matthäus und Udo Lattek, der gleich nebenan wohnt. Da geht was weiter. Wie viele Mitglieder werden wir haben? 400 waren's, jetzt sind es schon mehr als 520. Ich bin fast jeden Tag da – nach dem Köln-Training. Man muß ja nach dem Rechten schauen.

Lokalaugenschein beim SV Weiden, gleich bei der Bahngasse. Januar, dichter Schneefall. Aber die Amateure, sogar Hobbykicker, kann's nicht abhalten: Training. Wenn der Chef ein Profi-Star ist, dann ...

Manni Koglin, ein Kantinen-Wirt, wie man ihn sich vorstellt: rauh, aber herzlich, kümmert sich um seine „Jungs". Und den Toni, der eben einen Reporter aus Holland „verarztet" – in der Kabine, wo sich sonst die „alten Herren" umziehen. Zurück zu den Wurzeln. „Er fühlt sich", sagt Manni, „sauwohl bei uns. Hier kann er abschalten. Und wenn er Zeit hat, nimmt er sich der Buben an – sogar einen Hauslehrer hat er engagiert, der kommt einmal die Woche!" Luxus nur, was die Versorgung der Minis betrifft. Und das Umfeld. Flutlicht für kleine Trainingsfelder. Sogar ein Container steht inzwischen beim Eingangstor zum Platz, „da kommen Computer hinein, das wird die Geschäftsstelle!" Aber ansonsten, wie es halt so ist bei einem kleinen Verein: Spinde, Schränke. Spartanisch.

Aber umso mehr Herz und Gemüt(lichkeit). Kaffee und Kuchen, Frikadellen und Metwurst. Kleine Idylle, der Toni Polster die große Welt eröffnet hat. Trainings-Anzüge auf die ein Bundesliga-Klub stolz wäre. Samt Dressen. Sponsoren von Kopf bis Fuß. Auto-Firmen, Brauerei, Sanitäts-Unternehmen etc. Keine Tribüne, aber 100 Meter Bandenwerbung. Toni macht's möglich. „Was der anschleppt, das ist unglaublich", reibt sich Manni die Hände. „Und wenn er bei einem Match ist, dann geht das Temperament mit ihm durch. Er springt auf, er brüllt, er ist Präsident mit Leib und Seele!"*

Sein Engagement spornt auch die Mannschaft an. Frage an Manni: „Na, wo steht SV Weiden?" Der Wirt: „An erster Stelle der Kreisliga – wo sonst?"

Ich hänge am SV Weiden. Langsam wird aus einem Vorortverein ein Kult-Klub. Da und dort haben sie schon gesagt: „Der ist ein Messias in Sachen Basisarbeit!" Na ja, man soll nie übertreiben. Aber ich find's super, wie die Jugend an mir hängt, das gibt mir Berge*. Nichts ist schöner, als wenn die Augen von Kölner Kindern glänzen. Ich kriege Fanpost wie noch nie – oft paketweise. Gott sei Dank gibt's da eine Sekretärin, die macht das für mich. Da sind ja unglaubliche Briefe darunter. Zum Beispiel einer von jemand, dessen Bruder im März geheiratet hat: „Das Baby, das unterwegs ist, will er im Fall eines Jungen ‚Toni' und bei einem Mädchen ‚Antonia' nennen!" Oder ein anderer:

„Meiner Meinung nach sind Sie der beste Fußballer, der je in der Bundesliga gespielt hat." Oder: „Ich bin 18. Leider will mich kein Fußballverein. Was soll ich tun? Aber ich bin FC-Fan – vor allem von Ihnen. Kann ich ein Autogramm haben? 1.000 Dank im voraus!" Davon gibt's Zehntausende.

Ich glaube, daß ich das für den SV Weiden nützen muß. Wir machen eh viel für die Talente, auch beim Sportartikel-Verkauf. Da gibt es Sonderangebote: 50 Prozent bei Schuhen, 30 Prozent bei Trikots. So hält man die Jungs bei der Stange. Die Knaben sind mir ans Herz gewachsen. Die Freude, die die gehabt haben, als sie in München gegen die Bayern-Buben spielen durften – ein tolles Erlebnis.

Lothar Matthäus hat Wort gehalten und ist zum Abendessen gekommen, die Buben waren im siebenten Himmel. Und auch für mich war es ein unvergeßliches Erlebnis – da macht mir die lange Busfahrt von Köln nach München nix aus. Wenn ich mir die Buben anschaue, muß ich mir um die Zukunft in Weiden nicht bange sein. Ich habe da so meine Visionen:

Mein „Wunschzettel" als Countdown zur Erfüllung meines Traums

2005: Aufstieg von der Kreisliga in die Bundesliga

2006, August: Bundesligapremiere des SV Weiden, mit der Nummer 9 läuft natürlich Spieler-Präsident Toni Polster ein, um den Anstoß vorzunehmen.

2008: Deutscher Cupsieger

2009: Deutscher Meister

2011: Finale Champions League

2014: Präsident Polster wird 50! Zum Geburtstag gibt das Geburtstagskind die Übernahme des FC Bayern München bekannt, wo er auch das Präsidentenamt von Franz Beckenbauer übernimmt, gleichzeitig läßt sich

„Präse" Polster zum Aufsichtsratsvorsitzenden der börsennotierten SV Weiden München AG ernennen...

In jedem Witz steckt ein Körnchen Wahrheit. Nachzulesen in meiner Homepage im Internet. Wer die Adresse nicht kennt, dem sei's gesagt: *www.toni-polster.at/main.htm* Große Ziele kosten Geld. Wir müssen noch mehr Sponsoren aufstellen.

Was Werbung betrifft, ist der Toni mehr als ein Profi – ein Künstler. Da hilft ihm der Wiener Schmäh. Da nützt der „Blitzgneißer". Auch „Hubsi-Bubsi", der Freund und Helfer in allen Lebenslagen, bestätigt es. Schmunzelnd. „Es gibt da eine Geschichte – nein, soll ich's erzählen? Vielleicht ist's dem Toni nicht recht, vielleicht denkt er: ‚O je, das verstehen's vielleicht falsch?' Aber ich finde, daß es eher beweist, was für ein Profi der Toni ist – wenn er etwas kriegt, dann bringt er dafür auch eine Gegenleistung! Also, lange Rede kurzer Sinn.

Toni, den Hüft-Wehwehchen plagen – motorischer Typ, Sie erinnern sich – sticht eines Tages, als er eine Zeitung durchblättert, ein Inserat für einen Massagestuhl ins Auge. Fürs Wohlbefinden. Da ist er zu Hubsi-Bubsi. Hätt' ja sein können, daß er die Firma kennt. Fehlanzeige. „Da hat er", verrät der Keuchhof-Baggeler, „mich gefragt: ‚Du Hubsi-Bubsi, kannst nicht anrufen dort?' Na, warum nicht." Baggeler griff zum Hörer: „Guten Tag, ich bin der Arzt von Toni Polster, der würd' so einen Massagestuhl für seine Hüfte brauchen, dann würde er noch mehr Tore schießen – klar, daß er Fotos dafür macht." Zögern bei der Angestellten: „Na, ich kann da nichts sagen, da muß ich den Chef fragen – aber könnte ich Ihre Telefonnummer haben, sicher ist sicher?" Aufgelegt und – gleich wieder abgehoben. Hubsi-Bubsi: „Nach einer Minute hat's geklingelt, der Chef war dran: ‚Wirklich, der Toni Polster hat Interesse? Könnten wir mit ihm vielleicht Kontakt aufnehmen?' – „Sie haben Glück, Toni ist gerade da, ich gebe weiter!" In kürzester Zeit war alles abgemacht. Fototermin, schöne Schnappschüsse. Und Toni saß auf dem Massagestuhl – ein wahrer Gesundbrunnen für Doppel- und Triplepack.

Ich weiß, wem ich meine Fitneß zu verdanken habe. Als junger Spieler hat mir Primarius Summer in Wien viel geholfen, auch damals ist es schon um die Hüfte gegangen. Jeder Fitmacher, der mich in Schuß bringt, ist für mich im wahrsten Sinne des Wortes Goldes wert. Physiotherapeuten braucht man wie einen Bissen Brot. Erst recht, wenn man in die Jahre kommt. Beim 1. FC Köln betreut mich jetzt Jürgen Schäfer, ein super Bursch, der viel kann und genau weiß, was ich brauch, wo's mir fehlt und was er machen muß, damit ich dort steh', wo es etwas zum Erben gibt. Darum möchte ich unbedingt, daß er zu Wort kommt.

„Es ist nicht alltäglich", sagt Jürgen Schäfer, „daß man einem Fußballer nach einem Tor eine orthopädische Meisterleistung bescheinigt. Akrobatisch, geschickt, raffiniert, das ist normal. Aber der TV-Reporter hat schon recht gehabt, weiß aber bis heute nicht warum." Der habe ja von Tonis anatomischen Besonderheiten nichts wissen können, „die ihm Bewegungsabläufe ermöglichen, die im allgemeinen als Unbeweglichkeit, Hüftsteifheit oder gar als Unsportlichkeit bezeichnet werden!" Polster zeichneten zwei Faktoren aus: „Erstens hat er im Verhältnis zur Größe ein kleines, enges Becken. Zweitens steht der Oberschenkelhals nicht im stumpfen Winkel zur Hüfte, sondern steiler aufgestellt. Damit wird der Hüftkopf in gewissen Bewegungen begrenzt!"

Hätte man's früh erkannt, dann hätte er es leichter gehabt, aber zum Glück habe er schon als Bub instinktiv das Richtige getan, um dieses Manko zu minimieren. „Vor fünf Jahren ist er gekommen, da haben wir die Problematik besprochen. Bis heute kommt Toni vor jedem Training zum passiven Dehnen zu mir. Auch zu einer zehntägigen Rücken-Schule war er bei mir – mit Lisi." Toni arbeite an sich und seinen Mängeln, er sei also keineswegs faul. „Trotzdem", so Schäfer, „verblüfft er mich immer wieder, wie er mit den unmöglichsten Wendungen die Gegner düpiert. Oder Tore schießt!"

Gewußt wie. Wider anatomische Gesetze. Dank Physiotherapeuten. Daran wird man ja in einem eigenen Buch noch erinnern dürfen. Eine Art Gegengeschäft, das aus dem Herzen kommt. Toni weiß, daß zur Werbung in eigener Tor-Sache auch der Mann im Schatten der Werbung gehört.

Zusammen durch dick und dünn: Anwalt Dr. Skender Fani und Toni Polster

Künstler, Kaiser, Prinzen und Freunde

Als 33jähriger erreichte Toni Polster lichteste Höhen. „Triplepack" und „Blitzgneißer", Werbeverträge und Auszeichnungen. Wie in Rothenburg an der Fulda. Da bekam er, der Volksliebling, eine Trophäe, die ihm Fußballhistoriker zuteil werden ließen, der Bund IFFHS, der Torschützen statistisch erfaßt. Laut Statistik dieser Institution ist Toni Polster die Nr. 1 – der beste Torschütze unter den aktiven Spielern! Man veranstaltete ihm zu Ehren eine Gala mit Größen von gestern und heute: Aus Südamerika kamen Stars wie Campos, Higuita und Chilavert, den europäischen Fußball repräsentierten Barcelona-Präsident Nuñez und der spanische Teamverteidiger Nadal, Startrainer Bobby Robson, Ex-Bayern-Tormann Jean Marie Pfaff etc. Die Prager Legende Josef Masopust, Vizeweltmeister 1962, überreichte die Trophäe mit der ehrenden Aufschrift:

THE WORLD'S MOST SUCCESSFUL TOP SCORER
AMONG THE STILL ACTIVE PLAYERS – ANTON POLSTER, AUSTRIA

Für diese Auszeichnung gab es auch großen Beifall von deutschen Fußballhelden der Vergangenheit: Es applaudierten Horst Eckel, Weltmeister 1954, sowie Ottmar und Fritz Walter, jener alte Fritz, den Toni erst anläßlich dieser Veranstaltung persönlich kennenlernte, dessen Porträts er aber „im Fernsehen aufgesaugt" hatte – nun stand er vor ihm „wie ein Dreijähriger vor dem Christbaum!"

Toni ist ein großer Junge geblieben– so wie er sich vor nun schon mehr als einem Jahrzehnt in die Herzen der Zuschauer spielte. Zehn Jahre sind vergangen, in denen Toni, das Sternchen, selbst zum Star wurde.

Die Verleihung des Bronzenen Schuhs 1986 in Paris wurde zu meinem ersten großen internationalen Auftritt. Neben den Weltstars wie Diego Maradona, Hugo Sanchez, Franz Beckenbauer, Toni Schumacher oder Marco van Basten war ich damals im Lido natürlich eine Randerscheinung. Das gesamte Who's who des Fußballs war versammelt. Alles hat sich um diese internationalen Stars gedreht, und ich habe erstmals die Atmosphäre geschnuppert. Vor Ehrfurcht bin ich natürlich nicht erstarrt. Warum auch?

Insgeheim habe ich mir gedacht: Toni, so wirst du auch! Heute habe ich es geschafft. Wo ich auch hinkomme, mit wem immer ich rede – jedesmal kommen die Leute auf mich zu: „Herr Polster, könnte ich ein Autogramm haben, für meinen Enkel?“ Da kann ich nie nein sagen, auch wenn mir dann manchmal das Leben wie eine einzige Autogrammstunde vorkommt. Das ist eben der Preis dafür, daß man populär und prominent ist.

In der Haut von sogenannten Megastars, wie etwa Maradona, möchte ich aber nicht stecken. Bei Diego habe ich damals schon gebangt: Wenn das nur gut geht. Dem wächst vielleicht einmal alles über den Kopf. Leider hat sich meine Befürchtung bewahrheitet. Ich habe ihn in Italien kennengelernt. Viermal Händeschütteln in der Liga. Maradona durfte sich in Neapel kaum auf der Straße sehen lassen. Sofort haben ihn die Fans eingekesselt. Es wird mir wahrscheinlich keiner glauben, aber es stimmt: Diego hat sich verkleiden und sogar Bärte aufkleben müssen. Das ist schlimm. Da bin ich lieber zwei Etagen drunter, nicht so ein Genie wie er, was ich – ehrlich gesagt – einerseits gerne wäre. Aber dann sage ich mir wieder: Sei froh, Toni, daß du nur der kleine Polster bist.

Vor der WM '90 hat Diego mit Argentinien in Wien gespielt. Nach dem Match sind wir damals ins *Queen Anne* von Peter Wajda, der inzwischen leider schon verstorben ist, gegangen. Für Maradona war es nicht leicht. Da ein Autogramm, dort ein Foto. Aber er hat brav mitgemacht. Wie Hristo Stojtschkow, den ich über seinen Manager José Maria Minguella kennen-

Das Super-Trio: Placido Domingo, Toni Polster und Thomas Gottschalk singen „Wien, Wien, nur du allein!"

lernte. Auch Hristo war mit in der Disco, ein klasser Kerl. Lustig, offenherzig, ganz anders als auf dem Feld. Da ist er oft explodiert und hat dafür Rot gesehen. Dabei ist er menschlich ein Supertyp, nicht nur ein Riesenkicker.

Ich kenne sie fast alle, die großen Stars – nicht nur Sportler wie Niki Lauda, Gerhard Berger, Franz Klammer oder Patrick Ortlieb, auch Künstler wie Placido Domingo. Wie ich zu ihm komme? Wir haben uns beim Prominentenmatch der Salzburger Festspiele kennengelernt. Da war Placido als Spanier natürlich immer dabei. Wir haben ihn Tore schießen lassen. Er warf sich stolz in die Brust, und uns tat's nicht weh.

Durch den Placido habe ich Furore gemacht – als Sänger. Lange, bevor ich es mit den *Fabulösen Thekenschlampen* hab' polstern lassen. Viele werden fragen: „Wie das, Toni?" Da kann ich nur sagen: Durch eine Sendung, zu der ich gar nicht wollte. Ich war mit der Liesi auf Kurzurlaub in Wien, da ruft mich jemand von RTL an: „Hallo, Herr Polster – hier ist die *Late Night Show* von Thomas Gottschalk. Wir würden Sie gerne nach München einladen." Da ich keine Lust hatte, ich wollte meine Ruhe haben, dachte ich mir: Toni, reib' sie auf*, verlange soviel, daß es heißt: „Nein, danke!" Irrtum. „Kein Problem, Herr Polster ..." Also bin ich in der Früh hin und abends zurück, es war ja eine Aufzeichnung. Jedenfalls treffe ich dort den Domingo. Wir plaudern ein bißchen auf Spanisch und haben uns überlegt, was wir machen könnten, daß die Zuschauer lachen. Ich glaube, der Thomas Gottschalk hat dann die Idee gehabt, ein Lied zu singen: „Toni ist Wiener, Domingo Sänger, na, dann singen wir halt *Wien, Wien, nur du allein!*" Das war ein Riesenspaß und eine Bombenwerbung. In ganz Deutschland war das Foto auf den Titelseiten – und das Echo auf das Super-Trio Domingo–Gottschalk–Polster war phänomenal.

Mit einem Schlag ist man dann noch populärer. In Köln habe ich zum Beispiel den Willy Millowitsch getroffen, die Hochspringer Dietmar Mögenburg und Carlo Thränhardt, Olympiasieger bzw. Weltrekordler. Auch Politiker kenne ich viele – einer davon war Ruiz Mateos, mein Klubchef bei Rayo Vallecano in Madrid. Ein bunter Vogel, mit normalen Maßstäben nicht zu messen. Wäre er nicht zufällig Abgeordneter gewesen, wer weiß? Vielleicht hätten sie Ruiz Mateos für verrückt erklärt. Ruiz Mateos hatte einen Geltungsdrang, der jeder Beschreibung spottet. Hauptsache war, er erregte Aufsehen – und kam in die Zeitungen. Oder ins Fernsehen. Wir in Wien würden sagen: „A Narrischer*!"

Einmal ist er im Cadillac vorgefahren. Okay, das ist weiters nichts Besonderes, aber was hat er angehabt – einen Pyjama! Da war es schon nicht mehr verwunderlich, als er ein anderes Mal als Sultan verkleidet daherkam. *Hatschi Bratschis Luftballon.** Ruiz Mateos hat es wahrlich bunt getrieben. Er hat Eigenreklame gemacht – und mir kein Geld bezahlt. Bis heute nicht. Also kann ich sagen, daß ich als Fußballstar ein Jahr umsonst für jemanden gespielt habe, der gerne Politstar gewesen wäre. Ein verhinderter halt.

Bei uns sind Politiker inzwischen auch Fußballfans, die zu Länderspielen kommen. Nette Leute, normale Menschen. Ich kenne den alten, Franz Vranitzky, und den neuen Bundeskanzler Viktor Klima, den Außenminister Wolfgang Schüssel, ein alter Austrianer übrigens, und auch den Jörg Haider. Beim 1. FC Köln war der Dr. Bernhard Worms wichtig, ein Freund von Bundeskanzler Helmut Kohl.

Sonst sieht man Politiker im Müngersdorfer Stadion selten. Dafür aber die Karnevals-Prinzen. Den regierenden, den Konstantin, kenne ich. Der ist wer. Karneval in Köln, das ist wie eine Religion. Mich hat das österreichische Wochenmagazin *News* einmal als Karnevals-Prinz abgebildet. Natürlich bin ich keiner. Es ist ja auch recht schwer, so ein Prinz zu werden. Und teuer. 150.000 oder 200.000 DM muß man da schon locker machen dafür. Immerhin habe ich eine ganz Sammlung an sehr schönen Karnevals-Orden. Sehr schöne. Mit Jungfrau, Bauer und Prinz. Es gibt ja Hunderte von solchen Vereinen wie zum Beispiel die „Kölsche Narrengilde" oder die „Löstigen Paulaner". Und überall treten die Bütten-Redner auf. Was da Witze gerissen werden! Eine Kostprobe gefällig: „Weißt du, wer der einzige Geheimnisträger beim 1. FC ist?" Fragt der andere: „Ja, wer denn?“ Darauf der erste: „Toni Polster – der weiß als einziger, wo das Tor steht!“ Da haben alle gelacht und geschunkelt.

Die Kölner mögen die Wiener, sind doch auch die Rheinländer fröhliche Menschen. Und Wein trinken sie auch – nur Heurigen* gibt es halt keinen. Dafür aber den Karneval, mit Prinzen und Orden– und natürlich jede Menge Jeckensprüche.

„Eimol Prinz zo sin,/en Kölle am Rhing,
in nem Dreijesteen,/voll Sunnesching,
dovun han ich schon/als kleine Fetz jedräump
eimol Prinz zo sin,/suns häste jet versäump“

Toni, der Kölner aus Wien – oder der Wiener in Köln. Der Star, mit dem man Shows, Studio-Sendungen oder Live-Interviews aufputzt, obwohl er bei einem Verein spielt, der im Clinch mit seiner glorreichen Vergangenheit als deutscher Meister und Pokalsieger liegt, bei dem Weltmeister wie Hans Schäfer, Wolfgang Overath und Bernd Cullmann gespielt und Stars wie Bodo Illgner, Bernd Schuster, Thomas Häßler, Klaus Allofs und Tony Woodcock die Zuschauer faszniniert haben. Die Fans liegen Toni Polster, wie Tausende von Briefen zeigen, zu Füßen, sie rollen für ihn den Teppich aus – warum aber haben das nie die Millionenklubs getan? Weder in Spanien, wo er nicht für, sondern gegen Barcelona und Real Madrid die Tore schoß. Noch in Deutschland, wo der „Doppel- und Triplepack“ vor Meister und Europacup-Siegern nicht halt machte. Fast eine Traumkarriere – und doch auch geplatzte Träume.

Als junger Spieler bin ich einmal in Wien mit der Austria gegen Bayern München im Europacup im Einsatz gewesen. Wir sind damals, im Herbst 1985, zwar ausgeschieden, es war aber ein tolles Match, der Endstand war 3:3. Ich gebe zu, daß ich von

Ford

SKISCHULE
LOOK
6
9

Zu Seite 233: Gemeinsam mit BAP-Sänger Wolfgang Niedecken heizte Toni dem Publikum in der Kölner Sporthalle kräftig ein.
Für eine gute Show ist „Schmähbruder" Toni immer zu haben; Hauptsache, der Spaß kommt dabei nicht zu kurz: Dreharbeiten zur Fernsehserie „Ein Schloß am Wörther See" *(linke Seite, o.l.);* Schikurs mit Hans Krankl *(linke Seite, u.);* Catchen am Wiener Heumarkt mit Otto Wanz *(o.l.),* Präsentationstermin mit Eislaufkönigin Katharina Witt *(o.r.);* Tischtennis-Gala mit Hans Krankl *(Mitte l.);* Bootsfahrt mit Sänger Reinhold Bilgeri *(Mitte rechts)* und fröhliches Feiern mit der Journalistin und Schriftstellerin Helga Kuhn *(u.).*

Toni Polster, die Reizfigur des Fußballgeschäfts, wird immer mehr zur Kultfigur der Showszene: Mit den „Fabulösen Thekenschlampen" und „Toni, laß es polstern!" gelingt ein erster Hit *(Mitte u. rechte Seite o.);* ein Erfolg werden soll auch das neu eingespielte Lied von Udo Jürgens und der österreichischen Nationalmannschaft zur WM 98 *(o. Mitte, linke Seite Mitte)*. PR-Termine häufen sich: Händeschütteln mit Schistar Hermann Maier *(linke Seite, u.)* und ein Tänzchen mit der „Ersten Allgemeinen Verunsicherung" – EAV *(linke Seite, o.)*.

Lebensfreude und gute Laune, Witz und Schlagfertigkeit – das sind die Ingredienzen, die Toni Polster überall zum willkommenen Gast machen: Im „ran"-Studio von SAT 1 *(o. Mitte)* mit Jörg Wontorra genauso wie in der „Harald-Schmidt-Show" *(rechte Seite, Mitte)*, auf dem Kölner Karneval *(rechte Seite, u. r.)* ebenso wie als Werbeträger für die Wirtschaft *(linke Seite, l.o.)*. Ob mit den Cheerleaders des 1. FC Köln *(rechte Seite, r.o.)*, ob mit dem Kabarettisten Mini Bydlinski *(u. Mitte)* oder als geschäftstüchtiger Präsident des Kreisliga-Vereins SV Weiden *(Mitte)* – Toni beherrscht seine vielen Rollen perfekt. *Zu S. 240:* Polster und seine komödiantische Lust an der Verkleidung: Indianerhäuptling Toni.

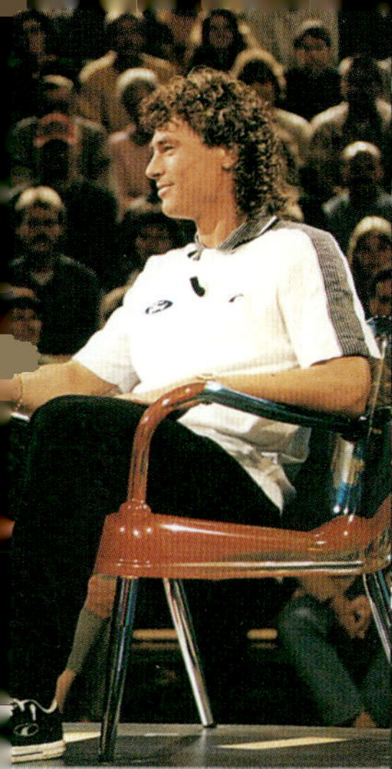

Ford
ITS

DIE
NewSound
WIBBELSTÄTZ

da an ein Bayern-Fan war. Ich war ja später auch immer wieder als Spieler bei den Bayern im Gespräch, geklappt hat es allerdings nie. Aber das ist vorbei, kein Thema mehr. Ob es an Uli Hoeneß gescheitert ist? Angeblich. Beim sechzigsten Geburtstag von Udo Lattek haben wir darüber gesprochen. Uli hat gemeint, daß man im nachhinein immer klüger sei. Man hätte nicht unterschätzen dürfen, daß meinetwegen auch viele Fans aus Österreich ins Olympiastadion gekommen wären. Immerhin, das hört man gerne, und da habe ich gesagt: „Uli, das ehrt dich, aber jetzt ist's leider zu spät!"

Er war ja nicht der einzige beim FC Bayern, der so denkt. Für mich wäre es toll gewesen, bei dem Klub zu spielen, der einen „Kaiser" wie Beckenbauer als Chef hat. Eine Legende, die alles gewonnen hat – und es auch sonst geschafft hat. Einst Postlerbub – jetzt ein Sir vom Scheitel bis zur Sohle. Eine Respektsperson weit über die Karriere hinaus, an der man sich ein Beispiel nehmen muß – wie auch an Fritz Walter, Uwe Seeler oder Wolfgang Overath. Was ich am „Kaiser" am meisten schätze, ist, daß er einen Spieler kritisieren kann, ohne beleidigend zu sein – eine ganz undeutsche Eigenschaft. Zu ihm kann man aufschauen wie zu einer Lichtgestalt. Ich tue es heute noch – aus Köln-Ferne.

Kein geringerer als Lothar Matthäus, Weltmeister und Weltfußballer 1990, altes und neues Bayern-Herz aus dem Frankenland, bedauert heute noch zutiefst, daß Toni am Rhein und nicht an der Isar gelandet ist. Sein Lob – Kritik am Klub. „Der FC Bayern", sagt er, „hat zwei Fehler in seiner Einkaufspolitik begangen. Wir hätten Häßler holen und wir, nicht Köln, hätten Polster verpflichten müssen. Es gibt kaum bessere Strafraum-Stürmer!" Aber für Bayern wäre Toni nach Logroñés und Rayo Vallecano als Star nicht gut genug gewesen. „Statt dessen haben wir lieber Namen gekauft, die nichts gebracht haben – Valencia, Mazinho etc. Ein Versäumnis, so Matthäus, weil ein Polster nicht nur fürs Spiel gut, sondern für die Stimmung wichtig ist – der Wiener Schmäh hätte ideal in die Bayern-Mannschaft gepaßt!" Legionär wäre er gewesen, „aber kein Ausländer. Wiener sind den Bayern näher als die Preußen!"

Eine vierzehnjährige Zusammenarbeit verbindet Toni Polster mit Dr. Skender Fani.

Das Vorurteil, Toni sei zu bewegungsfaul, läßt Matthäus nicht gelten: „Vielleicht schaut's so aus – aber es stimmt nicht, der ist ein Schlitzohr. Und wenn einer Tore riecht, müssen die anderen für ihn rennen!" Unabänderliches Fazit aus Lothars Sicht: „Schade – ich hätte gern mit ihm in einer Mannschaft gespielt, statt immer nur gegen ihn!" Und zwar, was Toni noch mehr ehrt, „weil er ein toller Mensch ist. Wie er mit den Kindern umgeht, das ist einfach Spitze, ich hab's ja erlebt, wie ich mit den SV-Weiden-Buben unterwegs war – es hat Spaß gemacht. Kein anderer kann das so wie Toni Polster!"

Was soll ich über Lothar Matthäus sagen? Eine lebende Legende! Weltmeister 1990 in Rom, 122mal Nationalspieler.

Vom Können her könnte, nein müßte er noch immer im deutschen Nationalteam spielen. Jetzt ist er 37, hat viele Verletzungen gehabt, auch schwere, hat aber alle überwunden, um immer wieder ein Comeback zu feiern. Da kann man getrost von einem Phänomen sprechen.

Aber der Lothar ist ja nicht nur ein toller Spieler – auch als Mensch ist er Weltklasse. Die Einladung für die Buben vom SV Weiden war eine ganz tolle Sache. Ich kann dafür nur ein herzliches Dankeschön sagen. Und klein, aber fein anfügen: Lothar, du hast Fans fürs Leben gefunden! Verbunden ist er den Buben ja ohnehin. Schließlich ist er Mitglied beim Klub, genauso wie Udo Lattek, einer der besten Trainer, die es je gab. Und zwar nicht nur in Deutschland. Da kann ich als Toni Polster stolz sein, daß ich Präsident von solchen Weltstars bin.

Toni ist der „Chef" in Weiden, auch von Lattek, aber ohne Befehlston, versteht sich. Immer, wenn Udo den Toni sieht, packt ihn die Wehmut. Lattek, einer der erfolgreichsten Trainer aller Zeiten, weint einem Stürmer wie Polster nach. „Leider", kommt er auf den Punkt, „habe ich nie das Glück gehabt, sein Trainer zu sein. Einen Mann mit diesem ausgeprägten Torriecher und einer so positiven Ausstrahlung findet man selten!" Wobei Lattek dick unterstrichen haben will, daß er im DSF (Deutschen Sport-Fernsehen) eine Lanze für Toni gebrochen habe, als dieser in den Köln-Anfängen noch angefeindet worden war. „Damals habe ich gesagt: ‚Wartet ab, der Polster in Köln wird noch eine große Geschichte!' Man kann's nachvollziehen, Karl Heinz Thielen ist mein Zeuge!" Allen, die kein gutes Haar ließen an Toni, allen Kritikern, denen er zuwenig laufe, schreibe er ins Stammbuch: „Was hat denn einer wie er hinten zu suchen? Der muß vorne die Dinger reinmachen!" Wenn's nach Startrainer Udo Lattek ginge, „würde ich Toni im Strafraum einen Stuhl hinstellen, damit er genug Kraft fürs Toreschießen hat. Wer so einen

Goalgetter hat, für den müssen die anderen rennen. Und die akzeptieren es auch, weil sie mit seinen Toren siegen – und damit auch mehr verdienen. Darum sind sie ja Profis!"

Durch dick und dünn

Wer so im Mittelpunkt steht, um den wird zwangsweise gebuhlt. Toni hier, Toni da, überall ein Auflauf. Wer will sich nicht im Ruhm eines Stars sonnen? Oder zumindest an seinem Rockzipfel ziehen? Manchmal dieselben, die Polster vordem am liebsten in die „Pfanne" gehauen hätten. Bei Toni kommt noch eines dazu – die Gutmütigkeit! Kaum ein Fan, dem er ein Autogramm verweigert. Kaum ein Lokal, in dem er nicht gute Miene zum Spiel macht, das inszeniert wird. Da muß man lernen, einen Trennstrich zu ziehen. Zumindest für sich selbst. Zwischen Freundlichkeit und Freundschaft besteht ein himmelhoher Unterschied. Wer sich auf Schulterklopfer und Süßholzraspler verläßt, ist schnell verlassen, wenn man einmal so etwas wie eine Sauregurkenzeit erlebt.

Freunde, gibt's die? Da muß man aufpassen. Nicht nur wegen der Schulterklopfer, die sind immer da, wenn du oben bist. Von denen rede ich nicht, wenn ich Freundschaften meine. Davon erwarte ich, daß man sich hundertprozentig auf den anderen verlassen kann. Vor allem, wenn man in der „Kist'n*" ist. Ein Freund ist einer, der da ist, wenn man ihn braucht. Und umgekehrt.

Vielleicht war es falsch, daß ich mit einem Menschen, von dem ich gedacht habe, das diese Definition auf ihn zutrifft, durch die Tankstelle in Wien auch geschäftlich verbunden war. Ein alter Kumpel, den ich von Jugend auf gekannt habe, hat meine Freundschaft mißbraucht. Im nachhinein fragt man sich, ob man in einem schlechten Film mitgespielt hat. Da vertraut man jemandem voll und ganz – und er enttäuscht einen so schwer. Ich habe es lange nicht glauben wollen, aber es war so. Traurig, daß das vorkommt. Ich habe mit ihm gebrochen, leider Gottes. Darum war 1997, was das betrifft, ein trauriges Jahr. Schwamm drüber.

Im Laufe der Jahre hat sich mein Freundeskreis eingeengt. Ein harter Kern ist übriggeblieben. Nicht nur, aber auch Fußball-Interessierte. Auch Geschäftsleute. Sogar Adelige wie der Georg Graf Starhemberg, den ich in Madrid kennengelernt habe – und mit ihm auch andere Angehörige höchster Kreise. Aber darauf kommt es ja nicht an, das zählt nicht. Für mich gilt nur eines: Was ist er für ein Mensch? Der Georg „Gogi" ist ein klasser Bursche, der mir ans Herz gewachsen ist. In Spanien hat er damals die familieneigenen Güter verwaltet. Jetzt ist er Chef des Hauses. Und er ist ein Fußballfan. Einer wie du und ich. Adel, na und? Ich kenne auch welche, die sind arm wie eine Kirchenmaus. Wichtig ist doch, daß der Charakter stimmt. Auf das reduziert sich bei mir alles.

Ich habe viele Freunde, die viele Kilometer entfernt von mir sind, wie zum Beispiel den Ignacio Conte vom FC Sevilla. Oder den José Negrillo, der schon Kotrainer bei Max Merkel war und gut deutsch spricht. Einen Österreicher, der in Sevilla lebt, den Peter Mair. Den Alfons Higl und den Horst Heldt, die früher beim 1. FC Köln spielten. In Wien sind wir mit drei Familien befreundet, mit denen sind wir ständig in Kontakt – die Trittremels, die Pawleks und die Rubiks kenne ich von Kindesbeinen an. Letztgenannten gehört „Guggi's Marktbeisel" im zehnten Wiener Bezirk.

In Köln habe ich den „Hubsi-Bubsi" Baggeler vom Keuchhof. Ohne ihn hätte ich mich vor Jahren nie so schnell integriert. Obwohl er mit einem Hotel, zwei Restaurants, einem Café und einem Fitneß-Klub viel zu tun hat, hat er immer ein offenes Ohr. Wenn ich im Trainingslager bin und die Liesi mit den Kindern vom Wien-Urlaub zurückkommt, dann ist auf ihn Verlaß: Du, Hubsi-Bubsi, könntest du sie nicht ... Natürlich holt er sie vom Flughafen in Bonn ab. Oder mich. Hubsi-Bubsi mit Frau und Sohn Christian, Micki Brühl von *Paveier*, einer Musik-Gruppe, und Michael Fink samt Familie, das sind die wichtigsten Partner in Köln. Mit Michael Fink bin ich auch geschäftlich verbunden, da ich an seiner Werbeagentur mit ein paar Prozenten beteiligt bin.

Über ihn und die Brüder Hamacher, beide besitzen gemeinsam die Firma Indicum, zu der auch Hotels gehören, bin ich zum Skiurlaub nach St. Jakob im Defreggental, in Osttirol an der Grenze zu Südtirol gelegen, gekommen. Da war ich sogar schon mit dem Mario Basler von Bayern München. Wir haben uns zusammen mit den deutschen Gästen toll amüsiert: Eisstockschießen, Kegeln, Tennis und Hallenfußball. Da mache ich immer mit – und wenn es als Schiedsrichter ist. Wie heißt es so schön: Wo es dir gefällt, dort laß dich nieder. Eine heimelige Atmosphäre ist mir lieber als der größte Luxus. Darum fahre ich im Sommer schon seit 18 oder 19 Jahren immer nach Anger bei Stubenberg in der Steiermark. Früher logierte ich immer bei einem Bergbauern. Das war urig und naturverbunden, nicht Film, sondern Leben. Manchmal durften wir bei der Arbeit mithelfen – auch beim Melken. Als Bub habe ich dort auch die Geburt eines Kalbs erlebt. Ein Erlebnis, das man, glaube ich, nicht vergißt. Drum zieht es mich immer wieder dorthin. Einfach, aber schön. Der Bauer ist aber leider schon verstorben, und der Bäuerin war das Ganze zuviel. So sind wir ein paar Häuserln weiter runter in den Ort. Auch schön. Und gut für die Kinder. Landluft. Da bleiben sie mit den Beinen auf dem Boden. Das ist mir wichtig.

Ja, und dann gibt es den Skender, den Dr. Fani, Anwalt und Fußball-Fan. „Schneck" Prohaska hat ihn mir vor 14 Jahren vorgestellt. Drei Jahre ohne, elf Jahre mit Vertrag. Zuerst eine lose

Verbindung, jetzt enge Freundschaft. Viele Höhen, viele Tiefen, für beide. Der Skender hat mir oft viel Kraft gegeben. Vierzehn Jahre gemeinsam durchs Leben – das ist das Beste, was man über jemanden sagen kann. Das sagt alles! Dabei war ich anfangs eher skeptisch. Er war bei Rapid, ich Austrianer. Dann hat er den Torino-Transfer abgewickelt, super gemacht, alles perfekt. Dann hat er mir einen Zehnjahresvertrag angeboten. „Zehn Jahre?" habe ich gefragt, „ist das nicht ein bißchen viel?" Darauf hat er gemeint: „Schau, Toni, der Sinn ist doch, daß wir nicht jedes Jahr einen neuen Vertrag machen. Aber wenn du unzufrieden bist, zerreißen wir halt den Vertrag!" Das hat mir imponiert. Das war damals, und so ist es noch heute. Ein Mann, ein Wort.

Seither sind wir ein Herz und eine Seele. Auch wenn er so seine Schwächen hat, der Skender. Daß er ein notorischer Zuspätkommer ist, weiß sowieso jeder. Was wir da schon alles erlebt haben? In Madrid war es, da sind wir zusammengesessen, auf einmal sagt er: „Du, Toni, es ist wahnsinnig spät, ich muß zum Flughafen." Und dann hat ihn die Lisi in einer Harakiri-Aktion nach Barajas chauffiert, auf der Autobahn mit vier Spuren – ich glaube, die sind auf der ‚fünften' gefahren. Fünf Minuten vor dem Abflug waren sie beim Check-in, was eh eine Ausnahme ist, denn manchmal heißt es dann einfach lapidar: „Der Flug ist zu." In so einem Fall müßte man dann verhandeln: „Ich bin Anwalt, ich muß da mit – es geht um ein Millionengeschäft, sie verstehen, wenn das platzt, dann ..."

Meistens haut doch alles hin. Wie mit allem anderen. Irgendwie klappt alles. Zum Beispiel auch, wenn es um meine Verträge geht. Die Prozente, die er bekommt, hat er mehr als verdient. Ich habe es nie bereut, daß ich bei ihm gelandet bin. Skender ist mehr als ein Anwalt und Berater, er gehört fast schon zur Familie. Aber nicht böse sein, Skender, wenn ich zum Abschluß eines sage: „Der beste Freund ist meine Frau!"

Für den Mannschaftskapitän immer eine etwas heikle Aufgabe: die Diskussionen mit dem Schiedsrichter

Handkuß der Frau Gemahlin ...

Wenn man als Spieler in vorderster Front steht, ob als Verteidiger oder als Spitze, wird man immer wieder in harte Duelle verwickelt. Da kommt es immer wieder zu Kontroversen. „Effenberg-Geschichten" gibt es zuhauf, halt nicht so publik wie damals durch das Fernsehen. Und natürlich gab und gibt es immer wieder auch Dissonanzen mit dem Schiedsrichter. Vor allem, wenn jemand über einen so ausgeprägten Gerechtigkeitssinn verfügt wie Toni Polster. Und wenn er sich als Torjäger um eine Tor- oder Elfer-Chance geprellt fühlt oder als Kapitän und Leithammel für die Mannschaft interveniert, reklamiert und protestiert, scheiden sich an ihm die Geister. Nur mit einem Unterschied. Bei Pfeifkonzerten der Zuschauer kriegt man höchstens Ohrensausen. Aber beim Schiedsrichter muß sich der Diplomat gegen den Hitzkopf durchsetzen. Manchmal mit Mutterwitz.

Man weiß ja, was über einen gesprochen wird. Also weiß ich auch, daß mir Leute nachsagen: „Der Toni, das ist ein alter Meckerer, der regt sich immer auf – auch wenn nichts ist." Aber erstens ist es ja die Aufgabe eines Kapitäns. Und zweitens muß man sich als Spitze viel gefallen lassen. Die Verteidiger halten einen am Leiberl, und wenn man sie wegstoßen will, zeigt einem der Schiri Gelb – ein Witz.

Viele erinnern sich komischerweise an meine Sperren. Warum? Weil es dabei Geschichten rundherum gegeben hat. Wie gegen die Bayern in München. Das war eine taktische Sperre, damit ich gegen Hertha BSC wieder dabeisein konnte. Ich war natürlich trotzdem in München, schon dem Toni zuliebe, der mit dem SV Weiden gegen die Bayern-Knaben gespielt hat. Das habe ich in Zusammenarbeit mit dem Lothar Matthäus eingefädelt. Das war super, Köln hat 2:0 gewonnen, eine Sensation. Ich habe das Spiel in *ran* für SAT 1 kommentiert, es hat sich ausgezahlt. Wer weiß schon, daß ich davor drei Jahre hindurch nicht gesperrt war? In meiner Profikarriere, die immerhin schon 16 Jahre dauert, bin ich erst viermal ausgeschlossen worden. Meistens wegen dummer Fouls. Die springen ins Auge, ich kann es nicht, ich bin dazu zu patschert*. Das hat aber nichts damit zu tun, daß ich mich, vor allem als junger Spieler, oft aufgeregt habe. Und mit Autoritäten habe ich schon immer meine Probleme gehabt. Wer mich mit einem Schmäh genommen hat, dem habe ich aus der Hand gefressen. Oder selbst einen Schmäh dazu gemacht.

Da fällt mir eine Anekdote aus meiner Jugend ein. Ein Austria-Mitspieler, der schon mit Gelb belastet war, beging zum wiederholen Mal ein derbes Foul. Ich habe gesehen, wie der Schiri die gelbe Karte zückt, die rote wäre gefolgt. Also nix wie hin und schnell intervenieren. „Schauen Sie", habe ich gesagt, „das war Pech, das war nicht so arg." Laut war ich halt, habe mich echauffiert. Da hat mich der Schiri angeschnauzt: „Na, wollen Sie vielleicht pfeifen?" Ich weiß nicht mehr warum, aber ich habe ihm das Pfeiferl weggenommen, bin hin zum „Sündenbock" – und hab' ihn angebrüllt: „Hör auf, so hineinzuhauen. Das war das letzte Mal, das nächste Mal fliegst!" Dann habe ich dem Schiri das Pfeiferl wiedergegeben, mich verbeugt und artig bedankt. Dem hat das gefallen. Er hat ein Auge zugedrückt, und wir haben bis zum Schluß zu elft gespielt. Mein Schmäh eben.

Nicht als Schmähbruder, als der er gilt, vielmehr als netten, wohlerzogenen Buben lernte Paul Schiller, früher FIFA-Schiedsrichter, jetzt einer der Verantwortlichen im Referee-Wesen und

UEFA-Beobachter, den jungen Toni kennen. „Da war er immer höflich und hat freundlich gegrüßt , wenn er mit dem Papa gekommen ist. Ich habe ja noch Spiele von Polster senior gepfiffen!“ Als Schiller aufhörte, da fing Polsters Nachwuchs-Karriere erst an, aber auf ein Riesentalent wie ihn warfen auch die Schiedsrichter bald ihre Blicke. „Und der Toni“, sagt Schiller, „war einer, der gern um Elfer oder Freistöße gebettelt hat. Fast weinerlich war er da: ‚Gehn's, könnten's nicht?‘ Am liebsten hätte er einen bekniet, das zu pfeifen, was er gern gehabt hätte. Aber niedergekniet hat er sich doch nie!“

Berühmt ist ja die Handkuß-Story beim Match Köln gegen Bayer Leverkusen, meinem ersten Rhein-Derby. Ein Super-Match, obwohl ich kein Tor geschossen und wir – knapp – verloren haben. Gelb habe ich schon gehabt, ich wollte grätschen, komme zu spät – patschert halt – und der Gegenspieler stürzt. Zu aller Verblüffung zeigt mir Schiedsrichter Best die rote Karte. Na, darf denn das wahr sein? schoß es mir durch den Kopf. In Spanien oder Italien pfeifen sie in dieser Situation vielleicht ein Foul – wenn überhaupt! Ein Witz. Wie soll man da reagieren? Laut werden? Nein, habe ich mir gedacht, mach es subtiler, auf die feine Art! So bin ich hin zum Herrn Best, habe mich verabschiedet, bevor ich vom Feld bin, und habe gesagt: „Auf Wiederschauen – und Handkuß der Frau Gemahlin!“ Na, da war er ganz weg. Ja, so sind wir halt in Wien. Immer galant.

Im nachhinein war das aber gar nicht zum Lachen. Ich wurde zuerst acht Wochen gesperrt, was später aber reduziert wurde. Sehr gnädig waren die Richter des DFB nicht. Der 1. FC Köln hat beim Einspruch ein Videoband mitgeschickt. Man wollte sich besagte Szene anschauen, aber was war drauf? Karnevalsmusik! Da haben die Juristen aber Augen gemacht. Ein witziges Detail.

All das gehört eben zum Fußball. Wie Sensationen, mit

denen man nicht rechnet. Wie Pfiffe oder gelbe Karten, die man nicht verdient. Es gehört eben dazu wie Elfmeter, die keine sind. Oder sogar solche Elfmeter, die gepfiffen werden, die aber der, der gelegt wurde, nicht schießen darf. Die meisten werden sich noch daran erinnern, was mir im März 1998 beim 2:0-Sieg gegen Hertha BSC passiert ist:

Ich lasse mich nach einem Foul im Strafraum behandeln, ruf' aber: Ich hau' ihn hinein. In dem Moment sagt aber der Hermann Albrecht, der Schiri, doch glatt zur mir: „Herr Polster, Sie können den Strafstoß nicht schießen, das ist gegen die Regeln, wenn sie behandelt werden, geht das nicht." Das hat mir die Rede verschlagen. Also läuft Rene Tretschok, der das 1:0 erzielt hat, statt mir an – und verschießt! Instinktiv hat der ungarische Hertha-Tormann Kiraly den Fuß stehenlassen. Dies hätte leicht alles umdrehen können. Hat es aber nicht, zum Glück. Köln hat trotzdem 2:0 gewonnen.

Natürlich wollten dann alle von mir wissen, was ich dazu meine. Wer es nicht gehört oder gesehen hat, dem muß ich gestehen: Ich habe nicht einmal gewußt, daß es einen solchen Paragraphen überhaupt gibt. Noch nie davon gehört, hat ja auch noch niemals ein Schiedsrichter so ausgelegt. Absolut widersinnig. Kurios, wie es Herr Albrecht gerechtfertigt hat: „Wenn einer behandelt wird, ist er aus dem Spiel. Er darf erst wieder eingreifen, wenn das Spiel weitergeht." Das ist schon mehr als Wortklauberei*, das ist eine groteske Interpretation. Ich frage mich, ob ein Spiel mit einem Strafstoß vielleicht nicht weitergeht? Man lernt eben nie aus – auch im Fußballer-Leben.

Kritik handelte sich Toni in der Verbands-Zeitung der westfälischen Schiedsrichter ein. Mehr noch – man schilderte ihn gar als abschreckendes Beispiel. Was hatte er verbrochen? Um Gelb im Spiel gegen den Hamburger SV gebettelt! Warum? Damit er auswärts gegen Bayern automatisch gesperrt ist – und nicht in den folgenden Heimspielen, in denen es ums Überleben ging. Hätte er die Absicht verschwiegen, wäre er nicht ins Kreuzfeuer gekommen. Aber ehrliche Haut, die er ist, plauderte Toni seine Hintergedanken aus. Schiedsrichter Lutz Wagner forderte er auf: „Geben Sie mir doch endlich Gelb!“ *Worauf Wagner warnte: „Wenn Sie so weitermachen, gibt es nicht Gelb, sondern Rot!“ Polster schwieg vorerst, hielt aber bei einer Freistoßmauer den 9,15-m-Abstand nicht ein. Und bekam so doch die gelbe Karte, was Toni veranlaßte, dem Schiedsrichter zum Abschied zu sagen: „Danke, Wagner, war alles in Ordnung!“ Wie? Was? Eine Frotzelei? Mitnichten. Toni erklärte ohne Umschweife, warum er so froh sei. Da fühlten sich die Pfeifenmänner samt Assistenten erst recht auf den Arm genommen. Kommentar der Verbandszeitung: „Unglaublich, aber wahr!“*

Aber lassen wir das. Schiedsrichter sind auch nur Menschen, und jeder macht mal einen Fehler. Ich treffe auch nicht immer.

Schiris sind wichtig. Sind wir froh, daß sich für dieses schwierige Amt genug finden. Ohne Schiedsrichter gäbe es gar keinen Fußball!

Rückblick und Ausblick

Ein halber Kölner, ein echter Wiener, ein Mann, zwei Fußball-Herzen. Eines, das für die „Geißböcke" schlägt. Und eines, in dem es rot-weiß-rot pumpert. Ein Toni, der spontan reagiert, ein Polster, der viel mehr denkt, als manche glauben. Eine Person, an der sich Diskussionen entzündet haben. Eine Figur, die zum anderen wieder eint. Was Meinungen trennen, eint der Mensch, der im Pingpong zwischen Buhmann und Helden der Klubs wie der Nation zu einer Größe gewachsen ist, die so herausragend ist wie die 1,88 m, die ihn in fast jeder Mannschaft herausheben. Toni Polster ist, wie einst Hans Krankl, zum Spiegelbild des heimischen Fußballs geworden, der vor allem jenseits der Grenzen immer wieder bewiesen hat, wie man als unterschätzter Wiener viele, wenn nicht alle Grenzen sprengen kann. Mit den Toren, die er schoß, den Rekorden, die er fast überall aufgestellt hat, allen Vorurteilen, die er korrigierte, und Klischees, die er widerlegte, bis zur Qualifikation für die Weltmeisterschafts-Endrunde 1998 in Frankreich, die so lange in Zweifel gezogen wurde wie seine Qualitäten, reflektiert Polster den Wandel vom Außenseiter der Gesellschaft zu einer Galionsfigur wie wenige andere.*

Die Geringschätzung von ehedem, die aus zahlreichen Kritikern sprach, ist längst einer Hochachtung gewichen, die sich in Interviews, Kommentaren, Angeboten, Autogrammstunden und Werbespots ausdrückt. Ein Mann, den manche zum Teufel wünschten, ist mehr als nur eine Fußballgröße geworden, die man vor- und herzeigt. Als Torjäger, der aus und in den unmöglichsten Lagen trifft, aber vor allem als Mensch, der auf die

Menschen zugeht – und den Menschen hilft. Als Kinderfreund, als Blutspender, als Botschafter des Roten Kreuzes, als Mann, der Freude daran hat, mit vorweihnachtlichen Benefiz-Aktionen wie für cystisch-fibrose-Kranke Freude zu bereiten sowie Leid und Not zu lindern. Ein Fußballer mit Instinkt und Schmäh, aber auch ein Mann mit Lebensfreude, Tatkraft und viel Mut, auf den auch Österreichs Fußballpräsident Beppo Mauhart anspricht: „Bei mir hat jeder einen Bonus, der es wagt, als junger Mensch ins Ausland zu gehen. Und es zeugt von bestimmten Qualitäten, wenn man Ehrgeiz und Selbstvertrauen so vereint, daß man sich überall durchsetzt!" Wobei Mauhart darauf verweist, daß es Toni Polster trotz aller Anfeindungen vor allem des österreichischen (Fußball-)Publikums („Das vielleicht grausamer und ungerechter ist als überall anderswo") geschafft hat, über seinen eigenen Schatten als auch den der vorgefaßten Meinungen und Prognosen zu springen. Beppo Mauhart: „Weil er wie alle Guten ein hohes Maß an Sensibilität besitzt. Und wie alle Guten beweist, daß man für Erfolg auch eine Portion an Intelligenz braucht. Spitzensportler von heute können keine Dummköpfe sein!" Toni Polster ist dafür ein schlagender und neuerdings immer schlagfertigerer Beweis.

Ich habe ja noch das Ende der Ära Sekanina erlebt, des Vorgängers von Mauhart. Das war einer, der oft auf den Tisch gehaut hat, ein Polterer, der es genossen hat, im Fernsehen eine Show abzuziehen. Er hat am Anfang sicher viel bewegt, aber dann ist das alles zusehr Selbstzweck geworden. Unter Mauhart hat sich viel geändert, auch durch „Gigi" Ludwig, den Generalsekretär, und Heinz Palme, den Marketing- und Medienmann. Da ist eine Kontinuität in den Verband gekommen, da hat es dann eine Linie gegeben, nicht mehr so aus dem Hut, viele positive Akzente. Man muß sich nur anschauen, wie der Verband heute da steht: Alles wird auf professioneller Basis abgewickelt. Und der Fußballbund besitzt heute potente Wirtschaftspartner, der Fußball ist auch für die Industrie interessant geworden. Das ist auch die Handschrift von Beppo Mauhart. Der führt keine großen Reden, der ist kein Blender, aber ein Macher. Nicht nur nach Siegen steht er zu uns, er kommt auch nach Mißerfolgen. Das stärkt den Rücken. Da spürt man: „Halt, der steht hinter uns!" Und hinter Prohaska ist er immer gestanden. Da hat es noch so harte Kritik geben können. Es ist ja so, daß die Show nicht ein Mann abzieht, sondern alles darauf abzielt, daß die Mannschaft die besten Voraussetzungen hat, um Erfolg zu haben. „Und was ist die beste Show? Siege und Erfolge – wie die Qualifikation für Frankreich!"

Auf Toni, die Integrationsfigur, baut Österreichs Fußball-Boß Beppo Mauhart auch bei den WM-Spielen gegen Kamerun, Chile und schließlich Italien. Die zweite Chance für Österreich und Polster nach 1990, als sie nicht – oder nicht so, wie erwartet – genützt worden war. Aber zwischen dem Team und dem damals frisch vermählten Sevilla-Torjäger liegen sechs Jahre und ein Reifeprozeß, von dem Mauhart hofft, daß er sich in Frankreich niederschlägt.

Im Fußball polstert es, so wie es im Skilauf „maiert", was der eine im Skilauf, ist der andere im Fußball. Für den ÖFB-Chef aber alles, nur kein Vergleich. „Hermann Maier startet für Österreich, fährt aber für sich, der muß auf keinen Eberharter, Schifferer oder Knauß Rücksicht nehmen, der ist Einzelsportler im Team, er fährt und siegt für sich. Aber der beste Torjäger kann nur Erfolg haben, wenn die Mannschaft für ihn und er für die Mannschaft spielt. Einer ist von den anderen abhängig!" Verschworene Einheit, um eine Heimat großer Fußballsöhne zu repräsentieren.

Die Qualifikation war schon ein Traum. Aber wenn man

zu einer WM-Endrunde fährt, will man das Maximum herausholen. Träume, die hat man immer, aber wir sind ja keine jungen Hupfer* mehr, sondern eine Mannschaft, die viel erlebt hat und gereift ist. Wir sind Realisten, die alles einschätzen können. Auch in unserer WM-Gruppe. Der große Favorit heißt Italien; Kamerun, der erste Gegner, und Chile, der nächste, sind auf einem Level mit Österreich, da kommt es auf viele Kleinigkeiten an. Ich sage so: „Entscheidend wird sein, wer schneller die Nervosität ablegt, das Herz in die Hand nimmt und den Fußball spielt, den er kann!" Als Toni Polster, der mit 34 Jahren durch viele Wässerchen geschwommen und durch die Stahlbäder in Italien, Spanien sowie der Deutschen Bundesliga gegangen ist, kann ich mit Fug und Recht behaupten: „Österreich besitzt eine gute Mannschaft – einen Kader von Spielern, die bereit sind, alles zu geben, aber auch die Klasse besitzen, Akzente zu setzten und Spiele zu entscheiden!" Das Ziel liegt auf der Hand, es heißt: „Vorrunde überstehen!"

Prognosen – nein, Prognosen kann man keine abgeben, es sein denn, ich sage: „Jeder wird das Letzte geben!" Alles, was er hat, weil sich jeder nichts mehr wünscht als den Aufstieg ins Achtelfinale. Und wer weiß, ein Duell mit dem dreifachen Weltmeister und Titelverteidiger Brasilien. David gegen Goliath. Davon träumt man, weil es das Los so bringen kann. Und man träumt davon, daß das kleine Österreich dem großen Favoriten vielleicht ein Bein stellt. Na, das wär doch etwas, könnte ich, der Kölner aus Wien, Schützenhilfe für Deutschland leisten. Und Brasilien ein Cordoba bereiten! Utopie? Fußball ist ein phantastischer Realismus. Ob so oder so, Niederlage gegen Färöer oder historischer Sieg in Schweden, da ist alles möglich. Erst recht, wenn man das Herz am rechten Fleck hat. Und mit dem Schmäh auch der Ball rennt. Jeder Schmäh ist ja nur gut, wenn er ins Schwarze trifft.

Der Star, der Tore wie am Fließband schießt und den Schmäh rennen läßt mit und ohne Kameras, tritt nicht nur als österreichische Kultfigur bei deutschen Fernsehsendern auf, der Wiener aus Köln hat es auch Theatermachern und Kulturmanagern angetan. Einer davon heißt Robert Jungbluth, der siebzehn Jahre lang die Österreichischen Bundestheater leitete und dann zusammen mit Otto Schenk und später Helmut Lohner das traditionsreiche Wiener Theater in der Josefstadt übernahm. Für Jungbluth, der als Mann der Bühne und Fan des Fußballs stets ein Fernsehauge nach Deutschland riskiert, ist Toni Polster nicht nur einer der „letzten, großen Fußballer, die Österreich hat", sondern ein „geborener Entertainer", für den er größte Hochachtung empfindet. Aus zwei Gründen, die Jungbluth erläutert: „Also diese Sache mit dem kleinen Klub, bei dem er Präsident ist. Ich finde es toll, wie er es schafft, daß ein Weltstar wie Lothar Matthäus mit den Buben auf Würstel mit Saft geht, das ist einfach unglaublich, das ist von einer Menschlichkeit, die keinen kalt läßt. Nicht gespielt, sondern echt. Und zum anderen ist er ein echtes Show-Talent, bei dem alles natürlich, nie gekünstelt oder aufgesetzt wirkt".

Robert Jungbluth, der Theater-Mann, über Toni, den Star, für den alles Bühne ist. „Ich selbst habe immer am liebsten mit den größten Kalibern und schwierigsten Typen wie einem Herbert von Karajan gearbeitet. Ich meine es aufrichtig, wenn ich über Toni Polster sage: ‚Der Mann ist höchst professionell, er schaut gut aus , ist tipptopp angezogen, benimmt sich hervorragend, redet pointiert und spricht sehr vernünftig. Ich habe von ihm noch nie eine Dummheit gehört.' " Darum prophezeit der Stratege der Bühnenszene dem Star der Fußball-, Fernseh- und Werbeszene schon jetzt eine große Zukunft. Jungbluths Voraussage: „Der Polster macht auch nach der Karriere noch eine erfolgreiche Karriere!" Schmäh ohne, wie die Wiener dazu sagen.

Toni Polsters Wörterbuch
Wienerisch-Deutsch

abbeuteln	*abschütteln*
Aber nicht um die Burg!	*Auf gar keinen Fall!*
jemanden abtatscheln	*jemanden tätscheln*
Adabei	*Gesellschaftslöwe, Wichtigmacher*
jemanden anbraten	*jemanden anmachen, umwerben*
Armutschkerl	*bedauernswertes Geschöpf*
Blitzgneißer	*blitzgescheiter Mensch mit schneller Auffassungsgabe*
bummvoll	*gesteckt voll*
Das gibt mir Berge!	*Das baut mich auf!*
einfahren	*scheitern*
jemanden einkochen	*jemanden für sich gewinnen*
Erdapfel	*Kartoffel*
Fetzen	*Lappen*
Fiaß	*Beine*
Fitschigogerl	*Spiel, bei dem Geldstücke mit dem Finger aufeinander „geschoßen" werden*
Fleischlaberln	*Frikadellen*
frozzeln	*hänseln, auf den Arm nehmen*
Fünftklaßler	*hier: Hobbyfußballer*
Gatsch	*Matsch, Dreck*
Giftler	*Drogenabhängiger*
Goscherter	*vorlauter, schlagfertiger Mensch*
G'wandlaus	*lästiger Zeitgenosse*
Haberer	*Freund*
jemanden das Hackel ins Kreuz hauen	*jemanden in den Rücken fallen*
Häferlgucker	*jemand, der gerne in fremde Kochtöpfe schaut*
Hetz	*Freude, Spaß*
Heuriger	*Lokal für den Ausschank jungen Weins*
hineinnudeln	*hineinstochern*
Jas, das	*As*
junge Hupfer	*junge Leute, hier: Anfänger*
jemanden kaniefeln	*jemanden quälen, stark beanspruchen*
an etwas kiefeln	*sich mit etwas herumschlagen*

zusammen in der Kiste stecken	*in einem Boot sitzen*
kräulen	*kriechen, krabbeln*
leiwand	*bestens, vortrefflich*
Lercherl	*etwas Unbedeutendes*
luckert	*wertlos*
Mundel	*Synonym für: Schwerenöter, Querulant*
Musi	*Musik*
Nackerpatzerl	*nacktes Kind; hier: Nichtskönner*
A Narrischer	*ein Verrückter*
Palatschinken	*Pfannkuchen*
patschert	*tolpatschig, ungelenk*
jemanden pflanzen	*jemanden auf die Schippe nehmen*
Pingpong	*Tischtennis, hier: hin und her*
Plastiksackerl	*Plastiktüte*
Plutzer	*Kopf*
Pock	*Schuhe*
pumpern	*klopfen*
Röhrln	*Beine*
Schaffeln	*Eimer*
Schas	*Furz*
Schleifer Platzek	*Synonym für: Quäler, Schinder*
Schmeck's, mein Herzerl!	*Schau, daß du selber draufkommst!*
etwas spannen	*etwas bemerken, herausfinden*
auf jemanden stehen	*jemanden mögen*
Sträuße	*hier: Konflikte, Auseinandersetzungen*
Tramway	*Straßenbahn*
versumpern	*geistig abstumpfen, versauern*
jemanden die Wadeln fürerichten	*jemanden auf Trab bringen, sagen, wo's lang geht*
waschelnaß	*völlig durchnäßt, pudelnaß*
Waserl	*unbeholfener Mensch*
Watschenmann	*Prügelknabe*
Weckamin	*Belebungsmittel*
Wickel	*Streit*
sich ins Winkerl stellen	*sich ins Abseits begeben*
Wuchtel	*unwahre Ausage, Gerücht*
Würstel	*unbedeutender Mensch, kleines Licht*
sich zerkugeln	*sich vor lachen nicht halten können*
Zornbinkerl	*jähzorniger, aufbrausender Mensch*

ERSTES LÄNDERSPIEL – ERSTES TOR (Teamchef Erich Hof)

17. 11. 1982, Wien, EM-Qualifikation:
ÖSTERREICH – TÜRKEI 4:0 (3:0)
Österreich: *Koncilia (Austria), Krauss (Rapid), Obermayer (Austria), Pezzey (Eintracht Frankfurt), Degeorgi (Admira/Wacker), Prohaska (AS Roma), H. Weber (Rapid), Gasselich (Austria; 12. Pichler/Sturm), Schachner (Cesena), Golautschnig (Klagenfurt; 58. Lainer/Rapid),* ***Polster (Austria).***
Torfolge: ***1:0 (10.) Polster,*** *2:0 (33.) Pezzey, 3:0 (36.) Prohaska, 4:0 (52.) Schachner.*

EINZIGES GEMEINSAMES LÄNDERSPIEL MIT KRANKL (Teamchef Branko Elsner)

17. 4. 1985, Wien, WM-Qualifikation:
ÖSTERREICH – UNGARN 0:3 (0:2)
Österreich: *Koncilia (Austria), Lainer (Rapid), H. Weber (Rapid), Pezzey (Werder Bremen), Degeorgi (Austria; 46. Türmer/Austria), Prohaska (Austria), Hörmann (Sturm Graz), Jara (Grasshoppers Zürich), Schachner (AC Torino), Krankl (Rapid), Oberacher (Klagenfurt;*
57. ***Polster/Austria).***
Torfolge: *0:1 (21.) Kiprich, 0:2 (33.) Kiprich, 0:3 (47.) Detari.*

STADIONERÖFFNUNG ÖSTERREICH – DEUTSCHLAND (Teamchef Branko Elsner)

29. 10. 1986, Wien, Freundschaftsspiel:
ÖSTERREICH – DEUTSCHLAND 4:1 (0:0)
Österreich: *Lindenberger (LASK), Piesinger (LASK), H. Weber (Rapid), Messlender (FC Tirol), Weinhofer (Rapid), Zsak (Admira/Wacker), Kienast (Rapid), Werner I (VOEST), Baumeister (Austria; 46. Spielmann/ FC Tirol), Andi Ogris (Austria),* ***Polster (Austria).***

Torfolge: ***1:0 (57.) Polster (Elfmeter),*** *1:1 (60.) Völler,* ***2:1 (64.) Polster (Elfmeter),*** *3:1 (69.) Kienast, 4:1 (75.) Kienast*

ERSTES „GOLDTOR" FÜR ÖSTERREICH
(Teamchef Branko Elsner)

29. 4. 1987, Tirana, EM-Qualifikation:
ALBANIEN – ÖSTERREICH 0:1 (0:1)
Österreich: *Lindenberger (LASK), Piesinger (LASK), Pezzey (Werder Bremen), Zsak (Admira/Wacker), Brauneder (Rapid), Linzmaier (FC Tirol), Werner I (VOEST), Baumeister (Austria), Weinhofer (Rapid; 46. Frind/Austria), Andi Ogris (Austria; 81. Pacult/FC Tirol),* ***Polster (Austria)***
Tor: ***0:1 (7.) Polster.***

25. LÄNDERSPIEL VON POLSTER
(Teamchef Josef Hickersberger)

19. 10. 1988, Kiew, WM-Qualifikation:
UdSSR – ÖSTERREICH 2:0 (0:0)
Österreich: *Lindenberger (FC Tirol), Russ (Vienna), H. Weber (Rapid), Pfeffer (Austria), Degeorgi (Austria), Artner (Admira/Wacker), Willfurth (Rapid), Zsak (Austria), Hörmann (Austria), Keglevits (Sportklub; 67. Herzog/Rapid),* ***Polster (FC Sevilla).***
Torfolge: *1:0 (47.) Michailitschenko, 2:0 (68.) Sawarow.*

DREIMAL POLSTER GEGEN DIE DDR
(Teamchef Josef Hickersberger)

15. 11. 1989, Wien, WM-Qualifikation:
ÖSTERREICH – DDR 3:0 (2:0)
Österreich: *Lindenberger (FC Tirol), Pecl (Rapid), E. Aigner (Austria), Pfeffer (Austria), Artner (Admira/Wacker), Keglevits (Rapid), Zsak (Austria), Linzmaier (FC Tirol), Hörtnagl (FC Tirol), Andi Ogris (Austria; 75. Herzog/Rapid; 82. Pfeifenberger/Rapid),* ***Polster (FC Sevilla).***
Torfolge: ***1:0 (2.) Polster, 2:0 (22.) Polster (Elfmeter), 3:0 (61.) Polster.***

POLSTER FÜHRT DAS TEAM ERSTMALS ALS KAPITÄN AUF DAS FELD (Teamchef Josef Hickersberger)

11. 4. 1990, Salzburg, Freundschaftspiel: ÖSTERREICH – UNGARN 3:0 (2:0)
Österreich: *Lindenberger (FC Tirol; 46. Wohlfahrt/Austria), Russ (Vienna), E. Aigner (Austria), Pecl (Rapid; 53. Pfeffer/Austria), Streiter (FC Tirol), Artner (Admira/Wacker), Hörtnagl (FC Tirol; 71. Linzmaier/ FC Tirol), Schöttel (Rapid), Reisinger (Rapid; 75. Keglevits/Rapid), Rodax (Admira/Wacker; 22. A. Ogris/Austria),* ***Polster (FC Sevilla).***
Torfolge: *1:0 (18.) Artner, 2:0 (42.) Ogris, 3:0 (81.) Keglevits.*

POLSTERS WM-SPIELE (Teamchef Josef Hickersberger)

9. 6. 1990, Rom, ITALIEN – ÖSTERREICH 1:0 (0:0)
Österreich: *Lindenberger (FC Tirol), E. Aigner (Austria), Russ (Vienna), Pecl (Rapid), Streiter (FC Tirol), Linzmaier (FC Tirol; 77. Hörtnagl/FC Tirol), Artner (Admira/Wacker; 61. Zsak/Austria), Schöttel (Rapid), Herzog (Rapid), Andi Ogris (Austria),* ***Polster (FC Sevilla).***
Tor: *1:0 (78.) Schillaci.*

15. 6. 1990, Florenz, CSFR – ÖSTERREICH 1:0 (1:0)
Österreich: *Lindenberger (FC Tirol), Russ (Vienna; 46. Streiter/FC Tirol), E. Aigner (Austria), Pecl (Rapid), Pfeffer (Austria), Zsak (Austria), Schöttel (Rapid; 46. Andi Ogris/Austria), Herzog (Rapid), Hörtnagl (FC Tirol), Rodax (Admira/Wacker),* ***Polster (FC Sevilla).***
Tor: *1:0 (29.) Bilek (Elfmeter).*

19. 6. 1990, Florenz, ÖSTERREICH – USA 2:1 (0:0)
Österreich: *Lindenberger (FC Tirol), Pecl (Rapid), E. Aigner (Austria), Pfeffer (Austria), Artner (Admira/Wacker), Zsak (Austria), Herzog (Rapid), Streiter (FC Tirol), Andi Ogris (Austria),* ***Polster (FC Sevilla;*** *46. Reisinger/Rapid), Rodax (Admira/Wacker; 85. Glatzmayer/Vienna).*
Torfolge: *1:0 (50.) Ogris, 2:0 (63.) Rodax, 2:1 (83.) Murray.*

BLAMAGE GEGEN DIE FÄRÖER (Teamchef Josef Hickersberger)

12. 9. 1990, Landskrona, EM-Qualifikation:
FÄRÖER – ÖSTERREICH 1:0 (0:0)
Österreich: *Konsel (Rapid), Russ (FC Tirol), Pecl (Rapid), Streiter (FC Tirol), Hartmann (FC Tirol), Linzmaier (FC Tirol), Peischl (FC Tirol), Herzog (Rapid; 62. Willfurth/Rapid), Reisinger (Rapid; 62. Pacult/ FC Tirol), Rodax (Atletico Madrid),* ***Polster (FC Sevilla).***
Tor: *1:0 (60.) Nielsen.*

DEBAKEL GEGEN SCHWEDEN (Teamchef Alfred Riedl)

1. 5. 1991, Stockholm, Freundschaftsspiel:
SCHWEDEN – ÖSTERREICH 6:0 (4:0)
Österreich: *Konsel (Rapid; 46. Konrad/Sturm), Schneider (Austria), Baur (FC Tirol; 46. Schöttel/Rapid), Pfeffer (Austria), Russ (FC Tirol), Artner (Admira/Wacker; 46. Prosenik/Austria), Zsak (Austria), Linzmaier (FC Tirol; 46. Stöger/Austria), Hörtnagl (FC Tirol), Rodax (Atletico Madrid),* ***Polster (FC Sevilla).***
Torfolge: *1:0 (12.) Andersson, 2:0 (34.) Andersson, 3:0 (39.) Rehn, 4:0 (52.) Dahlin, 5:0 (58.) Dahlin, 6:0 (87.) Andersson.*

50. LÄNDERSPIEL VON POLSTER (Teamchef Ernst Happel)

14. 10. 1992, Paris, WM-Qualifikation:
FRANKREICH – ÖSTERREICH 2:0 (1:0)
Österreich: *Wohlfahrt (Austria), Streiter (Innsbruck), Zsak (Austria), Wazinger (Innsbruck), Feiersinger (Salzburg), Stöger (Austria; 84. Pfeifenberger/Salzburg), Artner (Admira/Wacker), Baur (Innsbruck), Herzog (Werder Bremen), Schinkels (St. Pölten; 46. Andi Ogris/LASK),* ***Polster (Rayo Vallecano).***
Torfolge: *1:0 (3.) Papin, 2:0 (77.) Cantona.*

1. LÄNDERSPIEL UNTER HERBERT PROHASKA

10. 3. 1993, Wien, Freundschaftsspiel:
ÖSTERREICH – GRIECHENLAND 2:1 (2:1)
Österreich: *Wohlfahrt (Austria), Streiter (Innsbruck; 46. Walter Kogler/Austria), Zsak (Austria), Pecl (Rapid), Cerny (Bayern München), Baur (FC Tirol, 46. Feiersinger/Salzburg), Stöger (Austria, 68. Kirchler/FC Tirol), Kühbauer (Rapid), Wazinger (FC Tirol), Pfeifenberger (Salzburg),* ***Polster (Rayo Vallecano).***
Torfolge: *1:0 (3.) Pfeifenberger, 2:0 (14.) Baur, 2:1 (38.) Mahlas.*

75. LÄNDERSPIEL VON POLSTER (Teamchef Herbert Prohaska)

24. 4. 1996, Budapest, Freundschaftsspiel:
UNGARN – ÖSTERREICH 0:2 (0:1)
Österreich: *Konsel (Rapid; 46. Wohlfahrt/Austria), Feiersinger (Salzburg), Hatz (Rapid), Pfeffer (Austria), Schopp (Sturm Graz), Heraf (Rapid; 46. Artner/Salzburg), Stöger (Rapid; 46. Herzog/Bayern München), Wetl (Sturm Graz; 68. Schöttel/Rapid), Marasek (Rapid), Vastic (Sturm Graz, 46. Kitzbichler/FC Tirol),* ***Polster (1. FC Köln;*** *74. Andi Ogris/Austria)*
Torfolge: ***0:1 (12.) Polster,*** *0:2 (66.) Marasek.*

EINZIGES LÄNDERSPIEL GEGEN DEUTSCHLAND
ALS DEUTSCHLAND-LEGIONÄR

2. 6. 1994, Wien, Freundschaftsspiel:
ÖSTERREICH – DEUTSCHLAND 1:5 (0:1)
Österreich: *Wohlfahrt (Austria), Feiersinger (Salzburg), Streiter (Innsbruck; 75. Schöttel/Rapid), Pfeffer (Austria), Franz Aigner (Salzburg), Hochmaier (LASK; 75. Walter Kogler/Austria), Stöger (Austria), Artner (Salzburg; 65. Kühbauer/Rapid), Hütter (Salzburg; 65. Cerny/Admira), Pfeifenberger (Salzburg),* ***Polster (1. FC Köln).***
Torfolge: *0:1 (22.) Sammer, 0:2 (50.) Möller, 0:3 (62.) Klinsmann, 0:4 (66.) Möller,* ***1:4 (72.) Polster (Elfmeter),*** *1:5 (91.) Basler.*

DREI TORE GEGEN LIECHTENSTEIN

7. 9. 1994, Eschen, EM-Qualifikation,
LIECHTENSTEIN – ÖSTERREICH 0:4 (0:3)
Österreich: *Wohlfahrt (Austria), Schöttel (Rapid), Hans Kogler (Admira), Jürgen Werner (FC Linz), Prosenik (Austria), Stöger (FC Tirol), Feiersinger (Salzburg), Pfeifenberger (Salzburg; 73. Flögel/Austria), Franz Aigner (Salzburg), Andi Ogris (Austria; 62. Cerny/FC Tirol),* ***Polster (1. FC Köln).***
Torfolge: ***0:1 (17.) Polster,*** *0:2 (22.) Franz Aigner,* ***0:3 (43.) Polster, 0:4 (77.) Polster.***

HATTRICK GEGEN ESTLAND

20. 8. 1997, Tallinn, WM-Qualifikation:
ESTLAND – ÖSTERREICH 0:3 (0:0)
Österreich: *Konsel (AS Roma), Walter Kogler (Salzburg), Pfeifenberger (Werder Bremen), Pfeffer (Austria), Cerny (1860 München; 83. Schopp/Hamburger SV), Kühbauer (Real Sociedad), Mählich (Sturm Graz), Herzog (Werder Bremen; 66. Stöger/Rapid), Prilasnig (Sturm Graz), Vastic (Sturm Graz),* ***Polster (1. FC Köln).***
Torfolge: ***0:1 (47.) Polster, 0:2 (69.) Polster, 0:3 (90.) Polster.***

WM-QUALIFIKATION GEGEN WEISSRUSSLAND

11. 10. 1997, Wien, WM-Qualifikation:
ÖSTERREICH – WEISSRUSSLAND 4:0 (4:0)
Österreich: *Konsel (AS Roma), Feiersinger (Borussia Dortmund), Walter Kogler (Salzburg), Pfeffer (Austria), Cerny (1860 München; 75. Ramusch/GAK), Stöger (Rapid), Mählich (Sturm Graz), Herzog (Werder Bremen; 64. Reinmayr/Sturm Graz), Prilasnig (Sturm Graz; 66. Schopp/Hamburger SV), Pfeifenberger (Werder Bremen),* ***Polster (1. FC Köln).***
Torfolge: ***1:0 (3.) Polster,*** *2:0 (6.) Stöger,* ***3:0 (16.) Polster (Elfmeter),*** *4:0 (42.) Stöger*

TONI POLSTERS KLUBTORE

FJ 82	SIMMERING	8 Tore
82/83	AUSTRIA WIEN	11 Tore
83/84	AUSTRIA WIEN	13 Tore
84/85	AUSTRIA WIEN*	24 Tore
85/86	AUSTRIA WIEN*	33 Tore
86/87	AUSTRIA WIEN*/**	39 Tore
87/88	AC TORINO	9 Tore
88/89	FC SEVILLA	9 Tore
89/90	FC SEVILLA**	33 Tore
90/91	FC SEVILLA	13 Tore
91/92	LOGROÑÉS **	14 Tore
92/93	RAYO VALLECANO	14 Tore
93/94	1. FC KÖLN	17 Tore
94/95	1. FC KÖLN	17 Tore
95/96	1. FC KÖLN	11 Tore
96/97	1. FC KÖLN	21 Tore

* Torschützenkönig ** Klubrekord

ERFOLGREICHSTE AKTIVE ERSTLIGA-TORJÄGER

1.	Toni POLSTER (Österreich)	282 Tore
2.	Carlos HERMOSILLO (Mexiko)	260 Tore
3.	Diego MARADONA (Argentinien)	259 Tore
4.	Ally McCOIST (Schottland)	256 Tore
5.	Armin KRINGS (Luxemburg)	255 Tore
6.	Krzysztof WARZYCHA (Polen)	241 Tore
7.	Ian RUSH (Wales)	239 Tore
8.	Victor R. MENDIETA (Panama)	222 Tore
9.	Johnny BOSMAN (Holland)	216 Tore
10.	Peter BEARDSLEY (England)	209 Tore

Stand: 31. Dezember 1997

TONI POLSTERS 88 TEAMSPIELE UND SEINE 41 TORE (Stand: 31.3.1998)

	LÄNDERSPIEL		DATUM	ORT	ERG.	TORE
1.	Österreich - Türkei	EM-Q	17.11.1982	Wien	4:0	1:0 (10.)
2.	Dänemark - Österreich	F	12.9.1984	Kopenhagen	3:1	-
3.	Ungarn - Österreich	WM-Q	26.9.1984	Budapest	3:1	-
4.	Österreich - Holland	WM-Q	14.11.1984	Wien	1:0	-
5.	Österreich - Ungarn	WM-Q	17.4.1985	Wien	0:3	-
6.	Holland - Österreich	WM-Q	1.5.1985	Rotterdam	1:1	-
7.	Österreich - Zypern	WM-Q	7.5.1985	Graz	4:0	2:0 (35.)
8.	Spanien - Österreich	F	20.11.1985	Saragossa	0:0	-
9.	Italien - Österreich	F	26.3.1986	Udine	2:1	0:1 (2.)
10.	Österreich - Schweden	F	14.5.1986	Salzburg	1:0	-
11.	Österreich - Schweiz	F	27.8.1986	Innsbruck	1:1	1:0 (8.)
12.	Rumänien - Österreich	EM-Q	10.9.1986	Bukarest	4:0	-
13.	Österreich - Albanien	EM-Q	15.10.1986	Graz	3:0	2:0 (66.)
14.	Österreich - Deutschland	F	29.10.1986	Wien	4:1	1:0 (57., Elfer) 2:1 (64. Elfer)
15.	Jugoslawien - Österreich	F	25.3.1987	Banja Luka	4:0	-
16.	Österreich - Spanien	EM-Q	1.4.1987	Wien	2:3	2:2 (64.)
17.	Albanien - Österreich	EM-Q	29.4.1987	Tirana	0:1	0:1 (7.)
18.	Schweiz - Österreich	F	18.8.1987	St. Gallen	2:2	-
19.	Spanien - Österreich	EM-Q	14.10.1987	Sevilla	2:0	-
20.	Österreich - Rumänien	EM-Q	18.11.1987	Wien	0:0	-
21.	Österreich - Dänemark	F	27.4.1988	Wien	1:0	-
22.	Österreich - Brasilien	F	3.8.1988	Wien	0:2	-
23.	Österreich - Ungarn	F	31.8.1988	Linz	0:0	-
24.	ČSSR - Österreich	F	20.9.1988	Prag	4:2	-
25.	UdSSR - Österreich	WM-Q	19.10.1988	Kiew	2:0	-
26.	Österreich - Türkei	WM-Q	2.11.1988	Wien	3:2	1:0 (38.)
27.	Österreich - Italien	F	25.3.1989	Wien	0:1	-
28.	DDR - Österreich	WM-Q	20.5.1989	Leipzig	1:1	0:1 (3.)
29.	Island - Österreich	WM-Q	14.6.1989	Reyjkavik	0:0	-
30.	Österreich -UdSSR	WM-Q	6.9.1989	Wien	0:0	-
31.	Türkei - Österreich	WM-Q	25.10.1989	Istanbul	3:0	-
32.	Österreich - DDR	WM-Q	15.11.1989	Wien	3:0	1:0 (2.), 2:0 (22., Elfer), 3:0 (61.)
33.	Spanien - Österreich	F	28.3.1990	Malaga	2:3	2:2 (65.)
34.	Österreich - Ungarn	F	11.4.1990	Salzburg	3:0	-
35.	Österreich - Argentinien	F	3.5.1990	Wien	1:1	-

36.	Österreich - Holland	F	30.5.1990	Wien	3:2	-
37.	Österreich - Italien	WM	9.6.1990	Rom	0:1	-
38.	Österreich -ČSFR	WM	15.6.1990	Florenz	0:1	-
39.	Österreich- USA	WM	19.6.1990	Florenz	2:1	-
40.	Färöer - Österreich	EM-Q	12.9.1990	Landskrona	1:0	-
41.	Jugoslawien - Österreich	EM-Q	31.10.1990	Belgrad	4:1	-
42.	Österreich - Nordirland	EM-Q	14.11.1990	Wien	0:0	-
43.	Österreich - Norwegen	F	17.4.1991	Wien	0:0	-
44.	Schweden - Österreich	F	1.5.1991	Stockholm	6:0	-
45.	Ungarn - Österreich	F	25.3.1992	Budapest	1:1	0:1 (40.)
46.	Österreich -Litauen	F	14.4.1992	Wien	4:0	3:0 (37.)
47.	Österreich - Wales	F	29.4.1992	Wien	1:1	-
48.	Holland - Österreich	F	27.5.1992	Sittard	3:2	1:2 (31.)
49.	Österreich - Portugal	F	2.9.1992	Linz	1:1	1:0 (37.)
50.	Frankreich - Österreich	WM-Q	14.10.1992	Paris	2:0	-
51.	Österreich - Israel	WM-Q	28.10.1992	Wien	5:2	3:0 (49.)
52.	Deutschland - Österreich	F	18.11.1992	Nürnberg	0:0	-
53.	Österreich - Griechenland	F	10.3.1993	Wien	2:1	-
54.	Österreich - Frankreich	WM-Q	27.3.1993	Wien	0:1	-
55.	Österreich - Bulgarien	WM-Q	14.4.1993	Wien	3:1	3:1 (90.)
56.	Finnland - Österreich	WM-Q	13.5.1993	Turku	3:1	-
57.	Bulgarien - Österreich	WM-Q	13.10.1993	Sofia	4:1	-
58.	Israel - Österreich	WM-Q	27.10.1993	Tel Aviv	1:1	-
59.	Österreich - Schweden	WM-Q	10.11.1993	Wien	1:1	-
60.	Österreich - Ungarn	F	23.3.1994	Linz	1:1	-
61.	Österreich - Schottland	F	20.4.1994	Wien	1:2	-
62.	Polen - Österreich	F	17.5.1994	Kattowitz	3:4	-
63.	Österreich - Deutschland	F	2.6.1993	Wien	1:5	1:4 (72., Elfer)
64.	Liechtenstein - Österreich	EM-Q	7.9.1994	Eschen	0:4	0:1 (17.), 0:3 (43.), 0:4 (77.)
65.	Österreich - Nordirland	EM-Q	12.10.1994	Wien	1:2	1:2 (24.)
66.	Portugal - Österreich	EM-Q	13.11.1994	Lissabon	1:0	-
67.	Österreich - Lettland	EM-Q	29.3.1995	Salzburg	5:0	4:0 (71.), 5:0 (92.)
68.	Österreich - Liechtenstein	EM-Q	26.4.1995	Salzburg	7:0	2:0 (11.), 4:0 (52.)
69.	Irland - Österreich	EM-Q	11.6.1995	Dublin	1:3	1:1 (71.), 1:3 (81.)
70.	Lettland - Österreich	EM-Q	16.8.1995	Riga	3:2	1:2 (68.)
71.	Österreich - Irland	EM-Q	6.9.1995	Wien	3:1	-
72.	Österreich - Portugal	EM-Q	11.10.1995	Wien	1:1	-
73.	Nordirland - Österreich	EM-Q	14.11.1995	Belfast	5:3	-

74.	Österreich - Schweiz	F	27.3.1996	Wien	1:0	-
75.	Ungarn - Österreich	F	24.4.1996	Budapest	0:2	0:1 (12.)
76.	Österreich - Tschechien	F	29.5.1996	Salzburg	1:0	-
77.	Österreich - Schottland	WM-Q	31.8.1996	Wien	0:0	-
78.	Schweden - Österreich	WM-Q	9.10.1996	Stockholm	0:1	-
79.	Österreich - Lettland	WM-Q	9.11.1996	Wien	2:1	1:0 (43.)
80.	Österreich - Slowenien	F	18.3.1996	Linz	0:2	-
81.	Schottland - Österreich	WM-Q	2.4.1997	Glasgow	2:0	-
82.	Österreich - Estland	WM-Q	30.4.1997	Wien	2:0	-
83.	Lettland - Österreich	WM-Q	8.6.1997	Riga	1:3	0:2 (82.)
84.	Estland - Österreich	WM-Q	20.8.1997	Tallinn	0:3	0:1 (47.), 0:2 (69.), 0:3 (90.)
85.	Österreich - Schweden	WM-Q	6.9.1997	Wien	1:0	-
86.	Weißrußland - Österreich	WM-Q	10.9.1997	Minsk	0:1	-
87.	Österreich - Weißrußland	WM-Q	11.10.1997	Wien	4:0	1:0 (3.), 3:0 (16., Elfer)
88.	Österreich - Ungarn	F	25.3.1998	Wien	2:3	

Stand: 31. März 1998

Der ÖFB bemüht sich, die beiden freundschaftlichen Länderspiele gegen Liechtenstein (6:0, 1 Polster-Tor) und Tunesien (3:1, 2 Polster-Tore) als offizielle Länderspiele zu führen. Dann hätte Polster drei Teamtore mehr geschossen.

BILDNACHWEIS

Rainer Dahmen, Köln: Umschlag hinten (oben, Mitte, unten Mitte), 3, 94, 132/133, 135 (rechts oben u. rechts Mitte oben), 154, 168, 192, 202, 209, 212, 214 (unten und Mitte rechts), 215 (oben, rechts unten), 216, 236 (Mitte rechts), 238 (rechts Mitte), 239 (Mitte u. unten rechts), 248
A. Pohl, Köln: 134 (oben), 217 (unten)
GEPA Pressefoto, Graz: 17, 18 (oben), 22 (rechts oben, Mitte u. unten rechts), 23 (rechts unten), 24, 134 (rechts unten), 197, 240
dpa/ZB: Umschlag hinten (links unten), 134 (links unten), 233
Foto Sündhofer: 84 (oben u. links unten), 85 (oben), 86 (unten), 178, 190 (oben), 242
G. Gradwohl: 118 (links unten), 123 (unten), 188 (unten), 211, 216 (rechts Mitte), 217 (oben rechts), 234 (oben rechts)
BONGARTS, Hamburg: 135 (Foto: Mark Sandten; rechts Mitte unten), 136, 191 (Foto: Tobias Heyer, rechts unten; Foto Mark Sandten, rechts oben: Foto: Bernd Lauter, links unten)
SAT 1, Sportredaktion, Hamburg: 237 (oben), 238 (rechts oben)
Kernmayer, Wien: Umschlagbild vorne, Umschlag hinten (Mitte links), 27, 18 (unten), 236 (links unten)
Robert Zolles, Wien: 19 (oben), 22 (links u. rechts oben), 23 (rechts oben), 236 (rechts unten)
Der Plankenauer, Graz: 10, 210 (rechts unten)
Fritz Leitner: 214 (links oben)
CONTRAST: 19 (Foto: Robert Zolles, unten), WM-Fußball 98, Vignette (STILLS/Foto: Chr. Geral)
Mark Sandten: 130 (oben)
C. Mrozowski, Wien: 20/21, 22 (rechts Mitte u. unten)
Votavafoto, Wien: 46, 64, 87, 88 (oben u. unten), 118 (unten rechts), 186, 188 (oben), 236 (Mitte links; oben rechts), 236 (rechts oben)
Kristian Bissuti: 47 (oben)
Foto Melbing: 159
Fritz Schaler, Wien: 216 (rechts unten)
Pfeil-Foto, Köln: 130 (unten)
Harry Zeilinger: 86 (oben)
Hans Rauchensteiner, München: 131, 135 (rechts unten), 191 (links oben)
Willi Schneider, München: 229
Michaela Seidler: 172 (Privatarchiv Anton Polster)
Ernst Kainerstorfer, Wien: 118 (oben links), 216 (oben),
Chr. Jauschowetz: 216 (links unten)
Roman Zach-Kiesling, Wien: 52
Reinhard Judt, Traiskirchen: 217 (oben links), 226
Otto Wiesinger: 6
Martin A. Jöchl: 238 (links oben)
W. Pessentheiner, Klagenfurt: 234 (oben links),
Ferdinand Neumüller, Graz: 235 (Mitte rechts)
Peter Lehner, Wien: 235 (unten)
Foto Studio H. Milar, Wien: 235 (Mitte links)
M. Unterleithner, Rückersdorf: 238 (unten rechts)
Photo Moisio, Torino: 122 (oben)
AP Wirephoto: 122 (unten)
C + R Funkbild: 235 (oben rechts)
Juan Miguel, Sevilla: 215 (unten rechts)
G. Bevilacqua, Madrid: 146
Archiv Kronen Zeitung: 187, 188 (Mitte), 189 (unten rechts), 70, 72, 77, 118 (oben rechts), 149, 175
Privatarchiv Anton Polster: Umschlag hinten (unten links),15, 28, 33, 41–45, 48, 55, 58, 60, 61, 62, 68, 78, 80, 81, 82, 83, 85 (unten), 88 (Mitte), 89–92, 98, 101, 104, 109, 114, 118 (Mitte rechts),121, 123 (oben), 124–128, 129, 148, 151, 161, 171, 185, 189 (oben u. unten rechts), 190 (unten), 210 (oben u. Mitte), 214 (rechts oben), 234 (links unten)

Die Rechtslage bezüglich der reproduzierten Bildvorlagen wurde – soweit möglich – sorgfältig geprüft, eventuell berechtigte Ansprüche werden bei Nachweis vom Verlag in angemessener Weise abgegolten.

Für die tatkräftige Unterstützung bei den Recherchen zu diesem Buch bedanken sich Autor und Verlag bei Herrn Peter Klöbl besonders herzlich.